PHILOSOPHIE DE LA MÉDECINE
II

*La liste des volumes publiés dans la même collection
se trouve en fin de volume.*

TEXTES CLÉS

PHILOSOPHIE DE LA MÉDECINE

Santé, maladie, pathologie

Textes réunis par
Élodie GIROUX et Maël LEMOINE

PARIS
LIBRAIRIE PHILOSOPHIQUE J. VRIN
6, place de la Sorbonne, V^e
2012

BOORSE Christopher, « Health as a Theoretical Concept »,
Philosophy of Science, 1977, 44, p. 542-573.
© University of Chicago Press. Translated with permission.

WAKEFIELD Jerome C., « The Concept of Mental Disorder. On the Boundary
Between Biological Facts and Social Values »,
American Psychologist, 1992, vol. 47, No 3., p. 373-388.
© 1992 by the American Psychological Association.
Translated with permission.

NESSE Randolph, « On the Difficulty of Defining Disease: A Darwinian
Perspective », *Medicine, Health Care and Philosophy*, 2001, 4, p. 37-46.
With kind permission from Springer Science and Business Media.

ENGELHARDT H. Tristram, Jr, « Concepts of Health and Disease »
© H. T. Engelhardt, 1981. Translated with the author's permission

NORDENFELT Lennart, *Action, Ability and Health. Essays in the Philosophy of
Action and Welfare*, p. 70-94. © Kluwer Academic Publishers, Dordrecht, 2000.
With kind permission from Springer Science and Business Media.

HESSLOW G., « Do we Need a Concept of Disease ? »,
Theoretical Medicine, 1993, 14, p. 1-14.
With kind permission from Springer Science and Business Media.

MAGNUS David, « The Concept of Genetic Disease », *in* Arthur L. Caplan,
James J. McCartney, Dominic A. Sisti (ed), *Health, Disease, Illness Concepts in
Medicine*, 1992, p. 233-242. © 2004 by Georgetown University Press.
Reprinted with permission. www.press.georgetown.edu

SADEGH-ZADEH Kazem, « The Prototype Resemblance Theory of Disease »,
Journal of Medicine and Philosophy, 2008, vol. 33, No 2, p. 106-139.
© by permission of Oxford University Press

© *Librairie Philosophique J. VRIN*, 2012
www.vrin.fr
ISSN 1639-4216
ISBN 978-2-7116-2447-8

INTRODUCTION

Dans son *Essai sur quelques problèmes concernant le normal et le pathologique* publié en 1943, mais aussi dans l'article « Le normal et le pathologique » (1965) reproduit dans ce volume, Georges Canguilhem fit œuvre de pionnier dans la profondeur et la rigueur de l'analyse menée sur les concepts de santé et de maladie. Son principal objectif était de critiquer la conception scientifique dominante de la maladie, quantitative et objectiviste, qu'il baptisa le « dogme positiviste », et de défendre la relativité individuelle de la santé, et l'impossibilité consécutive d'une définition objective et absolue du normal. Son analyse introduisit aussi un grand nombre d'importantes et précieuses distinctions conceptuelles entre la maladie, le pathologique, l'anomalie, l'anormalité, l'anormal. Les notions de santé et de guérison sont analysées et il en propose « l'esquisse d'une définition »[1].

Trente ans plus tard, ce qui prendra la forme d'une controverse principalement anglo-saxonne, le plus souvent désignée comme le débat entre « normativistes » et « naturalistes », a son origine dans les publications d'un philosophe américain, Christopher Boorse : « On the distinction between

1. G. Canguilhem, *Le Normal et le pathologique*, Paris, P.U.F., 1966, p. 130.

disease and illness » (1975), « What a theory of mental health should be » (1976), « Health as a theoretical concept » (1977). Ce dernier défend l'existence de concepts théoriques et objectifs de santé et de maladie qu'il définit à partir de la notion de fonction biologique. La controverse s'est alors principalement engagée contre cette position dite « naturaliste » de Boorse et s'est concentrée sur la question de la part des jugements de valeur dans ces concepts. De nombreux philosophes ont pris position et, à l'instar de Christopher Boorse, certains comme Lennart Nordenfelt et Jerome Wakefield dans ce volume, ont proposé une définition de la santé et de la maladie. Quelle que soit leur position, naturaliste ou normativiste, tous partagent avec Canguilhem la conviction que l'analyse philosophique peut contribuer à la clarification des concepts génériques de santé et de maladie.

Toutefois d'importantes différences séparent l'*Essai* de Canguilhem de la controverse anglo-saxonne. En premier lieu, le contexte médical et socio-politique a profondément changé. Il faut tout d'abord noter le choix en 1946 d'une *définition positive* de la santé par l'Organisation Mondiale de la Santé[1] ; cette définition positive à partir de la notion de bien-être prenait ainsi le contrepied d'un consensus généralement partagé en médecine pour une *définition négative* (la santé est *l'absence* de maladie). Laissant l'impression d'identifier la santé et le bonheur, cette définition très large est apparue comme légitimant un processus indéfini d'extension du pouvoir médical. Dès les années 1960, la médecine subit de nombreuses critiques de Michel Foucault en passant par Ivan

---

1. « La santé est un état de complet bien-être physique mentale et social et ne consiste pas seulement en une absence de maladie ou d'infirmité », Organisation Mondiale de la Santé, « Constitution », New York, 1946, p. 2.

Illich, Irving Zola et Peter Conrad sur l'extension de son pouvoir et sur ce qui fut alors désigné par la « médicalisation », au sens de la pathologisation de problèmes de vie de toute nature et de la substitution de solutions thérapeutiques à des solutions sociales traditionnelles[1]. Parallèlement, le monde de la santé mentale était secoué par des débats sur l'existence même de la « maladie mentale ». Le mouvement de l'antipsychiatrie contribua largement à interroger le concept médical de maladie et sa prétendue naturalité et objectivité (voir Szasz, « The myth of mental illness »). En outre, de nombreuses analyses socio-historiques et anthropologiques furent menées qui mirent à jour la relativité culturelle et sociale de nos catégories de santé et de maladie, ainsi que leur usage potentiellement politique et idéologique. Le cas de l'homosexualité, d'abord incluse en 1967 dans le *Manuel Diagnostique et Statistique des Troubles mentaux* (DSM)[2] puis retirée en 1973, est emblématique de ce genre de controverses.

Par ailleurs, la transition épidémiologique, dont l'une des principales caractéristiques est le poids pris dans la morbimortalité par les maladies chroniques aux débuts souvent asymptomatiques, comme les cancers et les maladies cardiovasculaires, mais aussi d'importants changements politiques et

1. Voir notamment M. Foucault, *Histoire de la folie à l'âge classique*, Paris, Gallimard, 1972; I. Zola, « Medicine as an institution of social control », *Sociological Review*, 4, 1972, p. 487-504; I. Illich, *Némésis Médicale*, Paris, Seuil, 1975; P. Conrad, « The discovery of hyperkinesis : Notes on medicalization of deviant behavior », *Social Problems*, 23, 1975, p. 12-21.

2. Le Manuel Diagnostique et Statistique des Troubles mentaux (DSM : The Diagnostic and Statistical Manual of Mental Disorders), publié par l'American Psychiatric Association, constitue la classification de référence des troubles mentaux aux États-Unis. Même si son influence sur la pratique quotidienne du diagnostic psychiatrique reste assez marginale, notamment en France, cette classification fait référence dans la recherche au niveau mondial.

scientifiques ont bouleversé le rapport à la santé et à la maladie au sein des sociétés occidentales. On agit de plus en plus de manière préventive, avant la plainte du patient et la présence de la maladie, notamment par le traitement de facteurs de risque. Tout cela contribue à faire de la démarcation entre le normal et le pathologique davantage un problème que dans le contexte d'une médecine qui intervient avant tout en réponse à la plainte d'un malade. En outre, dans les États-Providence des pays occidentaux les plus développés, la santé est devenue un droit, elle a un Ministère et fait désormais plus systématiquement l'objet de prises en charge par les assurances, mais aussi d'une reconnaissance sociale, notamment dans le cadre des arrêts de travail ou des maladies professionnelles. Ainsi, définir la santé et la maladie a des conséquences qui débordent la seule question diagnostique. Cette définition est devenue un problème institutionnel, politique, économique et social. Dès lors, dans un tel contexte, l'enjeu de l'analyse des concepts de santé et de maladie devient celui d'élaborer une définition qui permettrait de délimiter le domaine de la médecine, d'arbitrer certaines controverses et d'établir des critères pour distinguer la santé du bonheur, la médecine thérapeutique de la médecine d'amélioration. Il peut aussi tout simplement s'agir d'expliciter et démêler les diverses valeurs et normes qui constituent ces concepts.

Une deuxième grande différence entre Canguilhem et le débat anglo-saxon réside dans le style philosophique. Canguilhem s'inscrit dans une tradition de philosophie continentale et plus particulièrement, dans la tradition de ce qu'on a pris l'habitude d'appeler le « style français » en philosophie des sciences, c'est-à-dire une approche des sciences qui est indissolublement historique et critique[1]. Par ailleurs, loin de distinguer philosophie de la médecine et philosophie de la biologie, il a au contraire pour ambition de partir du concept de maladie pour développer une analyse philosophique de la vie. À la suite de Bichat qui soulignait que seuls les vivants tombent malades, il est convaincu que c'est dans la maladie que s'exprime l'originalité de la vie. De son côté, le débat anglo-saxon est contemporain de l'émergence d'une « philosophie de la médecine » comme sous-domaine de la philosophie des sciences, à la suite et aux côtés de la « philosophie de la biologie »[2]. Dans ce débat, il y a une certaine unanimité des philosophes pour distinguer ces deux domaines. Mais surtout, le contexte est celui d'une philosophie des sciences alors domi-née par le courant de l'empirisme logique, et plus générale-ment, par la philosophie analytique. La distinction entre fait et valeur, même si cette dernière est déjà critiquée[3], et la méthode de l'analyse conceptuelle sont alors les principaux arrière-plans méthodologiques de ce débat. Ceci n'exclut toutefois pas que certains philosophes, surtout ceux qui défendront des positions normativistes comme Tristram Engelhardt se rattachent davantage à une tradition de philosophie historique et continentale.

---

1. J. F. Braunstein, « Bachelard, Canguilhem, Foucault. Le "style français" en épistémologie », dans P. Wagner (éd.), *Les philosophes et la science*, Paris, Gallimard, 2002, p. 920-963. Voir aussi J. Gayon et M. Bitbol (éd.), *L'épistémologie française 1830-1970*, Paris, P.U.F., 2006.

2. Voir les chapitres « Philosophie de la biologie » de Thomas Pradeu et « Philosophie de la médecine » d'Élodie Giroux dans A. Barberousse, D. Bonnay, M. Cozic (éd.), *Précis de philosophie des sciences*, Paris, Vuibert, 2011.

3. Voir par exemple, W. V. O. Quine, « Les deux dogmes de l'empirisme » (1951) traduction dans P. Jacob, *De Vienne à Cambridge*, Paris, Gallimard, 1980, p. 108-111.

Naturalisme contre normativisme

Depuis ses origines, la médecine a été traversée d'un long et persistant débat sur le statut ontologique du concept de maladie. Ce débat a opposé des conceptions dites « ontologiques » (la maladie a une existence ontique ou logique) à des conceptions dites « dynamique » ou « physiologique » (la maladie est un processus complexe qui change avec les particularités du malade et de son environnement : il n'y a donc pas de maladie, il n'y a que des malades)[1]. Il convient de le distinguer de celui qui oppose « normativistes » et « naturalistes » dans la philosophie de la médecine anglo-saxonne depuis 1970 et qui concerne la place des valeurs et des normes, principalement sociales et culturelles, dans les concepts de santé et de maladie. Pour expliciter de manière très générale la polarisation de ce dernier débat, on peut dire que les partisans d'une conception naturaliste défendent l'idée qu'un concept scientifique et objectif de maladie existe, et que leurs opposants soutiennent que ces concepts sont intrinsèquement normatifs. Cette polarisation a d'emblée été atténuée par une position intermédiaire qui fut désignée par Boorse comme un « normativisme modéré », ou encore un « normativisme mixte » ou « hybride ». Jerome Wakefield par exemple considère qu'il faut à la fois un composant biologique (dysfonctionnement) et un composant normatif (préjudiciable) pour définir la maladie.

1. Sur ce débat, voir le texte d'Engelhardt dans ce volume. Voir aussi M. D. Grmek, « Le concept de maladie », dans *Histoire de la pensée médicale en Occident*, 3 tomes, Paris, Seuil, 1995, p. 211-226 ; 1997, p. 157-176 ; 1999, p. 147-167.

Avec son concept de «normativité biologique», Canguilhem avait contribué à déplacer le débat sur la maladie de la question de son statut ontologique vers celle de la normativité. Toutefois, sa conception ne saurait être aisément située dans ce débat anglo-saxon, pas même à vrai dire dans la position «hybride». En effet, pour Canguilhem, la normativité est précisément factuelle, naturelle et biologique avant d'être le résultat d'un jugement et de prendre une dimension sociale et culturelle; la vie est valeur et les catégories de santé et de maladie sont introduites dans la conscience humaine à partir d'une polarisation intrinsèque à la vie. C'est à partir des concepts de «normativité biologique» et d'individualité biologique qu'il rend compte de la distinction entre le normal et le pathologique. Les «normativistes», qui prendront part au débat anglo-saxon sans avoir toujours connaissance de l'œuvre de Canguilhem[1], et même Lennart Nordenfelt qui s'inscrit pourtant dans sa filiation, s'intéressent aux jugements de valeur et aux normes sociales et culturelles. L'idée d'une normativité naturelle ou vitale est peu présente[2], même si on peut considérer qu'on la retrouve, mais déplacée et précisée, dans les débats philosophiques sur la définition de la notion de

1. L'*Essai* fut traduit en anglais en 1978 : *The Normal and the Pathological*, trans. Carolyn R. Fawcett, Reidel, Dordrecht, 1978. Dans les premiers articles de Boorse, aucune référence n'est faite à Canguilhem. Il le cite cependant dans la bibliographie de l'article de 1987 (p. 393). Nordenfelt fait quant à lui explicitement référence à Canguilhem (*On the Nature of Health : An Action-Theoretic Approach*, Dordrecht, Kluwer, 1995, p. 35).

2. Il y a toutefois des exceptions. Le philosophe James Lennox (1995) a par exemple proposé une analyse de la dimension normative de la santé qui pourrait être rapprochée de celle de Canguilhem. Pour lui, la vie et la santé sont des valeurs mais des « valeurs objectives » et il définit la santé comme une vie non compromise.

fonction biologique, et plus particulièrement dans le cadre de la définition dite « normative » et « étiologique »[1].

Conceptions biologiques contre conceptions pratiques

Dans ce volume, nous n'avons pas retenu l'opposition entre « naturalisme » et « normativisme », ni même une tripartition avec l'ajout des positions dites « hybrides ». En effet, d'une part, caractériser ainsi le débat anglo-saxon est trompeur, tant les catégories de naturalisme et de normativisme sont équivoques et renvoient à des options diverses[2]. Divers sens de la norme (épistémique, axiologique, sociale, naturelle, etc.) et divers types de valeur (objective ou subjective, sociale, morale, culturelle, etc.) peuvent être présupposés et renforcent l'équivocité. D'autre part, les questions soulevées dans le cadre du débat anglo-saxon vont bien au-delà de celle qui concerne la place des normes et des valeurs dans les concepts de santé. Il s'agit de leur définition et de leur définissabilité, mais aussi des relations logiques entre ces concepts et de leur univocité pour le somatique et le mental et pour les êtres humains, les animaux et les plantes. De plus, si le concept

---

1. Voir notamment K. Neander, « The Teleological Notion of "Function" », *Australasien Journal of Philosophy*, 69, 1991, 454-68. Sur la notion de fonction biologique, voir par exemple le recueil de textes, David J. Buller (éd.), *Function, Selection and Design*, Albany, State University of New York Press, 1999. Voir aussi D. Forest et M. C. Lorne, (dir.), numéro spécial « Philosophies de la médecine », *Revue Philosophique de la France et de l'Etranger*, CXCIX, 2009, et J. Gayon et A. de Ricqlès (dir.), *Les fonctions : des organismes aux artéfacts*, Paris, P.U.F., 2010.

2. Pour une synthèse des diverses manières de caractériser les écoles en opposition dans le débat sur les concepts de santé, voir B. Hofmann « Complexity of the Concept of Disease as Shown through Rival Theoretical Frameworks », *Theoretical Medicine and Bioethics*, 22, 2001, p. 211-236.

théorique de Boorse s'inscrit dans la conception dite « naturaliste », il fait lui-même place à un concept pratique et normatif de maladie qui s'articule sur ce concept théorique primordial. Ainsi, c'est la question de la primauté donnée au composant *biologique* sur le composant *pratique* dans la conception de la maladie qui nous est apparue la plus à même de rendre compte de la structuration du débat. Et une partie est consacrée spécifiquement à la question de la définition des concepts de santé.

Une première partie rassemble trois textes qui défendent une approche dans laquelle la définition ou la conception de la maladie repose prioritairement sur la *biologie*, c'est-à-dire ici la physiologie ou la théorie de l'évolution. Chez Boorse et Wakefield, il s'agira de définir la maladie à partir d'un concept de fonction biologique, « systémique » pour le premier et « étiologique » pour le second. La démarche de Randolph Nesse, le défenseur d'une médecine darwinienne, n'est pas centrée sur la recherche d'une définition de ces concepts : il privilégie la question de savoir s'il est possible de déterminer objectivement dans quelles conditions un organisme est normal ou non. C'est pour répondre à cette question qu'il défend l'importance de connaître et analyser dans le détail les causes évolutives du fonctionnement biologique et des divers aspects de l'organisme. Parmi ces trois auteurs, comme nous l'avons souligné, seule la théorie de Boorse est habituellement interprétée comme relevant d'une position « naturaliste ». De son côté, Wakefield considère que sa définition de la maladie est « hybride ». Quant à Nesse, il entend dépasser l'opposition « naturalisme » et « normativisme » en restituant normes naturelles et sociales dans le contexte évolutionniste. Tous trois partagent cependant l'importance accordée au biologique dans l'analyse de la santé et de la maladie.

Dans une deuxième partie, les conceptions alternatives de la santé et de la maladie que nous présentons sont celles qui donnent la priorité à la pratique médicale et à l'agir humain. On peut dégager deux grandes orientations représentées par les deux textes retenus. La première associe étroitement concept de maladie et dimension pratique de la médecine. Il s'agit d'une conception que l'on pourrait dire « pragmatique » ou « interventionniste » de la *maladie* et qui découle de l'interprétation de la médecine comme réponse pratique au besoin d'aide et d'intervention que constitue la maladie. La réflexion de Tristram Engelhardt, longtemps le principal opposant de Boorse dans le débat, est l'une de celles qui illustrent le mieux cette option. La deuxième orientation, plus favorable au projet de définition, propose une théorisation de la santé à partir d'une théorie analytique de l'action, considérant plus pertinent de partir des capacités d'action de l'homme plutôt que de la capacité (ou fonction) physiologique. La dimension pratique est ici utilisée pour définir le concept même de *santé* auquel est donnée une priorité logique sur celui de maladie. Nordenfelt a défendu la théorie de la santé la plus aboutie dans ce sens [1]. Son analyse prolonge et précise le concept de capacité qu'avait introduit Canguilhem. Elle prend parti pour la priorité d'un concept de santé, holiste et positif, qui intègre la notion de bien-être. C'est sur ce concept fondamental de santé que s'articule ensuite une multiplicité de concepts techniques de santé et de maladie. Son analyse permet en outre de clarifier la question de la relation entre santé, bien-être et bonheur et de proposer ainsi

----

1. Pour sa définition de la santé à partir du concept de capacité d'action, Nordenfelt s'inspire de Canguilhem mais aussi du philosophe suédois Ingmar Pörn et de la philosophe américaine Caroline Whitbeck.

une réponse aux difficultés soulevées par la définition positive de la santé de l'Organisation Mondiale de la Santé (O.M.S.).

Analyse conceptuelle et définition

Le recours à ce qu'il est convenu d'appeler la méthode de « l'analyse conceptuelle » pour définir les concepts de santé est ce qui distingue les définitions anglo-saxonnes de l'analyse de Canguilhem. Elle est généralement considérée comme étant « descriptive » au sens où elle consiste à expliciter la signification du concept censée correspondre aux *intuitions* de l'usage populaire ou de l'usage savant. On l'oppose notamment à une approche dite « stipulative » (ou constructive) qui s'autorise à modifier la signification de l'usage courant[1]. Mais dans les différentes manières d'envisager l'objectif d'une définition, on adopte une vision classique du concept selon laquelle sa structure est caractérisée par une courte liste de conditions nécessaires et conjointement suffisantes.

Trois textes des deux premières parties de ce volume s'inscrivent dans cette démarche de l'analyse conceptuelle : ceux de Boorse, Wakefield et Nordenfelt. Le texte de Boorse a été peu critiqué dans sa prétention à être une analyse conceptuelle des termes physiologiques de santé et de maladie. On lui a plutôt reproché la priorité qu'il donne à la signification *théorique* des termes, sur une signification *pratique*. De son côté, Nordenfelt analyse le concept *pratique* de santé qu'il juge prioritaire. Outre l'intérêt d'élaborer une définition, il accorde une grande importance aux questions que cette analyse permet d'aborder : les relations logiques entre les concepts de santé et

---

1. Voir par exemple C. Hempel, *Fundamentals of Concept Formation in Empirical Science*, Chicago, University of Chicago Press, 1952, p. 1-20.

avec d'autres concepts comme celui de bonheur, la relation entre la santé humaine et celle des autres êtres vivants, entre la santé mentale et physique et entre la santé et l'environnement, ainsi que la place des concepts de santé dans la science [1].

Boorse et Nordenfelt ne revendiquent pas toutefois sans réserve la vision classique des concepts généralement associée à l'analyse conceptuelle. Boorse semble faire place à une autre approche définitionnelle que la détermination de conditions nécessaires et suffisantes (*infra*, p. 70-71). De son côté, Nordenfelt articule un noyau unique de signification pour le concept de santé avec une multiplicité de concepts qui dérivent de ce concept fondamental [2]. En outre, l'un et l'autre s'autorisent explicitement à corriger d'éventuels usages incohérents de ces termes, mais rejettent l'idée d'une définition *intégralement* stipulative. Quant à Wakefield, il donne explicitement le statut d'analyse conceptuelle à sa définition du trouble mental comme « dysfonctionnement préjudiciable ». Il admet toutefois qu'une définition du dysfonctionnement en termes évolutionnistes est plus précise que ce que pourra atteindre l'intuition.

Devant l'inflation des analyses des concepts de santé et de maladie et l'insolubilité apparente de certaines questions (relations logiques, caractère prioritaire ou dérivé des dimensions biologiques et pratiques, univocité et unicité), plusieurs auteurs ont mis en question les termes dans lesquels une définition est recherchée. Dans la troisième et dernière partie de ce volume, les trois textes retenus présentent une réflexion

---

1. L. Nordenfelt, *On the Nature of Health : An Action-Theoretic Approach*, Dordrecht, Kluwer, 1995, p. 4-14.

2. L. Nordenfelt, *Action, ability and health*, Dordrecht, Kluwer, 2000, p. 107-114.

critique sur la recherche d'une définition de ces concepts selon trois axes très différents. L'article de Germund Hesslow publié en 1993 est le premier à aborder si frontalement la question de l'analyse conceptuelle et de la définition de ces concepts. Même si Hesslow reconnaît l'intérêt théorique de l'analyse conceptuelle pour d'autres termes scientifiques et la rigueur de l'analyse du concept théorique de santé chez Boorse, il remet en cause l'*utilité* de cette analyse pour les concepts de santé et de maladie.

Dans « Le concept de maladie génétique », David Magnus ne critique pas la démarche de l'analyse conceptuelle mais il s'interroge sur la pertinence de la caractérisation de la maladie comme « génétique ». Dans son analyse critique de la notion de « maladie génétique », il souligne avec force l'impossibilité de restituer un concept cohérent construit à partir d'usages conflictuels. Sadegh-Zadeh est quant à lui à la fois critique et constructif. Il s'interroge sur la pertinence du projet d'une définition au sens classique, c'est-à-dire à partir de la recherche de critères nécessaires et conjointement suffisants. Mais il ne renonce pas pour autant au projet de définir ces concepts : il considère que la maladie est définie de manière « ostensive », c'est-à-dire par la simple désignation de « situations humaines » comme constituant un ensemble de maladies jugées paradigmatiques pour une civilisation donnée. Sa proposition en faveur d'une conception non classique des concepts de santé et de maladie se fonde sur la logique floue.

Ainsi, le débat sur les concepts de santé reste ouvert aussi bien sur la question de la part des composants biologiques et la possibilité ou non de les distinguer de composants pratiques que sur la pertinence d'une analyse conceptuelle de ces notions et de la recherche d'une définition. On peut se réinterroger plus globalement sur l'objectif et l'intérêt de leur analyse philosophique, un but qui est resté ambigu dans les divers travaux qui ont été proposés : s'agit-il, d'une visée simplement descriptive, apporter modestement une clarification dans l'usage de ces notions ou, d'une visée normative, guider cet usage, notamment dans le cas d'usages controversés ? S'agit-il d'élaborer un socle consensuel pour les médecins ou pour les patients ? Les difficultés rencontrées dans l'élaboration d'une définition conduisent-elles à conclure que ces termes sont conceptuellement vides et que leur usage disparaitra finalement, à mesure que nos connaissances scientifiques progresseront ?

Note sur la traduction de disease et illness

Les termes anglais *disease* et *illness* font depuis les années 1960 l'objet d'un usage conventionnel en sciences sociales et en philosophie de la médecine, opposant l'aspect scientifique (*disease*) à l'aspect humain et vécu de la maladie (*illness*)[1]. La distinction entre *disease* et *illness* peut être restituée en français par la distinction entre « pathologie » (ou plus précisément, le pathologique) et « maladie », distinction d'ailleurs présente chez Canguilhem. Toutefois, quand l'anglais use d'un terme générique, il emploie « *disease* », tandis que le français emploie plutôt « maladie ». Enfin, il y a des usages idiomatiques des termes (*mental illness*, *seasickness*, etc.) où il n'y a pas vraiment de distinction conceptuelle. Aucune traduction française de cette distinction ne convient donc systématiquement à tous les contextes où elle apparaît. Nous avons pris le parti de ne pas proposer d'usage uniformisé de ces

---

1. Voir sur ce point B. Hofmann, « Complexity of the Concept of Disease as Shown through Rival Theoretical Frameworks », art. cit.

termes en français, excepté pour Boorse et Nordenfelt, où nous traduisons systématiquement « *disease* » par « pathologie » ou par « pathologique » quand cela était possible et « *illness* » par « maladie ». En effet, chez Boorse, la distinction est clairement théorisée et analysée : le terme de « *disease* » renvoie au concept théorique et il a lui-même indiqué que le terme qu'il analyse correspond bien à l'expression utilisée par Canguilhem « le pathologique ». Nordenfelt s'inscrit dans la suite de cette discussion quand il utilise le terme qu'il dit médical et technique de *disease*.

Remerciements

Nous tenons à remercier les auteurs des textes traduits qui, sans exception, nous ont grandement facilité l'entreprise. De vifs et chaleureux remerciements vont à chacun des contributeurs de ce volume dont la préparation a été l'occasion d'échanges fructueux autant sur les questions de traduction que sur la compréhension des textes. Nous remercions aussi l'Université Jean-Moulin Lyon 3, l'Institut de Recherches Philosophiques de Lyon et la faculté de médecine de Tours, en particulier ses enseignants en psychiatrie, qui ont permis la réalisation d'un séminaire durant l'année universitaire 2009-2010. C'est grâce à ce séminaire que ces échanges ont pu avoir lieu.

Enfin, nous voudrions rendre hommage à Marie-Claude Lorne, disparue tragiquement en 2008. Elle avait été partie prenante d'une première version d'un projet comparable d'anthologie dans le cadre de l'Action Concertée Incitative (ACI) qui portait sur « La notion de fonction dans les sciences humaines, biologiques et médicales » (2002-2008), coordonnée par Jean Gayon.

Élodie Giroux et Maël Lemoine

PRÉSENTATION DU TEXTE DE GEORGES CANGUILHEM
LE NORMAL ET LE PATHOLOGIQUE

par Élodie GIROUX

Ce texte publié en 1965 dans le volume *La connaissance de la vie* reprend de manière condensée l'essentiel des affirmations présentées dans l'*Essai sur quelques problèmes concernant le normal et le pathologique*, thèse de doctorat de médecine de Canguilhem publiée en 1943[1]. Deux ajouts notables font toutefois l'originalité de ce texte par rapport à l'*Essai* : une prise en compte critique de la conception que se fait Claude Bernard de la relativité individuelle du fait pathologique d'une part, et des réponses aux critiques qui lui ont été formulées d'autre part.

---

1. La publication de *La connaissance de la vie* précède de peu la réédition de cette thèse en 1966 (*Le Normal et le pathologique*), complétée par un nouvel essai. Pour une présentation synthétique des thèses de cet ouvrage, voir notamment G. Leblanc, *Canguilhem et les normes*, Paris, P.U.F., 1998.

À la suite de Bichat, Canguilhem voit dans les catégories de santé et de maladie une spécificité du vivant; leur analyse peut donc délivrer des informations fondamentales sur la vie. Mais, à la différence de Claude Bernard, Canguilhem affirme l'existence d'une normativité inhérente à la vie et la relativité individuelle de cette normativité biologique. Cette normativité n'est pas d'abord celle du jugement, le jugement de valeur négatif ou positif que porterait un esprit humain (normativité qui fait l'objet premier de la controverse anglo-saxonne), mais celle de la vie elle-même, c'est-à-dire celle qui apprécie et déprécie à partir de la réussite de vie éventuelle d'un organisme vivant donné. Les débats anglo-saxons des années 1970 sur la notion de fonction biologique retrouvent ce sens de la normativité, sous la forme de la question du rôle de la notion de but pour définir une fonction biologique, et de l'influence des jugements de valeurs pour définir ce qui est «bon» ou «mauvais» pour un organisme. Pour Canguilhem, la santé d'un être vivant est toujours relative à son milieu, et cette relativité est encore plus grande quand il s'agit d'un être humain qui transforme profondément son milieu par son travail et sa culture. Loin de pouvoir être caractérisée par un ensemble unique et absolu de normes, la santé ainsi comprise se définit par la capacité à instituer plusieurs normes dont on ne saurait fixer *a priori* la valeur vitale.

Deux conséquences importantes de cette thèse sur la norme et le normal sont particulièrement soulignées dans ce texte. Tout d'abord, du fait de la relativité du normal au milieu dans lequel l'individu se tient et de la nature sociale et culturelle du milieu humain, le problème du pathologique chez l'homme ne saurait se limiter au biologique. En effet, la normativité inconsciente de la vie se prolonge chez l'homme en une normativité sociale et culturelle. Canguilhem affirme d'emblée la triple dimension – biologique, sociale et existentielle – de la vie et des pathologies humaines ; ce triptyque correspond aux trois termes anglais pour exprimer la maladie qui seront au centre du débat anglo-saxon (*disease*, *sickness*, *illness*). Ensuite, puisque normal et pathologique sont des formes prises par la normativité de la vie, leur relation n'est pas une relation de contradiction logique. Le pathologique n'est pas l'absence de norme, il est l'expression d'une normativité restreinte de la vie, c'est-à-dire que l'individu malade a une capacité de s'adapter à un nombre plus réduit d'environnements. Il est « le contraire vital » de sain.

À cette reprise synthétique des thèses de son *Essai*, Canguilhem ajoute premièrement la prise en compte de précisions sur la relativité individuelle du pathologique, données par Claude Bernard dans les *Principes de la médecine expérimentale* publiés de manière posthume en 1947. Canguilhem admet que Bernard fait bien place à ce problème auquel il consacre quelques pages dans ces *Principes*. Toutefois, sa conception de l'individu, jugée platonicienne par Canguilhem, l'empêche d'apporter des réponses satisfaisantes. En effet, l'erreur fondamentale de Bernard (outre sa « pathologie atomistique » à laquelle Canguilhem oppose une « physiologie de l'homme total ») reste sa « croyance en une légalité fondamentale de la vie », croyance qui le conduit à réduire toute forme d'individualité à un accident ou à l'altération d'un type idéal. Or, en pensant la vie plutôt comme « un ordre de propriétés » ainsi que le propose Canguilhem dans ce texte, il devient possible de développer une autre pensée de l'individualité qui évite cette réduction. La différence devient l'essence même de l'individualité. C'est donc aussi sur la conception de l'individualité biologique que Canguilhem se distingue de Bernard, conception développée dans plusieurs essais ultérieurs qui viendront compléter et asseoir ses thèses sur la relativité individuelle de la normativité biologique[1].

Deuxièmement, Canguilhem répond à deux principales objections formulées sur les thèses de l'*Essai*. Tout d'abord, si la norme et le normal sont ainsi individualisés, n'est-on pas reconduit à ce qu'il a critiqué chez Bernard, c'est-à-dire à l'affirmation d'une homogénéité entre le normal et le pathologique qui peut conduire à une confusion entre ces deux états? En effet, ce qui est normal pour tel individu peut être pathologique pour tel autre. Or Canguilhem affirme ici avec force un point déjà établi dans son *Essai*: si la frontière est bien en effet relative d'un individu à un autre, elle est absolue pour un même individu. Pour un même individu, la différence est bien qualitative est pas seulement quantitative. Dans la lignée des thèses du neurologue et psychiatre allemand, Kurt Goldstein[2], la maladie est interprétée comme une réaction catastrophique et singulière qui trouble la totalité de l'organisme. Une deuxième objection consiste à souligner le caractère subjectif de la définition de la santé puisque c'est au niveau du malade que cette distinction peut être établie et à partir de son

---

1. G. Canguilhem, « La théorie cellulaire » (1945), dans *La Connaissance de la vie*, Paris, Vrin, 1965, p. 43-80 et « Le tout et la partie dans la pensée biologique » (1966) dans *Etudes d'histoire et de philosophie des sciences concernant la vie*, Paris, Vrin, 1994, p. 319-333. Voir à ce sujet : J. Gayon, « Le concept d'individualité dans la philosophie biologique de Georges Canguilhem », dans G. Le Blanc (éd.), *Lectures de Canguilhem, Le normal et le pathologique*, E.N.S éditions, 2000, p. 19-47.

2. *Cf.* K. Goldstein, *La structure de l'organisme*, Paris, Gallimard, 1983.

expérience vécue de ce trouble. Canguilhem répond ici que cette subjectivité n'est pas individuelle mais « universelle ». Elle est en effet celle que partage tout être vivant dans son rapport au milieu, elle est cette vitalité fondamentale qui le fait apprécier ou déprécier, choisir et préférer la santé.

LE NORMAL ET LE PATHOLOGIQUE*

Sans les concepts de normal et de pathologique la pensée et l'activité du médecin sont incompréhensibles. Il s'en faut pourtant de beaucoup que ces concepts soient aussi clairs au jugement médical qu'ils lui sont indispensables. Pathologique est-il un concept identique à celui d'anormal ? Est-il le contraire ou le contradictoire du normal ? Et normal est-il identique à sain ? Et l'anomalie est-elle même chose que l'anormalité ? Et que penser enfin des monstres ? Supposé obtenue une délimitation satisfaisante du concept du pathologique par rapport à ses apparentés, croit-on que le daltonisme soit un cas pathologique au même titre que l'angine de poitrine, ou la maladie bleue au même titre que le paludisme, et qu'entre une infirmité dans l'ordre de la vie de relation et une menace permanente pour la vie végétative il y ait d'autre identité que celle de l'adjectif qui les qualifie dans le langage humain ? La vie humaine peut avoir un sens biologique, un sens social, un sens existentiel. Tous ces sens peuvent être indifféremment retenus dans l'appréciation des modifications que la maladie inflige au vivant humain. Un homme ne vit pas uniquement comme un arbre ou un lapin.

* Extrait de *La connaissance de la vie*, Paris, Vrin, 1965, p. 155-169.

On a souvent noté l'ambiguïté du terme normal qui désigne tantôt un fait capable de description par recensement statistique – moyenne des mesures opérées sur un caractère présenté par une espèce et pluralité des individus présentant ce caractère selon la moyenne ou avec quelques écarts jugés indifférents – et tantôt un idéal, principe positif d'appréciation, au sens de prototype ou de forme parfaite. Que ces deux acceptions soient toujours liées, que le terme de normal soit toujours confus, c'est ce qui ressort des conseils mêmes qui nous sont donnés d'avoir à éviter cette ambiguïté[1]. Mais peut-être est-il plus urgent de chercher les raisons de l'ambiguïté pour en comprendre la vitalité renouvelée, et en tirer leçon plutôt que conseil.

Ce qui est en question, au fond, c'est autant l'objet de la biologie que celui de l'art médical. Bichat, dans ses *Recherches sur la vie et la mort* (1800), faisait de l'instabilité des forces vitales, de l'irrégularité des phénomènes vitaux, en opposition avec l'uniformité des phénomènes physiques, le caractère distinctif des organismes; et dans son *Anatomie générale* (1801) il faisait remarquer qu'il n'y a pas d'astronomie, de dynamique, d'hydraulique pathologiques parce que les propriétés physiques ne s'écartant jamais de «leur type naturel» n'ont pas besoin d'y être ramenées. Dans ces deux remarques tient l'essentiel du vitalisme de Bichat; mais comme il suffit, depuis quelque cent ans, de qualifier une théorie médicale ou biologique de vitaliste pour la déprécier, on a oublié d'accorder à ces remarques toute l'attention qu'elles mériteraient. Il faudra pourtant en finir avec l'accusation de métaphysique, donc de fantaisie pour ne pas dire plus, qui poursuit les biologistes vitalistes du XVIIIe siècle. En fait, et

---

1. *Cf.* le Vocabulaire philosophique de Lalande.

il nous sera facile de le montrer quelque jour et ailleurs, le vitalisme c'est le refus de deux interprétations métaphysiques des causes des phénomènes organiques, l'animisme et le mécanisme. Tous les vitalistes du XVIIIᵉ siècle sont des newtoniens, hommes qui se refusent aux hypothèses sur l'essence des phénomènes et qui pensent seulement de voir décrire et coordonner, directement et sans préjugé, les effets tels qu'ils les perçoivent. Le vitalisme c'est la simple reconnaissance de l'originalité du fait vital. En ce sens les remarques de Bichat qui lient à l'organisation vitale, comme un fait spécifique, les deux caractères d'irrégularité et d'altération pathologique, nous semblent devoir être reprises de près.

Il ne s'agit au fond de rien de moins que de savoir si, parlant du vivant, nous devons le traiter comme système de lois ou comme organisation de propriétés, si nous devons parler de lois de la vie ou d'ordre de la vie. Trop souvent, les savants tiennent les lois de la nature pour des invariants essentiels dont les phénomènes singuliers constituent des exemplaires approchés mais défaillants à reproduire l'intégralité de leur réalité légale supposée. Dans une telle vue, le singulier, c'est-à-dire l'écart, la variation, apparaît comme un échec, un vice, une impureté. Le singulier est donc toujours irrégulier, mais il est en même temps parfaitement absurde, car nul ne peut comprendre comment une loi dont l'invariance où l'identité à soi garantit la réalité est à la fois vérifiée par des exemples divers et impuissante à réduire leur variété, c'est-à-dire leur infidélité. C'est qu'en dépit de la substitution, dans la science moderne, de la notion de loi à la notion de genre, le premier de ces concepts retient du second, et de la philosophie où il tenait une place éminente, une certaine signification de type immuable et réel, de sorte que le rapport de la loi au phénomène (la loi de la pesanteur et la chute du tesson qui tue Pyrrhus) est toujours conçu sur le modèle du rapport entre le genre et l'individu (l'Homme et Pyrrhus). On voit reparaître, sans intention de paradoxe ou d'ironie, le problème, célèbre au Moyen Âge, de la nature des Universaux.

Cela n'a pas échappé à Claude Bernard qui, dans ses *Principes de Médecine expérimentale*[1], consacre à ce problème de la réalité du type et des rapports de l'individu au type, en fonction du problème de la relativité individuelle du fait pathologique, quelques pages plus riches d'invitations à réfléchir que de réponses proprement dites. C'est à dessein que nous invoquons ici Claude Bernard de préférence à d'autres. Car on sait combien dans l'*Introduction à l'étude de la médecine expérimentale* – et aussi dans ces *Principes de Médecine expérimentale*[2] – Claude Bernard a déployé d'énergie pour affirmer la légalité des phénomènes vitaux, leur constance aussi rigoureuse dans des conditions définies que peut l'être celle des phénomènes physiques ; bref pour réfuter le vitalisme de Bichat, considéré comme un indéterminisme. Or, précisément, dans les *Principes*[3], Claude Bernard se trouve amené à constater que si

> la vérité est dans le type, la réalité se trouve toujours en dehors de ce type et elle en diffère constamment. Or, pour le médecin, c'est là une chose très importante. C'est à l'individu qu'il a toujours affaire. Il n'est point de médecin du type humain, de l'espèce humaine.

Le problème théorique et pratique devient donc d'étudier « les rapports de l'individu avec le type ». Ce rapport paraît être le

1. Publiés en 1947 par le docteur Delhoume, Paris, P.U.F.
2. Chap. xv.
3. *Cf.* p. 142 *sq.*

suivant: «La nature a un type idéal en toute chose, c'est positif; mais jamais ce type n'est réalisé. S'il était réalisé, il n'y aurait pas d'individus, tout le monde se ressemblerait». Le rapport qui constitue la particularité de chaque être, de chaque état physiologique ou pathologique est «la clef de l'idiosyncrasie, sur laquelle repose toute la médecine». Mais ce rapport, en même temps qu'il est clef, est aussi obstacle. L'obstacle à la biologie et à la médecine expérimentale réside dans l'individualité. Cette difficulté ne se rencontre pas dans l'expérimentation sur les êtres bruts. Et Claude Bernard de recenser toutes les causes, liées au fait de l'individualité, qui altèrent, dans l'espace et le temps, les réactions de vivants apparemment semblables à des conditions d'existence apparemment identiques.

Malgré le prestige de Claude Bernard sur les esprits des médecins et des physiologistes[1], nous n'hésiterons pas à formuler, concernant les réflexions ci-dessus rapportées, quelques remarques restrictives. La reconnaissance des existants individuels, atypiques, irréguliers, comme fondement du cas pathologique, est, en somme, un assez bel hommage, involontaire, à la perspicacité de Bichat. Mais ce qui empêche cet hommage d'être entier c'est la croyance à une légalité fondamentale de la vie, analogue à celle de la matière, croyance qui ne témoigne pas nécessairement de toute la sagacité qu'on lui reconnaît usuellement. Car enfin, affirmer que la vérité est dans le type mais la réalité hors du type, affirmer que la nature a des types mais qu'ils ne sont pas réalisés, n'est-ce pas faire de la connaissance une impuissance

1. *Cf.* l'étude du Dr M. D. Grmek, «La Conception de la maladie et de la santé chez Cl. Bernard», dans *Mélanges Alexandre Koyré* I, Paris, Hermann, 1964, p. 208 *sq.*

à atteindre le réel et justifier l'objection qu'Aristote faisait autrefois à Platon : si l'on sépare les Idées et les Choses, comment rendre compte et de l'existence des choses et de la science des Idées ? Mieux encore, voir dans l'individualité « un des obstacles les plus considérables de la biologie et de la médecine expérimentale » n'est-ce pas une façon assez naïve de méconnaître que l'obstacle à la science et l'objet de la science ne font qu'un ? Si l'objet de la science n'est pas un obstacle à surmonter, une « difficulté » au sens cartésien, un problème à résoudre, que sera-t-il donc ? Autant dire que la discontinuité du nombre entier est un obstacle à l'arithmétique. La vérité est que la biologie de Claude Bernard comporte une conception toute platonicienne des lois, alliée à un sens aigu de l'individualité. Comme l'accord ne se fait pas entre cette conception-là et ce sentiment-ci, nous sommes en droit de nous demander si la célèbre « méthode expérimentale » ne serait pas un simple avatar de la métaphysique traditionnelle, et si nous cherchions des arguments pour soutenir cette proposition nous les trouverions d'abord dans l'aversion, bien connue, de Claude Bernard pour les calculs statistiques, dont on sait quel rôle ils jouent depuis longtemps en biologie. Cette aversion est un symptôme de l'incapacité à concevoir le rapport de l'individu au type autrement que comme celui d'une altération à partir d'une perfection idéale posée comme essence achevée, avant toute tentative de production par reproduction.

Nous nous demanderons maintenant si, en considérant la vie comme un ordre de propriétés, nous ne serions pas plus près de comprendre certaines difficultés insolubles dans l'autre perspective. En parlant d'un ordre de propriétés, nous voulons désigner une organisation de puissances et une hiérarchie de fonctions dont la stabilité est nécessairement précaire, étant la solution d'un problème d'équilibre, de compensation, de

compromis entre pouvoirs différents donc concurrents.
Dans une telle perspective, l'irrégularité, l'anomalie ne sont
pas conçues comme des accidents affectant l'individu mais
comme son existence même. Leibniz avait baptisé ce fait
« principe des indiscernables » plus qu'il ne l'avait expliqué, en
affirmant qu'il n'y a pas deux individus semblables et différant
simple-ment *solonumero*. On peut comprendre à partir de là
que si les individus d'une même espèce restent en fait distincts
et non interchangeables c'est parce qu'ils le sont d'abord en
droit. L'individu n'est un irrationnel provisoire et regrettable
que dans l'hypothèse où les lois de la nature sont conçues
comme des essences génériques éternelles. L'écart se présente
comme une « aberration » que le calcul humain n'arrive pas à
réduire à la stricte identité d'une formule simple, et son explication le donne comme erreur, échec ou prodigalité d'une
nature supposée à la fois assez intelligente pour procéder par
voies simples et trop riche pour se résoudre à se conformer à sa
propre économie. Un genre vivant ne nous paraît pourtant un
genre viable que dans la mesure où il se révèle fécond, c'est-à-
dire producteur de nouveautés, si imperceptibles soient-elles à
première vue. On sait assez que les espèces approchent de leur
fin quand elles se sont engagées irréversiblement dans des
directions inflexibles et se sont manifestées sous des formes
rigides. Bref, on peut interpréter la singularité individuelle
comme un échec ou comme un essai, comme une faute ou
comme une aventure. Dans la deuxième hypothèse, aucun
jugement de valeur négative n'est porté par l'esprit humain,
précisément parce que les essais ou aventures que sont les
formes vivantes sont considérés moins comme des être référa-
bles à un type réel préétabli que comme des organisations dont
la validité, c'est-à-dire la valeur, est référée à leur réussite de
vie éventuelle. Finalement c'est parce que la valeur est dans le

vivant qu'aucun jugement de valeur concernant son existence n'est porté sur lui. Là est le sens profond de l'identité, attestée par le langage, entre valeur et santé ; *valere* en latin c'est se bien porter. Et dès lors le terme d'anomalie reprend le même sens, non péjoratif, qu'avait l'adjectif correspondant anomal, aujourd'hui désuet, utilisé couramment au XVIIIᵉ siècle par les naturalistes, par Buffon notamment, et encore assez tard dans le XIXᵉ siècle par Cournot. Une anomalie, c'est étymologiquement une inégalité, une différence de niveau. L'anomal c'est simplement le différent.

À l'appui de l'analyse précédente, nous voudrions invoquer deux orientations intéressantes de la biologie contemporaine. On sait qu'aujourd'hui l'embryologie et la tératologie expérimentales voient dans la production et l'étude des monstruosités l'accès vers la connaissance du mécanisme du développement de l'œuf[1]. Nous sommes ici vraiment aux antipodes de la théorie aristotélicienne, fixiste et ontologique, de la monstruosité. Ce n'est pas dans ce qu'il considérait comme un raté de l'organisation vivante qu'Aristote eût cherché la loi de la nature. Et c'est logique dans le cas d'une conception de la nature qui la tient pour une hiérarchie de formes éternelles. Inversement si l'on tient le monde vivant pour une tentative de hiérarchisation des formes possibles, il n'y a pas en soi et *a priori* de différence entre une forme réussie et une forme manquée. Il n'y a même pas à proprement parler de formes manquées. Il ne peut rien manquer à un vivant, si l'on veut bien admettre qu'il y a mille et une façons de vivre. De même qu'en guerre et en politique il n'y a pas de victoire définitive, mais une supériorité ou un équilibre relatifs et

---

1. *Cf.* les travaux d'Étienne Wolff.

précaires, de même, dans l'ordre de la vie, il n'y a pas de réussites qui dévalorisent radicalement d'autres essais en les faisant apparaître manqués. Toutes les réussites sont menacées puisque les individus meurent, et même les espèces. Les réussites sont des échecs retardés, les échecs des réussites avortées. C'est l'avenir de formes qui décide de leur valeur[1]. Toutes les formes vivantes sont, pour reprendre une expression de Louis Roule dans son gros ouvrage sur *Les Poissons*, «des monstres normalisés». Ou encore, comme le dit Gabriel Tarde dans *L'opposition universelle*, «le normal c'est le zéro de monstruosité», zéro étant pris au sens de limite d'évanouissement. Les termes du rapport classique de référence sont inversés.

C'est dans le même esprit qu'il faut comprendre le rapport établi par certains biologistes d'aujourd'hui entre l'apparition de mutations et le mécanisme de la genèse des espèces. La génétique qui a d'abord servi à réfuter le darwinisme est assez volontiers utilisée aujourd'hui à le confirmer en le renouvelant. Selon Georges Teissier[2] il n'est pas d'espèce qui même à l'état sauvage ne comporte à côté des individus «normaux» quelques originaux ou excentriques, porteurs de quelques gènes mutants. Pour une espèce donnée, il faut admettre une certaine fluctuation des gènes, dont dépend la plasticité de l'adaptation, donc le pouvoir évolutif. Sans pouvoir décider s'il existe, comme on a cru pouvoir les identifier chez quelques

---

1. «Un germe vit; mais il en est qui ne sauraient se développer. Ceux-ci essaient de vivre, forment des monstres et les monstres meurent. En vérité, nous ne les connaissons qu'à cette *propriété remarquable* de ne pouvoir durer. Anormaux sont les êtres qui ont un peu moins d'avenir que les normaux», P. Valéry, dans la Préface écrite pour la deuxième traduction en anglais de *La Soirée avec Monsieur Teste*.

2. La Pensée, 1945, n°2 et 3 : Le Mécanisme de l'évolution.

végétaux, des gènes de mutabilité dont la présence multiplierait la latitude de mutation des autres gènes, on doit constater que les différents génotypes, les lignées d'une espèce donnée présentent par rapport aux circonstances ambiantes éventuelles des « valeurs » différentes. La sélection, c'est-à-dire le criblage par le milieu, est tantôt conservatrice dans des circonstances stables, tantôt novatrice dans des circonstances critiques. À certains moments « les essais les plus hasardeux sont possibles et licites ». Eu égard à lanouveauté, à l'inédit des circonstances et par suite des tâches auxquelles elles le contraignent, un animal peut hériter de dispositifs propres à soutenir des fonctions désormais indispensables, aussi bien que d'organes devenus sans valeur. « L'animal et la plante méritent tout aussi justement d'être admirés que critiqués ». Mais ils vivent et se reproduisent et c'est cela seul qui importe. On comprend ainsi comment bien des espèces se sont éteintes et comment d'autres « qui étaient possibles ne se sont jamais réalisées ».

On peut donc conclure ici que le terme de « normal » n'a aucun sens proprement absolu ou essentiel. Nous avons proposé, dans un travail antérieur [1] que ni le vivant, ni le milieu ne peuvent être dits normaux si on les considère séparément, mais seulement dans leur relation. C'est ainsi seulement qu'on peut conserver un fil conducteur sans la possession duquel on devra tenir nécessairement pour anormal – c'est-à-dire, croit-on, pathologique – tout individu anomal (porteur d'ano-malies), c'est-à-dire aberrant par rapport à un type spécifique statistiquement défini. Dans la mesure où le vivant anormal se révélera ultérieurement un mutant d'abord toléré, puis

1. *Essai sur quelques problèmes concernant le normal et le pathologique*, Thèse de médecine, Strasbourg, 1943.

envahissant, l'exception deviendra la règle au sens statistique du mot. Mais au moment où l'invention biologique fait figure d'exception par rapport à la norme statistique du jour, il faut bien qu'elle soit en un autre sens normale, bien que méconnue comme telle, sans quoi on aboutirait à ce contresens biologique que le pathologique pourrait engendrer le normal par reproduction.

Par l'interférence des fluctuations géniques et des oscillations de la quantité et de la qualité des conditions d'existence ou de leur distribution géographique, nous pouvons saisir que le normal signifie tantôt le caractère moyen dont l'écart est d'autant plus rare qu'il est plus sensible et tantôt le caractère dont la reproduction, c'est-à-dire à la fois le maintien et la multiplication, révélera l'importance et la valeur vitales. À ce deuxième sens, le normal doit être dit instituteur de la norme ou normatif, il est prototypique et non plus simplement archétypique. Et c'est ce deuxième sens qui doit normalement sous-tendre le premier.

Mais nous ne perdons pas de vue que ce qui intéresse le médecin, c'est l'homme. On sait que, chez l'homme, le problème de l'anomalie, de la monstruosité et de la mutation se pose dans les mêmes termes que chez l'animal. Il suffit de rappeler l'albinisme, la syndactylie, l'hémophilie, le daltonisme, comme cas les moins rares. On sait aussi que la plupart de ces anomalies sont tenues justement pour des infériorités et l'on pourrait s'étonner de ne les voir pas éliminées par la sélection si l'on ne savait que d'une part des mutations les renouvellent incessamment, que d'autre part et surtout le milieu humain les abrite toujours de quelque façon et compense par ses artifices le déficit manifeste qu'elles représentent par rapport aux formes « normales » correspondantes. N'oublions pas, en effet, que dans les conditions humaines de la vie des normes sociales d'usages sont substituées aux normes biologiques d'exercice. Déjà à considérer la domestication comme un milieu biologique, selon l'expression d'Ed. Dechambre, on peut comprendre que la vie des animaux domestiques tolère des anomalies que l'état sauvage éliminerait impitoyablement. La plupart des espèces domestiques sont remarquablement instables ; que l'on songe seulement au chien. C'est ce qui a porté certains auteurs à se demander si cette instabilité ne serait pas, du côté des espèces animales intéressées, le signe d'une causalité de la domestication, par exemple d'une moindre résistance cachée, qui expliquerait, au moins autant que la finalité des visées pragmatiques de l'homme, la réussite élective de la domestication sur ces espèces à l'exclusion des autres. S'il est donc vrai qu'une anomalie, variation individuelle sur un thème spécifique, ne devient pathologique que dans son rapport avec un milieu de vie et un genre de vie, le problème du pathologique chez l'homme ne peut pas rester strictement biologique, puisque l'activité humaine, le travail et la culture ont pour effet immédiat d'altérer constamment le milieu de vie des hommes. L'histoire propre à l'homme vient modifier les problèmes. En un sens, il n'y a pas de sélection dans l'espèce humaine dans la mesure où l'homme peut créer de nouveaux milieux au lieu de supporter passivement les changements de l'ancien ; et, en un autre sens, la sélection chez l'homme a atteint sa perfection limite, dans la mesure où l'homme est ce vivant capable d'existence, de résistance, d'activité technique et culturelle dans tous les milieux.

Nous ne pensons pas que le problème change de forme quand on passe de l'anomalie morphologique à la maladie fonctionnelle, par exemple du daltonisme à l'asthme, car il est possible de trouver tous les intermédiaires entre l'une et l'autre, en particulier ceux des maladies constitutionnelles ou essentielles (l'hypertension par exemple) dont il n'est pas possible de nier *a priori* qu'elles puissent être en rapport avec certaines « microanomalies » à découvrir, dont on peut attendre qu'elles révèlent un jour une médiation entre la tératologie et la pathologie. Or, de même qu'une anomalie morphologique, simple différence de fait, peut devenir pathologique, c'est-à-dire affectée d'une valeur vitale négative, quand ses effets sont appréciés par rapport à un milieu défini où certains devoirs du vivant deviennent inéluctables, de même l'écart d'une constante physiologique (pulsations cardiaques, tension artérielle, métabolisme de base, rythme nycthéméral de la température, etc.) ne constitue pas en soi-même un fait pathologique. Mais il devient tel à un moment qu'il est bien difficile de déterminer objectivement et d'avance. C'est la raison pour laquelle des auteurs aussi différents que Laugier, Sigerist et Goldstein[1] pensent qu'on ne peut déterminer le normal par simple référence à une moyenne statistique mais par référence de l'individu à lui-même dans des situations identiques successives ou dans des situations variées. Sur ce point, aucun auteur ne nous semble aussi instructif que Goldstein. Une norme, nous dit-il, doit nous servir à comprendre des cas individuels concrets. Elle vaut donc moins par son contenu descriptif, par le résumé des phénomènes, des symptômes sur lesquels se fonde le diagnostic, que par la révélation d'un comportement total de l'organisme, modifié dans le sens du désordre, dans le sens de l'apparition de réactions catastrophiques. Une altération dans le contenu symptomatique n'apparaît maladie qu'au moment où l'existence de l'être,

1. S. Laugier, « L'Homme normal », dans l'*Encyclopédie française*, t. IV, 1937. H.E. Sigerist, *Introduction à la médecine*, chap. IV, 1932. Goldstein, *La Structure de l'organisme*, chap. VIII, 1934.

jusqu'alors en relation d'équilibre avec son milieu, devient dangereusement troublée. Ce qui était adéquat pour l'organisme normal, dans ses rapports avec l'environnement, devient pour l'organisme modifié inadéquat ou périlleux. C'est la totalité de l'organisme qui réagit « catastrophiquement » au milieu, étant désormais incapable de réaliser les possibilités d'activité qui lui reviennent essentiellement. « L'adaptation à un milieu personnel est une des présuppositions fondamentales de la santé ».

Une telle conception peut sembler un paradoxe puisqu'elle tend à attirer l'attention du médecin sur des faits subjectivement éprouvés par le malade ou sur des événements tels que trouble, inadéquation, catastrophe, danger, plutôt susceptibles d'appréciation que de mesure ou d'exhibition objective. Or, selon Leriche, qui définit la santé comme « la vie dans le silence des organes », il ne suffit pas de définir la maladie comme ce qui gêne les hommes dans leurs occupations, et sans doute on pourrait penser d'abord tirer de sa formule « pour définir la maladie il faut la déshumaniser » une réfutation des thèses de Goldstein. Ce n'est point si simple. Le même écrit aussi : « Sous les mêmes dehors anatomiques on est malade ou on ne l'est pas… La lésion ne suffit pas à faire la maladie clinique, la maladie du malade ». C'est affirmer le primat du physiologique sur l'anatomique. Mais cette physiologie n'est pas celle qui prend pour objet le lapin, ou le chien, c'est la physiologie de l'homme total, qui fait par exemple sa douleur dans « le conflit d'un excitant et de l'individu entier », physiologie qui nous conduit nécessairement à la prise en considération du comportement de l'homme dans le monde [1].

Si nous avions à chercher une médiation entre les thèses de Goldstein et celles de Leriche, nous aimerions le trouver dans les conclusions des travaux de Selyé [2]. Cet auteur a observé que des ratés ou des dérégulations du comportement, par exemple les émotions ou la fatigue, engendrant de façon réitérée des états de tension organique, provoquent dans le cortex de la surrénale une modification structurale analogue à celle que détermine toute introduction dans le milieu intérieur soit de substances hormonales pures mais à dose massive ou bien impures, soit de substances toxiques. Tout état organique de stress, de tension désordonnée, provoque la réaction surrénalienne. S'il est normal, étant donné le rôle de la corticostérone dans l'organisme, que toute situation de détresse détermine une réaction surrénalienne, il est concevable que tout comportement catastrophique prolongé puisse finir en maladie fonctionnelle d'abord (hypertension par exemple), en lésion morphologique ensuite (ulcère de l'estomac, par exemple). Du point de vue de Goldstein on verra la maladie dans le comportement catastrophique, du point de vue de Leriche on la verra dans la production de l'anomalie histologique par le désordre physiologique. Ces deux points de vue ne sont nullement exclusifs, au contraire. Il ne servirait à rien d'invoquer ici une causalité réciproque. Nous ne savons rien de clair concernant

1. R. Leriche, « De la santé à la maladie »; « La Douleur dans les maladies »; « Où va la médecine ? » dans *Encyclopédie française*, VI, 1936; *La Chirurgie de la douleur*, 1937; *La Chirurgie à l'ordre de la vie*, 1944.

* Sur le primat de la dysfonction en pathologie, cf. aussi P. Abrami, « Les Troubles fonctionnels en pathologie » (Leçon d'ouverture du Cours de Pathologie médicale, dans *Presse Médicale*, 23 décembre 1936).

2. *Stress*, Montréal, Acta Medical Publishers, 1950.

l'influence du psychique sur le fonctionnel et le morphologique, et inversement. Nous constatons simultanément deux
sortes de perturbations.

Toujours est-il qu'en individualisant la norme et le normal
nous semblons abolir les frontières entre le normal et le pathologique. Et par là nous semblons renforcer la vitalité d'un lieu
commun d'autant plus fréquemment invoqué qu'il présente
l'avantage inappréciable de supprimer en fait le problème,
sous couleur de lui donner une solution. Si ce qui est normal ici
peut être pathologique là, il est tentant de conclure qu'il n'y a
pas de frontière entre le normal et le pathologique. D'accord, si
l'on veut dire que d'un individu à l'autre la relativité du normal
est la règle. Mais cela ne veut pas dire que pour un individu
donné la distinction n'est pas absolue. Quand un individu
commence à se sentir malade, à se dire malade, à se comporter
en malade, il est passé dans un autre univers, il est devenu un
autre homme. La relativité du normal ne doit aucunement être
pour le médecin un encouragement à annuler dans la confusion
la distinction du normal et du pathologique. Cette confusion se
pare souvent du prestige d'une thèse, essentielle dans la pensée
de Claude Bernard, selon laquelle l'état pathologique est
homogène à l'état normal dont il ne constitue qu'une variation
quantitative en plus ou en moins. Cette thèse positiviste, dont
les racines remontent par-delà le XVIIIᵉ siècle et le médecin
écossais Brown jusqu'à Glisson et aux premières esquisses
de la théorie de l'irritabilité, a été vulgarisée avant Claude
Bernard par Broussais et Auguste Comte. En fait, si l'on
examine le fait pathologique dans le détail des symptômes et
dans le détail des mécanismes anatomo-physiologiques, il
existe de nombreux cas où le normal et le pathologique
apparaissent comme de simples variations quantitatives d'un
phénomène homogène sous l'une et l'autre forme (la glycémie

dans le diabète, par exemple). Mais précisément cette pathologie atomistique, si elle est pédagogiquement inévitable, reste théoriquement et pratiquement contestable [1]. Considéré dans son tout, un organisme est « autre » dans la maladie et non pas le même aux dimensions près (le diabète doit être tenu pour une maladie de la nutrition où le métabolisme des glucides dépend de facteurs multiples coordonnés par l'action en fait indivisible du système endocrinien, et d'une façon générale les maladies de la nutrition sont des maladies de fonctions en rapport avec des vices du régime alimentaire). C'est ce que reconnaît en un sens Leriche :

> La maladie humaine est toujours un ensemble… Ce qui la produit touche en nous, de si subtile façon, les ressorts ordinaires de la vie que leurs réponses sont moins d'une physiologie déviée que d'une physiologie nouvelle.

Il paraît possible de répondre maintenant avec quelque chance de clarté aux questions posées en tête de ces considérations. Nous ne pouvons pas dire que le concept de « pathologique » soit le contradictoire logique du concept de « normal », car la vie à l'état pathologique n'est pas absence de normes mais présence d'autres normes. En toute rigueur, « pathologique » est le contraire vital de « sain » et non le contradictoire logique de normal [2]. Dans le mot français « a-normal », le préfixe *a* est pris usuellement dans un sens de

1. * Sur la discussion de cette thèse, comme aussi sur la discussion de nos critiques, cf. F. Dagognet, *La Raison et les remèdes*, Paris, P.U.F., 1964, et M. Foucault, *Naissance de la clinique*, Paris, P.U.F., 1963, notamment p. 35 *sq.*

2. « Il est conforme à nos habitudes d'esprit de considérer comme anormal ce qui est relativement rare et exceptionnel, la maladie par exemple. Mais la maladie est aussi normale que la santé, laquelle, envisagée d'un certain point de vue, apparaît comme un effort constant pour prévenir la maladie ou l'écarter », H. Bergson, *Les Deux Sources de la Morale et de la Religion*, p. 26.

distorsion. Il suffit pour s'en convaincre de rapprocher le terme français des termes latin : *abnormis*, *abnormitas* ; des termes allemands : *abnorm*, *Abnormität* ; des termes anglais : *abnormal*, *abnormity*. La maladie, l'état pathologique, ne sont pas perte d'une norme mais allure de la vie réglée par des normes vitalement inférieures ou dépréciées du fait qu'elles interdisent au vivant la participation active et aisée, génératrice de confiance et d'assurance, à un genre de vie qui était antérieurement le sien et qui reste permis à d'autres. On pourrait objecter, et du reste on l'a fait, qu'en parlant d'infériorité et de dépréciation nous faisons intervenir des notions purement subjectives. Et pourtant il ne s'agit pas ici de subjectivité individuelle, mais universelle. Car s'il existe un signe objectif de cette universelle réaction subjective d'écartement, c'est-à-dire de dépréciation vitale de la maladie, c'est précisément l'existence, coextensive de l'humanité dans l'espace et dans le temps, d'une médecine comme technique plus ou moins savante de la guérison des maladies.

Comme le dit Goldstein, les normes de vie pathologique sont celles qui obligent désormais l'organisme à vivre dans un milieu « rétréci », différant qualitativement, dans sa structure, du milieu antérieur de vie, et dans ce milieu rétréci exclusivement, par l'impossibilité où l'organisme se trouve d'affronter les exigences de nouveaux milieux, sous forme de réactions ou d'entreprises dictées par des situations nouvelles. Or, vivre, pour l'animal déjà, et à plus forte raison pour l'homme, ce n'est pas seulement végéter et se conserver, c'est affronter des risques et en triompher. La santé est précisément, et principalement chez l'homme, une certaine latitude, un certain jeu des normes de la vie et du comportement. Ce qui la caractérise c'est la capacité de tolérer des variations des normes auxquelles seule la stabilité, apparemment garantie et en fait toujours nécessairement précaire, des situations et du milieu confère une valeur trompeuse de normal définitif. L'homme n'est vraiment sain que lorsqu'il est capable de plusieurs normes, lorsqu'il est plus que normal. La mesure de la santé c'est une certaine capacité de surmonter des crises organiques pour instaurer un nouvel ordre physiologique, différent de l'ancien. Sans intention de plaisanterie, la santé c'est le luxe de pouvoir tomber malade et de s'en relever. Toute maladie est au contraire la réduction du pouvoir d'en surmonter d'autres. Le succès économique des assurances sur la vie repose au fond sur le fait que la santé est biologiquement assurance dans la vie, habituellement en deçà de ses possibilités, mais éventuellement supérieure à ses capacités « normales »[1].

Nous ne pensons pas que ces vues sur le problème de la physio-pathologie soient démenties par leur confrontation au problème de la psychopathologie, au contraire, car c'est un fait que les psychiatres ont mieux réfléchi que les médecins au problème du normal. Parmi eux beaucoup ont reconnu que le malade mental est un « autre » homme et non pas seulement un homme dont le trouble prolonge en le grossissant le psychisme normal[2]. En ce domaine, l'anormal est vraiment en possession d'autres normes. Mais la plupart du temps, en parlant de conduites ou de représentations anormales, le psychologue ou le psychiatre ont en vue, sous le nom de normal, une certaine forme d'adaptation au réel ou à la vie qui n'a pourtant rien d'un absolu, sauf pour qui n'a jamais soupçonné la relativité des valeurs techniques, économiques, ou culturelles, qui adhère

1. Sur la marge de sécurité dans la structure et les fonctions du corps, *cf.* W. B. Cannon, « La Sagesse du corps », dans *Nouvelle Revue Critique*, Paris, 1946.
2. Nous pensons ici à E. Minkowski, Lacan, Lagache.

sans réserve à la valeur de ces valeurs et qui, finalement, oubliant les modalités de son propre conditionnement par son entourage et l'histoire de cet entourage, et pensant de trop bonne foi que la norme des normes s'incarne en lui, se révèle, pour toute pensée quelque peu critique, victime d'une illusion fort proche de celle qu'il dénonce dans la folie. Et de même qu'en biologie, il arrive qu'on perde le fil conducteur qui permet devant une singularité somatique ou fonctionnelle de distinguer entre l'anomalie progressive et la maladie régressive, de même il arrive souvent en psychologie qu'on perde le fil conducteur qui permet, en présence d'une inadaptation à un milieu de culture donné, de distinguer entre la folie et la génialité. Or, comme il nous a semblé reconnaître dans la santé un pouvoir normatif de mettre en question des normes physiologiques usuelles par la recherche du débat entre le vivant et le milieu – recherche qui implique l'acceptation normale du risque de maladie –, de même il nous semble que la norme en matière de psychisme humain c'est la revendication et l'usage de la liberté comme pouvoir de revision et d'institution des normes, revendication qui implique normalement le risque de folie[1]. Qui voudrait soutenir, en matière de psychisme humain, que l'anormal n'y obéit pas à des normes? Il n'est anormal peut-être que parce qu'il leur obéit trop. Thomas Mann écrit : « Il n'est pas si facile de décider quand commence la folie et la maladie. L'homme de la rue est le dernier à pouvoir décider de cela »[2]. Trop souvent, faute de réflexion personnelle à ces

1. * Selon le Dr Henry Ey : « La santé mentale contient la maladie, aux deux sens du mot *contenir* », cité dans *Esprit*, 1952, n° 12, p. 789.

2. *Doktor Faustus*, Stockholm, 1947. Dans la traduction française de L. Servicen, Paris, Albin Michel, 1950, les passages concernant les rapports de la vie et de la maladie se trouvent aux pages 303, 304, 312.

questions qui donnent son sens à leur précieuse activité, les médecins ne sont guère mieux armés que l'homme de la rue. Combien plus perspicace nous paraît Thomas Mann, lorsque par une rencontre sans doute voulue avec Nietzsche, le héros de son livre, il prononce :

> Il faut toujours qu'il y en ait un qui ait été malade et même fou pour que les autres n'aient pas besoin de l'être... Sans ce qui est maladif, la vie n'a jamais pu être complète... Seul le morbide peut sortir du morbide ? Quoi de plus sot ! La vie n'est pas si mesquine et n'a cure de morale. Elle s'empare de l'audacieux produit de la maladie, l'absorbe, le digère et du fait qu'elle se l'incorpore, il devient sain. Sous l'action de la vie... toute distinction s'abolit entre la maladie et la santé.

En conclusion, nous pensons que la biologie humaine et la médecine sont des pièces nécessaires d'une « anthropologie », qu'elles n'ont jamais cessé de l'être, mais nous pensons aussi qu'il n'y a pas d'anthropologie qui ne suppose une morale, en sorte que toujours le concept du « normal », dans l'ordre humain, reste un concept normatif et de portée proprement philosophique.

CONCEPTIONS BIOLOGIQUES :
FONCTION ET THÉORIE DE L'ÉVOLUTION

PRÉSENTATION DU TEXTE DE CHRISTOPHER BOORSE
LE CONCEPT THÉORIQUE DE SANTÉ
par Élodie GIROUX

Entre 1975 et 1977, le philosophe américain Christopher Boorse a publié une série d'articles qui a ouvert le débat sur les concepts de santé et de maladie dans la philosophie de la médecine anglo-saxonne et y a joué un rôle central. En effet, c'est presque systématiquement après avoir critiqué la théorie de Boorse, ou s'être situés par rapport à elle, que les philosophes prendront part au débat. Avec l'article «Le concept théorique de santé», publié en 1977 dans *Philosophy of Science*, Boorse étend la méthode de l'analyse conceptuelle, jusque-là confinée aux concepts fondamentaux de la physique et de la biologie, aux concepts de santé et de maladie. Cet article qui porte principalement sur la santé physique est associé à trois autres qui le complètent : deux autres en philosophie de la médecine – l'un établit la distinction entre concepts théorique et pratique («On the distinction between disease and illness») et l'autre se concentre sur la santé mentale («What a theory of mental health should be») – et un quatrième, en philosophie de la

biologie, défend une définition non normative de la fonction
(« Wright on functions »). Sa théorie, variablement qualifiée
d'« objectiviste », de « naturaliste » ou encore de « neutra-
liste », constitue l'alternative la plus solide aux approches dites
normativistes et relativistes. Face aux nombreux défenseurs
d'une conception normative de la santé, et aux idées dominantes soutenant qu'elle n'est pas un concept négatif (absence
de maladie) mais un concept essentiellement positif et relatif
au bien-être (comme dans la définition retenue par l'Organisation Mondiale de la Santé), l'objectif de Boorse est de faire sa
place à un concept théorique et scientifique qui permettrait de
clarifier les controverses, d'établir un garde-fou contre le
relativisme et d'éviter ainsi « la subversion de la médecine par
la rhétorique politique ou une excentricité normative »[1].

Mais qu'entendre par concept « théorique » et par
« naturalisme » ? L'objectif principal de Boorse est d'analyser
le concept générique de santé qui est utilisé en physiologie,
c'est-à-dire, selon lui, la *théorie* fondamentale sur laquelle
repose la médecine occidentale. Ce concept qu'il entend
définir ne recouvre donc pas l'ensemble des usages du terme :
Boorse considère même d'emblée qu'il y a au moins un
deuxième concept qui, lui, est pratique. Notons que par le biais
du concept pratique, Boorse introduit les jugements de valeur
en médecine. Par ailleurs, à côté du concept théorique (ou
« intrinsèque ») de santé, il fait aussi place à un concept positif
de santé qui ne s'oppose pas au « pathologique » mais à
l'état « suboptimal »[2] ainsi qu'à ce qu'il appelle la « santé

1. C. Boorse, « A Rebuttal on Health », dans J. M. Humber, R. F. Almeder
(éd.), *What is Disease ?*, Totowa, Humana Press, 1997, p. 101.

2. C. Boorse, « Concepts of Health », dans D. Van De Veer, T. Regan (éd.),
Health Care Ethics : An Introduction, Philadelphia, Temple UP, 1987, p. 365.

instrumentale », c'est-à-dire la détention par l'organisme de caractéristiques (mutation par exemple) qui favorisent la santé. Le concept théorique est toutefois le concept fondamental sur lequel se greffent, par ajout de jugements de valeur (thérapeutiques, diagnostiques, sociales, etc.), des concepts pratiques et normatifs plus restreints. L'erreur des normativistes consiste donc principalement à ne pas voir ce dualisme conceptuel.

L'examen des usages du concept de santé en physiologie conduit Boorse à partir de deux principaux axiomes qu'il identifie comme étant au fondement de la médecine occidentale. Le premier est que la distinction entre normal et pathologique est *naturelle* et objective au sens où elle peut être observée dans la nature et n'est pas le fruit d'une décision. En médecine, on considérerait en effet que la santé est ce qui est *normal* et *naturel* et que le pathologique est contraire à la nature. Il y a bien référence à une nature dont Boorse veut rendre compte et qui justifie aussi la désignation de sa théorie comme « naturaliste ». Un second axiome de la physiologie est que la santé au sens théorique est un concept négatif, c'est-à-dire qu'elle est l'absence de pathologie : il y a donc exclusion réciproque entre le normal et le pathologique. Dès lors, le concept théorique est un concept large qui inclut tout ce qui est contraire à la normalité physiologique et qu'on ne nomme même pas toujours « pathologie » en médecine, mais qui figure dans les nosologies et classifications médicales : traumatisme, malformation, déficience, blessure, handicap, etc. Ce concept correspond en réalité au terme large « le pathologique ». Il a en outre pour caractéristique d'être analytique au sens où il s'applique aux parties de l'organisme. En effet, pour l'organisme pris dans sa globalité, on préférera le terme de

« maladie » [*illness*][1]. Et il a un sens général qui vaut pour les caractéristiques d'une population, et non pas pour celles d'un individu singulier; dans ce dernier cas, il s'agira du concept pratique.

Ceci étant posé, le contenu proprement dit de sa définition du concept théorique de santé repose sur deux principales notions : la *fonction biologique* et la *normalité statistique*. Aussi, Lennart Nordenfelt l'a-t-il baptisée « théorie bio-statistique », appellation que Boorse reprend à son compte. Outre qu'elle relève de l'analyse conceptuelle, la principale originalité de sa définition par rapport aux approches objectivistes antérieures réside dans l'utilisation des résultats des analyses et débats philosophiques sur le concept de fonction[2] et, en particulier, l'élaboration d'un concept non normatif de la fonction biologique. C'est en articulant un concept non normatif de fonction et la normalité statistique que Boorse entend éviter les limites respectives de ces deux concepts pris isolément et définir la normalité médicale théorique. Le cœur de sa définition repose sur la théorisation de l'idée que la normalité physiologique est la conformité au *design* fonctionnel (organisation fonctionnelle uniforme) de l'espèce. Dans la

---

1. La pensée de Boorse sur ce point a évolué : s'il défend l'idée dans l'article de 1975 que les termes de « pathologie » [*disease*] et « maladie » [*illness*] correspondent réciproquement aux concepts théorique et pratique, il préférera finalement faire place à un usage théorique du terme « maladie » [*illness*] et utiliser cette différence terminologique pour caractériser plutôt la différence entre partie (pathologie) ou totalité (maladie) de l'organisme (« Concepts of Health », dans D. Van De Veer, T. Regan (éd.), *Health Care Ethics : An Introduction*, Philadelphia, Temple UP, 1987, p. 365-366).

2. Voir notamment D. J. Buller (éd.), *Function, Selection and Design*, Albany, State University of New York Press, 1999.

lignée des approches systémiques[1], il définit la fonction comme la contribution causale d'une partie d'un système aux buts de ce même système (voir « Wright on function » et « A rebuttal on functions »). Pour Boorse, en physiologie, d'une part, le système étudié est l'organisme dont la survie et la reproduction sont les principaux buts et, d'autre part, le concept de fonction est relatif à l'espèce humaine, et même plus précisément, à une portion ou classe de référence qui tient compte de l'âge et du sexe. Ces classes de référence sont établies de manière empirique à partir d'une abstraction statistique effectuée sur les groupes d'individus dont le *design* fonctionnel est homogène. S'il s'agit bien d'une idéalisation, cette dernière est empirique et non normative. Par ailleurs, la normalité statistique intervient à nouveau pour la démarcation précise du niveau normal du fonctionnement physiologique. Bien que sur le plan pratique et statistique, cette démarcation soit plus ou moins vague et arbitraire, sur le plan théorique, il y aurait une dichotomie claire entre le typique et le non typique, le fonctionnel et le dysfonctionnel.

S'il est vrai qu'en étant articulée au concept de fonction, la normalité médicale évite certaines aberrations du concept de normalité statistique pour caractériser la santé (le pathologique n'est pas toute anormalité statistique mais uniquement la subnormalité et il y a place pour de la variation au sein du normal)[2], la définition bio-statistique se trouve confrontée aux difficultés d'une définition prétendument « non normative » de

---

1. Robert Cummins en est l'un des principaux représentants : R. Cummins, « Functional Analysis », *Journal of Philosophy*, 72, 1975, p. 228-234.

2. Pour plus de détails, voir É. Giroux, « Définir objectivement la santé : une évaluation du concept bio-statistique de Boorse à partir de l'épidémiologie moderne », *Revue Philosophique*, CXCIX, 2009, p. 35-58.

la fonction et de l'espèce humaine. Du côté de la philosophie de la biologie, le concept statistique d'espèce a été abondamment critiqué. L'idée même d'une normalité biologique et de la possibilité d'identifier des traits naturels propres à tous les membres d'une même espèce serait biologiquement peu fondée, aussi bien dans le domaine de la taxinomie et de la définition des espèces que dans celui de la génétique (voir Amundson, « Against normal function » ; van der Steen & Thung, *Faces of Medicine : A Philosophical Study*). La synthèse moderne de la théorie de l'évolution nous enseignerait que ce ne sont ni l'homogénéité ni la ressemblance qualitative mais bien l'hétérogénéité et le lien généalogique qui l'emportent dans ce domaine [1]. Par ailleurs, d'importantes critiques concernent la pertinence de son concept non normatif et a-historique de fonction physiologique [2] et, en particulier, la limitation des buts de l'organisme à ceux de la survie et de la reproduction qu'il implique. Les difficultés portent notamment ici, d'une part, sur le statut de son recours à la théorie de l'évolution, sachant qu'il entend définir un concept de fonction systémique et a-historique et, d'autre part, sur celui de son recours à la normalité statistique pour pallier aux limites du concept systémique [3]. Du côté de la philosophie de la médecine, outre le problème des deux principales anomalies qu'il met lui-même en évidence dans cet article (les pathologies

1. Voir par exemple, E. Sober, « Evolution, Population Thinking, and Essentialism », *Philosophy of Science*, 47, 1980, p. 350-383.

2. Voir notamment, K. Neander, *Abnormal psychobiology*, Unpublished doctoral dissertation, La Trobe University, Bundoora, Australia, 1983.

3. Voir notamment, M. C. Lorne, Explications fonctionnelles et normativité : analyse de la théorie du rôle causal et des théories étiologiques de la fonction, Thèse de philosophie, Paris, Ecole des Hautes Études en Sciences Sociales, 2004.

structurelles et universelles), l'objection de fond a consisté à soutenir que le dysfonctionnement n'est ni nécessaire (il y a des pathologies qui ne sont pas associées à un dysfonctionnement) ni suffisant (il faut ajouter un jugement de valeur) pour distinguer le normal du pathologique[1]. Sa définition a aussi été accusée de ne pas correspondre à la classification et aux nosologies médicales : elle conduit notamment à caractériser l'homosexualité comme pathologique alors que cette condition a été justement exclue de l'influent Manuel Diagnostique et Statistique des Troubles Mentaux dans une révision en 1973 (DSM II). C'est d'ailleurs ce qui a conduit Jerome Wakefield à ajouter un composant normatif (« préjudiciable ») à sa définition, jugeant que le fait biologique du dysfonctionnement est certes nécessaire mais n'est toutefois pas suffisant[2]. Malgré ces nombreuses critiques auxquelles Boorse répond de manière détaillée dans un très long article (« A rebuttal on health », 1997), il reste assez généralement admis que sa définition a l'intérêt d'expliciter d'une manière rigoureuse la conception de la santé sur laquelle semble reposer la physiologie.

---

1. On trouvera une synthèse de ces critiques dans É. Giroux, *Après Canguilhem, définir la santé et la maladie*, Paris, P.U.F, 2010 et dans M. Ananth, *In Defense of an Evolutionary Concept of Health. Nature, Norms, and Human Biology*, Aldershot, Ashgate, 2008. Ce dernier défend un concept évolutionnaire de la santé fondé sur les concepts biologiques de fonction, d'espèce et d'homéostasie qui prolonge et amende la théorie de Boorse.

2. Boorse répondra à Wakefield que sa définition de la maladie ne fait probablement qu'articuler les concepts théorique (dysfonctionnement) et pratique (préjudiciable) de sa théorie. La différence majeure concerne le concept de fonction utilisé par Wakefield qui se rapproche de la définition étiologique ou historique. Voir C. Boorse, « A Rebuttal on Health », art. cit., p. 49 et 114.

LE CONCEPT THÉORIQUE DE SANTÉ *

Cet article soutient que le concept médical de la santé comme
absence de pathologie [*disease*] est une notion théorique
indépendante des valeurs. La fonction biologique et la
normalité statistique en sont les principaux éléments, ce qui la
distingue de plusieurs autres idées jouant un rôle de premier
plan dans la littérature sur la santé. Si l'on fait exception des
traumatismes environnementaux universels, les pathologies
sont des états internes qui réduisent une capacité fonctionnelle
en dessous des niveaux typiques de l'espèce. Comprise
comme absence de pathologie, la santé est donc la normalité
statistique du disfonctionnement, c'est-à-dire la capacité
d'accomplir toutes les fonctions physiologiques typiques
avec, au minimum, un niveau d'efficacité typique. Cette
conception de la santé est tout autant indépendante des valeurs
que les énoncés fonctionnels en biologie. La majorité de ceux
qui ont écrit sur le sujet défendent l'idée que la santé est
fondamentalement liée aux valeurs; une telle idée semble
avoir deux origines possibles : soit on fait l'hypothèse que les
jugements de santé sont nécessairement des jugements
pratiques relatifs au traitement des patients, soit on prend parti

* C. Boorse, « Health as a Theoretical Concept », *Philosophy of Science*,
44, 1977, p. 542-573. La présente traduction, établie par Élodie Giroux, est
publiée avec l'autorisation de l'auteur.

pour un concept « positif » de santé au-delà de l'absence de
pathologie. Selon moi, la première hypothèse est erronée et le
parti-pris en faveur d'un concept positif pourrait être lié à une
mauvaise description de ce concept.

Dire que la santé est l'absence de pathologie est un axiome
traditionnel de la médecine. Qu'est-ce qu'une pathologie ?
Tout ce qui n'est pas compatible avec la santé. Si cet axiome a
un sens, on doit pourvoir donner une meilleure réponse. Je
pense que le problème le plus fondamental en philosophie
de la médecine est de briser ce cercle grâce à une analyse
substantielle soit de la santé soit de la pathologie.

Si l'on fait exception des pathologies universelles,
l'analyse que je souhaite proposer est la suivante : la santé est
un fonctionnement normal dans lequel la normalité est statistique et les fonctions sont biologiques. Une synthèse légèrement plus complète figure dans le résumé. Un premier résultat
de cette conception est de permettre une distinction claire
entre la santé théorique, c'est-à-dire l'absence de pathologie,
et la santé pratique, c'est-à-dire en gros, l'absence de maladie
[*illness*] traitable. La santé pratique est un idéal moins exigeant. Nous montrerons que la littérature sur la santé passe à
côté de cette distinction, soit en ne s'intéressant pas du tout à la
pathologie, soit en admettant avec Engelhardt que « choisir
d'appeler pathologie un ensemble de phénomènes implique
un engagement en faveur d'une intervention médicale »
(Engelhardt 1975, *infra*, p. 251). Un second résultat de notre
conception est que les jugements portant sur la pathologie sont
neutres sur le plan des valeurs. Si les pathologies sont des
déviations par rapport au *design* biologique de l'espèce, leur
identification relève des sciences naturelles, et non pas d'une
décision évaluative.

Le rôle des valeurs dans les jugements sur la santé est souvent apparu plus important dans le domaine de la santé mentale. C'est l'une des raisons qui expliquent que tant de travaux sur ce sujet sont réalisés par des psychiatres et des psychologues, qui tendent à ignorer qu'on retrouve les mêmes questions dans le domaine de la santé physique. On a le sentiment que, à la différence de la médecine somatique, la pratique courante en santé mentale implique des partis-pris en faveur de valeurs très controversées ; ceci apparaît en effet dès que l'on aborde l'une des *causes célèbres* [1] dans un spectre de causes sociales allant de la folie criminelle à l'homosexualité et au féminisme. Toutefois, ce « problème de valeurs » n'est qu'un aspect d'une pression exercée plus particulièrement sur les professionnels de santé mentale pour les pousser à aborder les questions fondamentales. On en trouve un autre aspect dans la controverse récurrente, ravivée très récemment par Szasz (1960), sur la question de savoir si la notion même de santé mentale est légitime. Derrière l'accusation d'illégitimité, il y a l'hypothèse – que j'admets mais que je ne peux pas discuter ici – qu'une notion légitime de santé mentale doit être un analogue fidèle de la conception établie de la santé physique (Boorse 1974 ; Flew 1973 ; Szasz 1960).

En tout cas, l'espoir d'apporter un peu de lumière dans l'imbroglio des controverses sur la santé mentale nous donne de bonnes raisons de vouloir mettre un peu d'ordre dans les multiples notions de santé. Mais puisque les usages du vocabulaire de la santé en psychologie sont controversés, nous n'en tiendrons pas compte dans la démonstration qui suit. Dans cet article, notre objectif est d'analyser la santé et la pathologie

---

1. En français dans le texte [N.d.T.].

telles qu'elles sont comprises par la médecine physiologique traditionnelle[1]. Le plan de l'argumentation est le suivant. Les deux premières sections introduisent au problème à partir d'une revue des principales idées défendues dans les débats antérieurs sur la santé (I) et de quelques remarques méthodologiques (II). La conception fonctionnelle est ensuite présentée et défendue (III-IV), et la dernière section examine les possibilités d'une notion utile de santé positive, au-delà de l'absence de pathologie (V ; Jahoda 1958). Un traitement complet de la notion de santé positive dépasse le cadre de cet article puisqu'il est nécessaire, d'un point de vue logique, que celle de pathologie soit préalablement comprise.

I. PRINCIPAUX THÈMES DANS LA LITTÉRATURE. En clinique, la littérature sur les concepts de santé est abondante, elle l'est moins en philosophie[2]. Nous commencerons par considérer les grandes lignes de ce corpus qui, à mon avis, méconnaît ou dénature la notion de pathologie. Dans le cadre d'un bref passage en revue, nous ne pouvons pas présenter les conceptions de chaque auteur, nous ne retenons que les thèmes récurrents qui en ressortent. Nous dégageons sept principaux thèmes – des idées élémentaires qui reviennent fréquemment dans les définitions de la santé – et montrons qu'aucun d'eux ne constitue une condition nécessaire ou suffisante pour définir la pathologie. Cette procédure mettra en évidence un certain

1. Les résultats du présent article sont appliqués à la santé mentale dans Boorse 1976a.

2. Il y a deux excellentes introductions à la littérature clinique qui insistent sur la santé mentale : *Current Concepts of Positive Mental Health* (1958) de Jahoda et *Normality* de Offer et Sabshin (1966). Parmi les philosophes qui ont beaucoup écrit sur la santé et la maladie, il y a Engelhardt (1975, 1976, 1977), Flew (1973), Macklin (1972, 1973) et Margolis (1966, 1969, 1976).

nombre de problèmes qu'une bonne analyse de la santé devra résoudre. Elle donnera aussi une idée de l'avantage comparatif de notre conception fonctionnelle, même si, naturellement, il n'est pas possible de passer en revue toutes les manières dont on pourrait combiner ces éléments dans le cadre d'une analyse complexe.

Il est sûr que toutes les sept idées exposées ci-dessous correspondent à des caractéristiques de maladies fatales ou débilitantes comme la malaria, la varicelle, le choléra, la tuberculose, le cancer et de toutes ces maladies qui font partie de la liste des fléaux notoires de l'humanité. Elles valent donc pour ce que l'on peut appeler les objets paradigmatiques de l'attention médicale. Surtout, je pense qu'on peut aussi dire que la plupart d'entre elles repose sur une hypothèse implicite : l'idée que le concept de santé peut être élaboré à partir de son rôle dans la *pratique* médicale. C'est une hypothèse naturelle puisque ce qui apparaît en premier lieu à propos de la médecine, c'est qu'elle est une discipline clinique qui traite une population spécifique de patients. On présume facilement que les personnes en bonne santé sont celles qui n'ont pas besoin de traitement médical, et que celles qui sont en mauvaise santé sont celles qui en ont besoin. La pathologie est cette sorte de chose que les médecins traitent (ou doivent traiter). Certains auteurs considèrent que cette hypothèse suffit pour définir la pathologie, tandis que d'autres vont plus loin en essayant de préciser *quelles* sortes de choses les médecins traitent, par exemple les états douloureux ou incapacitants. Mais nous montrerons que cette hypothèse ne correspond pas à la conception traditionnelle de la santé comme absence de pathologie. Selon notre approche, le jugement qui détermine que quelque chose est une pathologie est un jugement théorique qui n'implique pas, et n'est pas non plus impliqué par un jugement thérapeutique concernant le besoin qu'a une personne de traitement médical.

1. *Valeur.* Il n'y a pas de doute que, globalement, la santé est désirable. De là, il n'y a qu'un pas pour considérer que ce jugement de valeur est une composante du concept de santé, ou même qu'il en constitue l'élément essentiel. Dans cette dernière conception, la santé physique est identifiée au bien-être [*well-being*] ou à l'aisance [*welfare*], comme souvent dans les discussions sur la santé.

Cependant, d'un côté, il y a un grand nombre d'états physiques indésirables, ces états qui réduisent le bien-être physique d'une personne et qui ne sont pas classés comme des pathologies dans les textes médicaux. Il n'est pas désirable que le niveau de certaines de nos qualités physiques mesurables comme par exemple la taille, la force, l'endurance, la coordination, la rapidité de réflexe, la beauté, etc., soit légèrement inférieur à la moyenne. Il n'est pas désirable d'avoir besoin de dormir, manger et boire, besoins qui sont des faiblesses universelles chez l'homme. Ces fragilités ne sont pourtant pas des pathologies. Or il est impossible de les distinguer des pathologies uniquement sur la base de leur dépréciation. Si l'on considère ses effets sur le long terme, la petite taille, comme toute personne petite le sait, peut bien davantage réduire la qualité de vie d'une personne qu'une petite allergie ou une infection virale. Cela ne peut pas être uniquement le caractère indésirable d'un état physique qui fait de lui une pathologie. D'un autre côté, il est clair que, dans certaines circonstances, des pathologies peuvent être désirables. La vaccine peut sauver la vie d'une personne en cas d'épidémie de variole ; la myopie apparaît comme un avantage si elle permet d'éviter un recrutement dans l'infanterie. La stérilité, dans un monde sans contraception, pourrait être considérée comme une bénédiction céleste pour des parents de familles nombreuses. Ayant écarté l'idée que les jugements de valeurs constituent l'intégralité du concept de pathologie, il nous reste donc à examiner comment ils peuvent s'y introduire.

2. *Traitement par les médecins.* Puisque les pathologies ne sont pas seulement des états indésirables, on considère souvent qu'elles sont ces états indésirables que les médecins sont amenés à traiter. Certains maux humains, pour des raisons historiques, sociologiques ou techniques, entrent dans le cadre de la pratique médicale. Ces derniers sont *ipso facto* des pathologies ; il n'y a pas d'autre contenu de la notion de pathologie. Par suite, la liste des états de mauvaise santé dépendra de la variation de la pratique médicale dans le temps, en fonction des évolutions des institutions et des valeurs sociales. Mais aucune autre analyse établie du concept de pathologie ne vient fixer une limite *a priori* à cette variation. Au mieux, on peut faire des généralisations à partir du type d'états dont on a l'habitude de considérer qu'ils nécessitent un traitement médical (Engelhart 1975, 1976, 1977). Cette conception, qui s'apparente à un positivisme médical, est l'une des tendances les plus fortes dans la littérature sur le sujet.

Il semble en effet naturel de se référer à la réalité du traitement médical pour expliquer pourquoi certains états indésirables ne comptent pas comme des pathologies. S'il existait un traitement médical de référence pour la petite taille ou le besoin de dormir, alors ces états seraient certainement des pathologies. C'est parce qu'on ne dispose pas de traitement pour ceux-ci qu'ils ne figurent pas dans les manuels médicaux. Mais cette explication ne résiste pas à un examen minutieux. De nombreuses pathologies reconnues ne sont pas non plus traitables. Le fait d'être réellement traitable, c'est-à-dire l'existence d'une thérapie effective, est une condition bien trop forte pour la pathologie. L'approche positiviste doit alors faire appel à une notion plus large comme «tout ce qui tombe dans le domaine de la pratique médicale». Mais alors, la petite taille relève de la pratique médicale puisque les patients s'en plaignent auprès de leurs médecins. Ce qui semble manquer ici n'est pas autre chose que le jugement médical attestant qu'il s'agit d'une pathologie et non pas d'une partie de l'intervalle normal de variation.

De la même façon, l'usage médical du terme est confronté à une difficulté inverse pour toute définition pratique de la pathologie. Outre le fait que les médecins considèrent comme des pathologies des états qu'ils ne peuvent pas traiter, ils traitent aussi des états de santé qu'ils ne considèrent pas comme des pathologies. La circoncision, la chirurgie esthétique, les interruptions volontaires de grossesse et la prescription de contraceptifs font partie des actes médicaux courants. Aucun de ces états modifiés par l'action médicale n'apparaît dans la *Standard Nomenclature* de l'American Medical Association[1] (AMA 1961), la dernière tentative d'établir une liste complète des pathologies. Ils ne figurent pas non plus dans les listes de pathologies d'autres textes médicaux. On cherchera en vain une pathologie telle que la grossesse non désirée et il serait absurde de considérer que les prépuces des bébés de sexe masculin – un élément de l'anatomie masculine – sont une pathologie innée. Qu'on réalise des opérations pour changer de sexe ne conduit pas à faire du genre

1. L'AMA est une puissante association professionnelle américaine, publiant des journaux de renommée internationale mais aussi conduisant des actions de lobbying.[N. d.T.]

masculin ou féminin une pathologie. Le fait est que les médecins distinguent, même parmi les états de santé qu'ils traitent, ceux qu'ils considèrent comme pathologiques de ceux qu'ils ne considèrent pas tels[1]. Dans la pensée médicale traditionnelle, un état ne devient pas pathologique dès qu'un patient ou une société souhaite sa modification. Dans la pratique médicale, le traitement n'est ni nécessaire ni suffisant pour que quelque chose soit une pathologie.

3. *Normalité statistique*. Dans le langage clinique, les pathologies ou les états pathologiques sont aussi dits anormaux, et les états sains, normaux. Une idée évidente qui correspond bien à certains aspects de la médecine est d'interpréter statistiquement cette normalité. Dans les manuels, les normes pour les variables cliniques comme la taille, le poids, le pouls et la respiration, la pression artérielle, la capacité vitale, le métabolisme de base, le taux de sédimentation, etc. sont des moyennes statistiques entourées d'une certaine amplitude de « variation normale ». Dans certains cas, comme dans notre exemple relatif à la petite taille, l'amplitude de la variation normale semble aussi être une question d'ordre statistique. La détermination des limites supérieures de la taille et des limites du nanisme ou du gigantisme pourrait bien ne dépendre que de paramètres de la distribution de population. Dans d'autres cas cependant, quand par exemple un texte donne 95mm Hg comme le seuil le plus élevé pour la pression

---

1. L'anatomopathologie [*pathology*] d'une pathologie [*disease*] est son anatomie morbide, c'est-à-dire les changements structurels dans les tissus du corps qui sont sous-jacents à ses signes et à ses symptômes. « Pathologique », peut cependant être un synonyme pour « atteint de pathologie » [*diseased*] et « anormal ». Les deux usages sont liés par l'hypothèse médicale selon laquelle toute pathologie a un fondement anatomopathologique, qu'il soit connu ou non.

diastolique normale, la limite de la variation normale peut renvoyer à une plus grande morbidité ou à une plus grande mortalité en dehors d'elle (McCombs 1971, p. 539). Dans les textes de médecine, les auteurs disent souvent que les valeurs normales auxquelles ils se réfèrent ne représentent pas la personne moyenne en général mais la personne moyenne en bonne santé. Ceci semble nuire au projet d'utiliser la normalité statistique pour analyser la santé. Pourtant, nous avons cette intuition solidement ancrée en nous : la personne moyenne – ou tout au moins le cœur, le poumon, le rein, la thyroïde, etc., moyens – doit être normale, sans quoi nous serions dans l'incapacité de dire à quoi une personne ou un organe normal devrait ressembler.

Je reviendrai à cette intuition quand nous élaborerons notre conception fonctionnelle. Notons seulement ici que la normalité statistique ne constitue pas une condition nécessaire ou suffisante de la santé. Elle ne peut pas être nécessaire parce que des états rares, par exemple le type sanguin "B" ou les cheveux roux, peuvent être parfaitement sains. Elle ne peut pas être suffisante car des états de mauvaise santé peuvent être typiques. Il n'y a pas de doute que la personne ou l'organe moyen est sain, au sens pratique où il ne manifeste aucune indication en vue d'un traitement, mais ce n'est pas la même chose que l'absence totale de pathologie. Certains des processus que les textes médicaux considèrent comme pathologiques sont à l'œuvre chez presque tout le monde sans qu'ils soient cliniquement détectables. Il y a aussi certaines pathologies – l'athérosclérose, l'inflammation pulmonaire modérée, peut-être les caries – qui sont presque universelles. En dépit de ces difficultés, nous donnerons un rôle important à la normalité statistique dans notre conception, ce qui montre que les conditions nécessaire et suffisante ne sont pas les seules composantes possibles d'une analyse.

4. *Douleur, souffrance, gêne*. Le contraste de la santé avec la douleur et la gêne de la maladie est un autre thème qui ressort des nombreuses discussions. Cette idée concentre l'attention sur la pratique médicale plutôt que sur la théorie, et même, sur les patients qui viennent se plaindre de symptômes. Or même dans la pratique médicale, des examens physiques de routine peuvent révéler la présence de différentes sortes de pathologies asymptomatiques – tuberculose, diabète, cirrhose hépatique, cancer du sein, diverses maladies cardiaques, syphilis, et on pourrait allonger encore la liste. On le trouve constamment mentionné dans les manuels de médecine : une absence totale de « souffrance subjective » est compatible avec la présence de graves lésions internes. On dit que les pathologistes qui pratiquent des autopsies sur des cas de morts subites s'étonnent de ce que la victime ne soit pas morte plusieurs années avant. En tout cas, il n'y a pas de raison pour que le processus pathologique se manifeste nécessairement par de la douleur et de la gêne. Inversement, douleur et gêne peuvent être associées à des processus normaux, comme la croissance des dents, les menstruations et l'accouchement.

5. *Incapacité* [*disability*]. Si les pathologies n'entraînent pas toutes de la souffrance physique, peut-être que toute pathologie, à un certain stade, doit au moins tendre à générer une incapacité. La notion d'incapacité est suffisamment large pour espérer couvrir le champ de la pathologie et elle peut probablement intégrer la douleur comme un cas particulier. L'incapacité la plus extrême est la mort elle-même, que l'on considère comme une sorte d'opposé analytique de la santé. Lester King, qui, à la différence de nombreux auteurs en

médecine, présente quelque chose qui ressemble à une analyse, a fait une proposition intéressante à partir de cette notion qu'il articule à celles qui viennent d'être discutées.

> La pathologie est l'ensemble de ces états qui sont considérés comme douloureux ou incapacitants par le jugement de la culture dominante et qui, en même temps, dévient soit de la norme statistique, soit de quelque statut idéalisé (…). L'idéal lui-même est dérivé en partie de la norme statistique et en partie de l'a-normal qui semble particulièrement désirable. (King 1945, p. 197)

La logique de cette formulation ne semble toutefois pas correspondre aux intentions explicites de King puisque la grossesse est un état douloureux, incapacitant et rare qu'il ne souhaite pourtant pas classer au nombre des pathologies. Le vague de la phrase au sujet des idéaux rend très problématique le test de l'analyse de King à partir d'exemples.

D'une manière ou d'une autre, une analyse de la pathologie qui utilise la notion d'incapacité doit résoudre le genre de problèmes suivants. Elle doit être suffisamment large pour inclure les petites pathologies de la peau comme la mycose du pied, l'eczéma et les verrues, que ce soit sous la catégorie de l'incapacité ou sous une autre. Elle doit inclure les incapacités [*disabilities*] comme la myopie et le daltonisme, mais pas les inaptitudes [*inabilities*] à nager, voler, ou voir dans le noir comme les chats, bien que ces dernières défaillances puissent être bien plus préjudiciables que les précédentes. Elle doit compter comme anormaux les adultes qui ne peuvent pas marcher, mais pas les bébés. Si une notion d'incapacité remplit de manière satisfaisante ces conditions et d'autres, je pense qu'elle se rapprochera de la notion de dysfonctionnement que nous exposerons plus loin. Nous n'en dirons donc pas plus ici sur ce sujet.

6. *Adaptation*. Pour un biologiste, les capacités normales des organismes sont des adaptations à leurs environnements. Il y a une propension croissante dans la littérature, comme le travail d'auteurs aussi divers que John Ryle (1947), René Dubos (1959), et Heinz Hartmann (1958) le montre, à identifier purement et simplement la santé à une notion biologique de *fitness* ou d'adaptation. Toutefois, cette notion ne peut pas être la « *fitness* darwinienne » ou le simple succès reproductif. Il semble difficile de prétendre que les parents améliorent leur santé au fur et à mesure qu'ils ont des enfants, ou que les traits les plus sains sont ceux qui favorisent l'apparition de grandes familles. La *fitness* et l'adaptation doivent ici être conçues comme une relation entre l'organisme et son environnement qui n'est qu'indirectement associée au fait d'avoir une progéniture. Dans ces approches, il est typique de souligner qu'un organisme bien adapté dans un environnement donné peut très bien ne pas l'être dans un autre. On déduit de cela que la santé est relative à l'environnement et cette conclusion oriente vers l'une ou l'autre des deux directions suivantes. L'adaptation peut être considérée comme l'idéal positif de l'amélioration maximum des capacités utiles dans les circonstances propres à chaque personne. Ou alors, on peut développer une version négative de cette idée en affirmant que les états de santé qui seraient intolérables dans la situation d'une personne particulière peuvent être tolérables ou bénéfiques pour une autre. Dans la veine négative, Ryle par exemple écrit la chose suivante :

> Le mineur petit et trapu de Durham – situation misérable même si son état physique général peut bien être la

conséquence de la combinaison des effets de l'hérédité, d'une enfance malnutrie et d'un stress professionnel dans l'adolescence – est probablement mieux adapté à un travail et une vie souterraine que ne le serait un candidat aux forces de police métropolitaine, mieux doté et plus robuste.

[…] ce qu'on appelle normal, ou (mieux) la variabilité normale, en biologie et en médecine doit toujours dépendre des efforts demandés à l'organisme, ou à ses parties, et du milieu par lequel ils subsistent. » (Ryle 1947, p. 3-4)

Bien que la portée de l'exemple de Ryle soit claire, la morale qu'il illustre troublerait un comité syndical de mineurs. La question est de savoir si Ryle nierait ce que son exemple suggère : que certaines des adaptations du mineur à son travail sont des pathologies. La thèse selon laquelle un état n'est pas une pathologie s'il vous aide dans votre travail ne saurait constituer un bon principe du droit du travail. À l'inverse, c'est un lieu commun en médecine que des symptômes de pathologie, par exemple l'inflammation, puissent être des réponses adaptatives à une agression de l'environnement. Comme nous l'avons vu, dans la conception courante de la pathologie, il est tout à fait possible que des pathologies comme la vaccine ou la myopie soient avantageuses dans certains environnements. Elles ne cessent pas pour autant d'être des pathologies parce que le jugement qui affirme ce statut est un jugement au sujet de types d'états et parce qu'il ne se réfère pas à un environnement spécifique. Dès lors, la « normalité » de Ryle est à comprendre comme la normalité au sens pratique de ce qui ne requiert pas d'attention médicale. Elle ne peut pas vraiment être comprise en son sens théorique d'absence de pathologie.

C'est en considérant sa variante positive qu'il apparaît encore plus clairement que l'adaptation n'est pas l'absence de pathologie. Toutes sortes de capacités – jouer du violon, marcher sur une corde raide, imiter un Président – peuvent améliorer la capacité des personnes à bien vivre dans leurs environnements propres. Mais cela ne signifie pas que l'absence de ces capacités est pathologique pour ces personnes ou pour qui que ce soit. La pensée médicale ordinaire n'utilise pas de notion du genre « pathologique pour une personne X dans un environnement E », même si « mauvais pour X dans E » fait évidemment sens. La relativité de l'adaptation à l'environnement est à la fois ce qui fait le principal intérêt de cette notion et ce qui la rend peu prometteuse pour une analyse de la pathologie[1].

7. *Homéostasie*. Pour finir, la notion d'homéostasie a une grande influence, probablement excessive, comme concept clinique de santé (Engel 1953). L'importance des mécanismes de régulation homéostatique dans la physiologie du corps a été soulignée par Claude Bernard (1957) et Walter Cannon (1939). Bernard s'est intéressé aux processus physiologiques en tant qu'ils servent à maintenir l'équilibre du *milieu intérieur*, les processus pathologiques étant des perturbations de cet équilibre ou des défaillances de l'homéostasie. Il est certain que de nombreux aspects de la physiologie normale et anormale correspondent bien à ce modèle. Un nombre incalculable de variables biologiques, comme la température, l'acidité, le débit et la composition du sang, elles-mêmes relatives à d'innombrables substances et organismes, doivent être maintenues dans des limites étroites pour qu'il y ait un état de santé.

1. Hartmann introduit la notion « d'environnement attendu moyen ». Il distingue aussi l'adaptabilité du processus d'adaptation, comme toute discussion minutieuse sur ce sujet se doit de le faire. Nous ne pouvons pas, en peu de mots, faire justice à de telles distinctions ni à la complexité de la conception de Hartmann.

Cependant, il n'est pas pertinent de considérer l'homéo-stasie comme un modèle général de la fonction biologique. De nombreuses fonctions vitales ne sont pas homéostatiques, sauf si on élargit ce concept pour qu'il couvre tous les processus orientés vers un but[1]. La perception, la locomotion, la crois-sance et la reproduction bouleversent un équilibre plutôt qu'elles ne le maintiennent. Dire que leur but ultime est l'équi-libre interne n'est pas fondé ; il est tout aussi vrai, et même plus vrai, de dire que le but ultime de l'équilibre interne est la per-ception, la locomotion, la croissance et la reproduction. Il est donc vain de chercher à concevoir les pathologies correspon-dantes, telles que la surdité, la paralysie d'un membre, le nanisme ou la stérilité, comme des défaillances de l'homéo-stasie. On peut très bien comprendre que divers équilibres sont cruciaux pour la vie sans confondre pour autant l'homéostasie avec l'idée plus large de fonctionnement normal.

En réalité, toutes les idées discutées dans cette section ont un lien avec le fonctionnement normal, c'est-à-dire avec le *modus operandi* typique de la machinerie physiologique interne d'une espèce. Pour chacune des sept conceptions, des pannes ou des fonctionnements défectueux [*malfunctions*] de cette machinerie – ce qui, comme nous l'argumenterons, constitue la pathologie – tendraient à réduire la santé. La plupart de ces liens sont de nature empirique. Le mode de fonctionnement interne typique de notre espèce, typique par définition, nous a dotés, par la sélection naturelle, des capacités adaptées à une manière de vivre dans notre environnement, que nous valorisons. La plupart des défaillances sévères de ces

---

1. La différence entre l'homéostasie et l'orientation vers un but est discutée par Sommerhoff (1950, p. 196-7).

fonctions internes entraîneraient de l'incapacité, de la douleur et de la souffrance, des états suffisamment indésirables pour justifier que l'on cherche des soins médicaux. Mais notre discussion suggère qu'en prenant directement le fonctionnement anormal comme objet d'analyse, on se rapprochera davantage de la notion médicale de pathologie que ne le font les idées de cette section. Avant de tenter cette analyse, quelques remarques sommaires peuvent aider à clarifier son objectif.

II. Remarques sur le problème. 1. *Usage générique de « pathologie »*. Notre projet est, comme nous l'avons dit, d'analyser la notion de pathologie qui est sous-jacente à la conception selon laquelle la santé est l'absence de pathologie. Il doit être clair dès le début que cette conception fait un usage du terme « pathologie » plus large que tous les autres usages non médicaux. Jusqu'à maintenant, mais peut-être en vain, j'ai essayé de choisir mes exemples de manière à ne pas avoir à aborder cette question. Mais pour que la santé puisse vraiment être comprise comme l'absence de pathologie, il faut qu'au moins les états suivants soient des pathologies : non seulement les syndromes infectieux comme la malaria et la syphilis, mais aussi les anomalies congénitales comme le spina-bifida, les troubles du développement comme le cancer, les déficiences fonctionnelles comme la paralysie d'un membre, et toutes sortes de traumatismes et de causes de mort. La *Nomenclature* de l'AMA (1961) fait figurer dans la liste des pathologies de nombreux états de santé pour lesquels le profane n'utiliserait pas ce terme : l'obésité et l'inanition, le mal de mer, les fractures osseuses, les plaies par balle, la présence de corps étrangers dans l'estomac, les orteils surnuméraires, les morsures d'animaux, la noyade, l'électrocution, l'asphyxie, l'incinération et l'« écrasement général ». Dans certaines

sources médicales, on sépare la catégorie des pathologies
de celle des traumatismes; même dans la médecine, l'usage
de «pathologie» au sens large n'est pas invariable. Cet
usage est toutefois bien établi – exactement aussi bien établi
que le principe selon lequel la santé est l'absence de pathologie[1]. Ce principe est incompatible avec tout usage du terme
qui distingue les pathologies des traumatismes puisque cela
impliquerait en effet que l'on peut être à la fois en parfaite santé
et mort.

Dans le but d'analyser le sens large de l'usage médical,
nous considérerons que, globalement, les ouvrages médicaux
de référence font autorité pour ce qui compte comme une
pathologie. La *Nomenclature*, dont le but est de fournir un code
numérique pour chaque pathologie reconnue par les cliniciens,
est une source particulièrement complète. Ce livre donne une
somme d'exemples d'une valeur inestimable pour une analyse
de la pathologie. Il inclut aussi des états parfaitement normaux
comme l'emmétropie ou la réfraction correcte du cristallin,
mais c'est, semble-t-il, seulement par des codes qui indiquent leur normalité. Cette concession faite à la commodité
statistique[2] suggère qu'on ne devrait pas considérer que
la *Nomenclature* fait pleinement autorité pour les états que

---

1. D'après le tableau historique donné dans World Health Organization
(1967), l'usage du sens large remonte au moins à 1855. Cette année-là William
Farr, le premier statisticien médical britannique officiel, l'a employé dans la
proposition qu'il a faite au Congrès de Paris. Il serait intéressant d'avoir
davantage d'informations sur cette histoire.

2. Malgré ces concessions, la *Nomenclature* s'est fait remplacer dans les
registres hospitaliers par une version de la *Classification Statistique Internationale* (World Health Organization 1967) qui s'est avérée plus efficace.
Dans l'introduction de ce texte, on souligne de manière répétée qu'une classification statistique ne cherche pas à être une nomenclature. Peut-être que la
Nomenclature n'aurait pas dû chercher à être une classification.

la pensée médicale voit comme des pathologies. On doit associer à ce moyen de vérifier notre analyse de l'usage de « pathologie » et de « santé » dans le contexte discursif les manuels médicaux et les articles de recherche. À mon sens, une analyse de la pathologie doit être considérée comme une théorie qui explique l'ensemble de ce corps d'usage et elle doit être évaluée à l'aune de ce dernier.

2. *Maladie* [illness] *et entité pathologique.* En plus de se démarquer des conceptions profanes, l'idée générique de la pathologie que cible notre analyse doit être distinguée d'au moins deux autres notions dont le sens est plus restreint : *la maladie et l'entité pathologique.* On ne trouvera ni dans l'usage médical ni dans l'usage profane la description d'une personne atteinte d'une mycose du pied, de verrues, de daltonisme ou même des trois à la fois, comme étant *malade*. Mais chacun de ces états est caractérisé comme pathologique dans les textes médicaux. Ceci signifie que, même si elle n'est pas très marquée, il y a bien, en médecine, une distinction entre pathologie et maladie. Dans un précédent article (Boorse 1975), j'ai défendu l'idée qu'être malade implique d'avoir une pathologie suffisamment grave pour être en quelque façon invalidante, ce qui justifie qu'on émette alors des jugements normatifs au sujet du traitement et de la responsabilité. Toute pathologie ne rend pas nécessairement malade celui qui en est atteint. Une autre différence est que si l'on conçoit donc le fait d'être malade comme une invalidité due à une pathologie, on devrait probablement suivre certains auteurs qui voient les maladies plutôt comme des particuliers que comme des universaux, c'est-à-dire plutôt comme des épisodes datés dans l'histoire de vie d'une personne. Le *Manuel* de l'O.M.S. semble adopter ce point de vue dans l'extrait suivant :

> (…) un individu affecté d'une pathologie peut faire l'expérience d'une seule période de maladie durant l'intervalle d'observation, ou il peut, à partir de la même pathologie, avoir des maladies de manière répétée. En outre, un individu peut souffrir, durant la même période de maladie, de deux pathologies distinctes ou plus encore. (World Health Organization 1967, 6ᵉ rév., xxxv)

Les pathologies – par exemple la mucoviscidose, la bronchite asthmatique, la trichinose –, au sens que nous voulons analyser ici, sont des universaux ou des types d'état de mauvaise santé qui adviennent chez plus d'une personne.

Il y a eu des controverses récurrentes en histoire de la médecine, qui ont plus ou moins correspondu aux débats philosophiques sur les universaux, pour savoir si les pathologies ou seuls les individus malades sont réels (Engelhardt 1975, Hudson 1966). Parfois la question était de savoir si les pathologies sont des entités externes qui existent de manière indépendante ; à d'autres moments, il s'agissait de savoir si la taxinomie pathologique est artificielle ou naturelle. Le terme d'*entité pathologique*, utilisé pour désigner une unité naturelle de la classification des pathologies, est un héritage de ces controverses. Aujourd'hui la définition la plus précise d'une entité pathologique serait une constellation de signes et de symptômes associée à une anatomopathologie [*pathology*] ayant une étiologie et un pronostic spécifiques. Cela fait partie de l'objectif d'une nomenclature ou d'un manuel de médecine de diviser le domaine des états de mauvaise santé en entités pathologiques de ce genre. Mais en pratique, du fait des limites de la connaissance médicale, la division ne peut pas être menée si loin. Donc des états comme la fièvre, la diarrhée, un problème respiratoire ou une hypoglycémie ne seraient pas acceptés comme des diagnostics spécifiques puisqu'ils sont communs à de nombreuses pathologies identifiables, mais la *Nomenclature* accepte bien, même si c'est à contrecœur, l'acidose et la glycosurie quand aucun autre diagnostic spécifique ne peut être établi. Par suite, certaines des « pathologies » énumérées dans les sources médicales ne sont certainement pas des entités pathologiques au sens strict. Notre notion générique de pathologie est donc plus large que celle d'entité pathologique.

Heureusement, dans la mesure où notre but est de comprendre la santé comme l'absence de pathologie, nous pouvons laisser complètement de côté ce problème de l'individuation des pathologies. La manière dont le domaine des pathologies est divisé n'a pas d'impact sur un concept de santé comme absence totale de pathologie. Toutefois, il y aura un effet indésirable du caractère abstrait de notre analyse de la pathologie : elle inclura des états tels que la fièvre, la diarrhée, la dyspnée, l'hypoglycémie, etc., qui ne sont pourtant pas considérés comme des pathologies individuelles dans la littérature médicale. À cet égard seulement, nous n'avons pas cherché à être fidèle à l'extension habituelle du terme « pathologie ». Le lecteur devra bien avoir cette restriction en tête.

3. *Santé instrinsèque et santé instrumentale.* Une dernière distinction est vitale pour préciser la conception que nous ciblons. Il est commode de l'appeler la distinction entre santé intrinsèque et santé instrumentale, ou entre une pathologie et ce qui tend à en produire une. Le terme « malsain [*unhealthy*] » est utilisé pour les deux sens, souvent sans risque de confusion. Quand on parle d'habitudes « malsaines », fumer par exemple, ou d'environnements « malsains », New York par exemple, il n'est pas question d'instances de mauvaise santé, mais de ce qui la produit. Or quand il s'agit d'états physiques, on confond

facilement les pathologies avec des dispositions qui, dans certaines circonstances, sont pathogéniques. L'appendice vermiculaire est un bon exemple de cette différence. Le fait d'avoir un appendice peut être considéré comme « malsain » d'un point de vue instrumental, au sens où il est alors possible d'attraper l'appendicite. Mais la pathologie ici est l'appendicite et non pas l'appendice lui-même. Bien que les personnes dotées d'appendices aient moins de chance d'être en bonne santé à l'avenir que des personnes qui n'en ont pas, leur santé intrinsèque n'est pas amoindrie tant que l'appendicite ne s'est pas déclarée. Lucrèce Borgia, qui a, dit-on, acquis une tolérance à l'arsenic en en prenant des doses progressivement plus fortes, est un autre exemple. Elle pouvait alors empoisonner ses ennemis pendant le dîner : mangeant le même plat que son convive, elle écartait toute suspicion. Quelle que soit la base physiologique de sa tolérance, elle n'était pas un avantage pour sa santé intrinsèque, mais elle faisait d'elle la personne dotée de la meilleure santé à la fin du repas. De la même façon, une personne qui, suite à une mutation, est immunisée contre le rhume peut être plus souvent en bonne santé que les autres. Mais c'est parce que l'immunité prévient la pathologie – et non pas parce que l'absence d'une telle immunité est pathologique.

Cette distinction entre caractère instrumental et intrinsèque de la santé est souvent sans conséquence dans la pratique médicale. Habituellement, médecin et patient souhaitent éliminer les états qui ne sont pas sains dans l'un ou l'autre sens. Mais sans cette distinction, une analyse de la santé comme absence de pathologie est rendue impossible. Si tout ce qui peut engendrer une pathologie était en soi pathologique, alors tout serait pathologique : en effet, il est toujours possible d'établir une relation causale dans un environnement donné. La bonne stratégie est de s'intéresser d'abord à la santé intrinsèque à partir de l'examen de ce que les médecins caractérisent comme pathologique. Une analyse de ce qui promeut ou favorise la santé en découle automatiquement, mais ce n'est pas le cas dans la stratégie inverse.

4. *Santé positive*. La catégorie de santé instrumentale permet de tenir compte d'une partie de ce que différents groupes de personnes promeuvent sous l'appellation de *santé positive* ou santé « au-delà de l'absence de pathologie ». On a pu considérer par exemple qu'un programme de mise en forme physique développe la santé positive. Si l'on juge que les personnes en forme physique sont en meilleure santé simplement parce qu'elles ont moins de probabilité d'attraper une pathologie, alors la santé positive n'est pas autre chose que la santé instrumentale. L'idée impliquée ici est l'absence de pathologie sur toute la durée de la vie et la forme physique est alors valorisée comme un moyen pour cette fin. On a vraiment une conception positive de la santé quand la forme physique n'est pas seulement appréhendée comme l'effet secondaire d'une plus grande résistance à la maladie mais comme constituant elle-même une meilleure santé. On ne pourra examiner cette possibilité que brièvement dans la section finale puisqu'il n'est guère pertinent de débattre de la santé positive avant de disposer d'une conception claire de la pathologie.

III. Une conception fonctionnelle de la santé. 1. *Orientation*. L'intuition sous-jacente à notre conception de la santé et de la pathologie sera simple, aussi simple que les idées de la section I, mais distincte de chacune d'elles. Cette intuition est que le normal est le naturel. Dans son enquête lucide sur l'histoire des conceptions médicales de la pathologie, Temkin considère que cette idée caractérise toute la tradition médicale classique qui a culminé chez Galien :

> Un tel concept de santé et de pathologie repose sur une biologie d'orientation téléologique. Toutes les parties du corps sont constituées et fonctionnent pour permettre à l'homme de mener une vie bonne et de préserver son espèce. La santé est un état qui est en accord avec la Nature ; la pathologie est contraire à la Nature. (Temkin 1973, p. 398 ; Moravcsik 1976)

Une expression contemporaine de la même conception est citée par King (1945, p. 494) :

> Il y a un critère précis de la normalité inhérent à la structure et au fonctionnement effectif de chaque espèce d'organisme. (…) les êtres humains doivent être considérés comme normaux s'ils possèdent la totalité des (…) capacités naturelles de la race humaine et si ces dernières (…) sont équilibrées et interconnectées pour fonctionner ensemble de manière efficace et harmonieuse. (Marston et al. 1931, p. 434, 437)

Bien que nous ne soyons pas en mesure de discuter ici d'histoire de la médecine, nous montrerons que la liste actuelle des pathologies révèle que cette conception ancienne est toujours à l'œuvre aujourd'hui.

Ainsi, de notre point de vue, santé et pathologie appartiennent à une famille de notions téléologiques et typologiques qui sont habituellement associées à la biologie aristotélicienne et considérées avec suspicion. Souvent cette suspicion est excessive. La réflexion informelle dans les sciences de la vie utilise constamment des idées téléologiques et typologiques avec profit et une réflexion philosophique a été menée très récemment sur les concepts de fonction et d'orientation vers un but dans la biologie moderne. Cette réflexion suggère qu'on peut trouver des substituts aseptiques pour d'anciennes notions qui continuent d'être utilisées dans les sciences naturelles. Je pense qu'on doit considérer que l'analyse qui suit n'est pas autre chose qu'un tel substitut pour l'idée selon laquelle les pathologies sont des états étrangers à la nature de l'espèce. Dans notre conception, la nature de l'espèce est le *design* fonctionnel qui se révèle empiriquement lui être typique. L'ancienne conception d'après laquelle un idéal peut être à la fois empirique et normatif, conception très présente dans la *République* ainsi que dans la littérature contemporaine en santé mentale, n'aura aucune place dans tout ce qui suit. Notre plus grande rupture avec la tradition classique pourrait bien résider dans le démenti de l'idée que la santé est essentiellement évaluative.

Après ces remarques préliminaires, il est possible d'exposer ce que défend cette section pour indiquer l'orientation de l'argumentation. Je reprendrai ensuite ces éléments dans le détail. La formulation qui suit omet une proposition au sujet des traumatismes environnementaux que je reporte à la section suivante. En effet, cette proposition nous conduit à des propos plus spéculatifs que tout ce dont il est ici question.

> 1. La *classe de référence* est une classe naturelle d'organismes ayant un *design* fonctionnel uniforme ; c'est-à-dire un groupe d'individus d'âge et de sexe identiques au sein d'une espèce.
> 2. Une *fonction normale* d'une partie ou d'un processus, pour les membres de la classe de référence, est sa contribution statistiquement typique à la survie et à la reproduction individuelles.
> 3. La *santé* pour un membre de la classe de référence est la *capacité fonctionnelle normale* : la disponibilité [*readiness*] qu'a chaque partie interne de l'organisme pour accomplir ses

fonctions normales à des occasions typiques avec, au minimum, un niveau d'efficacité typique.

4. Une *pathologie* est un type d'état interne qui altère la santé, c'est-à-dire réduit une ou plusieurs des capacités fonctionnelles en dessous du niveau d'efficacité typique.

2. *Fonctions.* Les biologistes utilisent régulièrement un langage fonctionnel pour décrire le rôle de traits ou parties dans la vie de l'organisme. Par exemple, ils rapportent que la fonction de la queue du paon est d'attirer une paonne, que la fonction des branchies chez le poisson est la respiration et que les fonctions de l'hypothalamus chez l'homme sont trop nombreuses pour pouvoir être énumérées. Il y a désormais une abondante littérature philosophique sur le problème de l'analyse de ces énoncés fonctionnels en biologie. Prendre position sur ce sujet dépasse notre objectif, mais en même temps, le contenu d'une conception fonctionnelle de la santé dépend de notre conception des fonctions. Je vais donc esquisser ici une conception des fonctions que j'ai défendue ailleurs dans le détail (Boorse 1976b; voir Grim 1977). En considérant que les énoncés fonctionnels en biologie sont indépendants des valeurs, notre approche est typique de la littérature; seules quelques conceptions les considèrent comme évaluatifs (Margolis 1969, Sorabji 1964, Wimsatt 1972). Aussi n'est-elle pas la seule conception à envisager les fonctions physiologiques comme des contributions causales à la survie et à la reproduction d'un organisme.

Selon moi, le sens fondamental de la notion de fonction est d'être une contribution à un but. Les organismes sont des systèmes orientés vers un but, dans un sens que Sommerhoff (1950), Braithwaite (1960) et Nagel (1961) ont essayé de caractériser : c'est-à-dire qu'ils sont disposés à ajuster leur comportement au changement environnemental d'une façon qui est appropriée à un résultat constant, le but. Dans les faits, la structure des organismes est organisée selon une hiérarchie moyens-fins avec une orientation vers un but à chaque niveau. Les cellules individuelles sont orientées vers le but de produire certains composants; en faisant cela, elles contribuent à des buts de niveaux supérieurs comme la contraction musculaire; ces buts contribuent à leur tour à un comportement observable comme tisser une toile, construire un nid ou attraper une proie; ces comportements observables contribuent à des buts tels que la survie et la reproduction de l'individu et de l'espèce. Ce que je suggère c'est que, pour le biologiste, la fonction de toute partie ou processus est sa contribution ultime à certains buts au sommet de la hiérarchie. C'est pourquoi la fonction du cœur est de pomper le sang et non pas de produire des sons et que la fonction du rein est d'éliminer les déchets et non pas de maintenir la vessie pleine. Ce sont les premiers effets, et non pas les seconds, qui contribuent de manière typique aux buts les plus élevés de l'organisme.

Dans une certaine mesure cependant, ces buts les plus élevés des organismes sont indéterminés et doivent être déterminés par les intérêts du biologiste. Dans son analyse, Sommerhoff considère bien qu'à chaque fois qu'un but G cause G' à l'intérieur de l'ensemble du domaine de changements environnementaux pour lesquels l'organisme est orienté vers G, ce même organisme est aussi orienté vers G'. Ce phénomène arrive constamment en biologie. La plupart des comportements des organismes contribuent à la fois à la survie de l'individu, à la compétence reproductive individuelle, à la survie de l'espèce, à la survie des gènes, à l'équilibre écologique, et ainsi de suite. Par conséquent, divers sous-domaines de la biologie (par exemple, la génétique et l'écologie) peuvent utiliser différents buts comme objet de leurs énoncés fonctionnels. Mais ce sont seulement les fonctions du sous-domaine de la physiologie qui semblent pertinentes pour la santé. En me fondant sur ce qui apparaît dans les textes de physiologie, je propose que, dans ce contexte precis, les fonctions sont des contributions à la survie et à la reproduction individuelles. Une telle hypothèse a des conséquences spécifiques pour notre concept de santé ; il faut donc la garder à l'esprit. Quels que soient les buts choisis, les énoncés fonctionnels seront indépendants des valeurs car la question de savoir ce qui constitue une contribution causale à un but biologique est sans aucun doute de nature empirique.

3. *Classe de référence et design de l'espèce*. Nous faisons donc l'hypothèse que les fonctions physiologiques d'un trait sont ses contributions causales à la survie et à la reproduction de l'individu porteur de ce trait. Pour définir la fonction physiologique, nous avons besoin d'au moins une qualification supplémentaire. Il est clair que, en physiologie, les énoncés fonctionnels concernent la contribution *habituelle* d'un trait au sein d'une population ou classe de référence, par exemple, une espèce. On peut trouver dans un texte de médecine que la fonction du cristallin est de diriger la lumière sur la rétine. Une telle affirmation n'est pas falsifiée par l'existence de personnes qui souffrent de cataractes, ou qui n'ont pas du tout de cristallin. De même, dans le cas où un animal aurait la vie sauve grâce à un phénomène quelconque, ce ne serait pas suffisant pour faire de cet effet une fonction biologique. Un écureuil pourrait coincer sa queue dans une fissure alors qu'il était sur le point de se faire écraser par une voiture, mais la protection contre les voitures ne deviendrait pas pour autant une fonction de la queue de l'écureuil. L'énoncé au sujet du cristallin est vrai parce que c'est très largement typique des

membres de la population que leur cristallin contribue à leur survie et à leur reproduction de cette façon. En général, les énoncés fonctionnels décrivent des caractéristiques de l'espèce ou de la population, et non pas celles d'une plante ou d'un animal individuels.

En conséquence, l'objet de la physiologie comparative est une série de types idéaux d'organismes : la grenouille, l'hydre, le verre de terre, l'étoile de mer, le crocodile, le requin, le singe rhésus, et ainsi de suite. L'idéalisation est évidemment statistique, et non pas morale ou esthétique, ou de toute autre forme de normativité. Pour chaque type, un manuel de physiologie offre un portrait composite de ce que j'appellerai le *design* de l'espèce, c'est-à-dire la hiérarchie typique des systèmes fonctionnels imbriqués qui rendent possible la vie des organismes de ce type. Chaque détail de ce portrait composite est statistiquement normal dans cette espèce, même si le portrait peut ne ressembler exactement à aucun membre de l'espèce. Il est possible qu'aucune grenouille particulière ne soit un spécimen parfait de *Rana pipiens*, puisque toute grenouille sera sûrement atypique d'un certain point de vue et pourra avoir été altérée par un traumatisme ou une pathologie. Mais le naturaliste de terrain fait abstraction des différences individuelles et des pathologies en faisant une moyenne sur un échantillon suffisamment large de la population. Le *design* de l'espèce qui émerge est un idéal empirique qui, selon moi, constitue la base des jugements de santé pour toutes les espèces pour lesquelles on formule ce genre de jugements (King 1954).

Ce serait une erreur de penser que cette notion de *design* de l'espèce n'est pas compatible avec la biologie de l'évolution qui insiste sur l'importance de la variation. Le résultat typique de l'évolution est précisément qu'un trait se fixe dans l'espèce, l'influence de l'hérédité individuelle et de l'environnement sur ce trait n'entraînant que rarement d'importantes variations. En dehors des échelles de temps évolutionnaire, les *designs* biologiques manifestent une grande stabilité qui est vigoureusement maintenue grâce à l'action de la sélection normalisante [*normalizing selection*]. La théorie et la pratique de la médecine reposent sur cette stabilité à court terme. Pour que, par exemple, le diagnostic et le traitement médical de la pancréatite soient possibles, il faut bien que le patient ressemble suffisamment à d'autres personnes pour que son pancréas soit localisé près de l'estomac, pour qu'il sécrète des enzymes digestives spécifiques pouvant attaquer l'organe lui-même, et pour qu'il produise des signes et des symptômes tels qu'une douleur abdominale, des diarrhées, une perte de poids, une jaunisse, une hyperglycémie, et une stéatorrhée. Il y a en réalité une grande uniformité dans la structure et les fonctions de notre espèce humaine et d'autres espèces ; sans cela, il n'y aurait aucun fondement à l'extrême précision des manuels de physiologie humaine. C'est cette uniformité de l'organisation fonctionnelle que j'appelle le *design* de l'espèce. Ne pas admettre son existence sur la base d'arguments darwiniens reviendrait à se focaliser sur l'arbre qui cache la forêt.

Les traits polymorphiques dont aucune forme n'est encore fixée dans la population peuvent être en réalité inclus de manière disjonctive dans le *design* de l'espèce. Il est en effet typique du sang humain d'être classé dans le groupe A, ou B, ou AB, ou O, typique pour la couleur de l'iris humain d'être soit bleue, soit marron, soit verte, typique pour la peau humaine d'avoir une forme de pigmentation plus ou moins resserrée. Toutefois, il y a d'autres différences intra-spécifiques que l'on ne peut pas traiter de manière disjonctive et elles sont suffisamment frappantes pour générer différents *designs* d'espèce. L'âge et le sexe sont ces différences. Il faudrait être un piètre observateur pour se satisfaire du constat selon lequel les êtres humains ont de manière typique des ovaires ou des testicules, des utérus ou des pénis, des poitrines larges ou étroites, etc. Les caractéristiques du sexe féminin apparaissent ensemble et constituent un *design* fonctionnel unique qui a sa cohérence, tout comme celles du sexe masculin. Dès lors, un traitement disjonctif de la différence sexuelle ne convient pas. Le *design* fonctionnel varie aussi avec l'âge, bien que ce soit moins visible dans notre espèce (Timiras 1972). Ce phénomène est facile à admettre pour les espèces dont les étapes de la vie sont aussi différentes que pour les chenilles, les chrysalides et les papillons. Toutefois, pour l'homme, il y a bien des fonctions qui sont accomplies uniquement chez l'enfant et non pas chez l'adulte, par exemple l'élargissement du squelette, et inversement, par exemple la production de sperme et l'ovulation. Ainsi, le *design* de l'espèce semble bien être relatif à la fois au sexe et à l'âge.

Pour ces raisons, on doit probablement considérer que la physiologie effectue ses abstractions statistiques à partir de classes de référence plus petites que l'espèce. En pratique, la classe opérationnelle en médecine semble être un groupe d'individus d'âge et de sexe identiques au sein d'une espèce, par exemple, pour les êtres humains, des nouveau-nés de sexe masculin, ou, des jeunes filles qui ont, disons, entre 7 et 9 ans. Dans d'autres contextes, peut-être même aussi en médecine, étant donné que, à certains égards, les différentes races ont différents *designs* fonctionnels, on pourrait avoir à tenir compte aussi de la race. Malgré cette restriction de la classe de référence à une fraction d'une espèce, l'expression « *design* de l'espèce » demeure utile et ne semble pas introduire de confusion.

4. *Fonctionnement normal*. Si nous nous intéressons au *design* de l'espèce, c'est parce que nous souhaitons analyser la santé comme la conformité à ce *design*. Cela simplifiera la présentation que de commencer par introduire une notion de fonctionnement normal qui, ensuite, dans notre analyse finale de la santé, subira deux modifications. Ces deux modifications concernent un remplacement de la notion de fonctionnement par celle de disponibilité fonctionnelle [*functionnal readiness*] (III. 5) et l'ajout d'une proposition sur les traumatismes environnementaux (IV. 2). Mais si l'on met de côté ces détails, l'idée générale est que les pathologies sont des états internes qui interfèrent avec les fonctions du *design* de l'espèce.

> Pour un membre de la classe de référence, le *fonctionnement normal* est l'accomplissement par chaque partie interne de toutes ses fonctions statistiquement typiques avec, au minimum, un niveau d'efficacité statistiquement typique, c'est-à-dire à des niveaux à l'intérieur ou au-dessus d'une région centrale de leur distribution dans la population [1].

Cette définition appelle trois commentaires. Première-ment, la dernière proposition précise «à l'intérieur ou au-dessus» parce que le fonctionnement supérieur est compatible avec la santé. La capacité cardiovasculaire inhabituelle d'un coureur de fond n'est pas pathologique. Deuxièmement, la définition essaie d'éviter la confusion entre différents usages de «fonction». Dans un sens parfois utilisé dans les tests cliniques, une fonction est le processus concret qui assure la contribution physiologique, par exemple, la sécrétion thyroïdienne. Dans ce sens, il peut y avoir un excès de la fonction

---

1. Comparer avec Ryle : «l'activité coordonnée des parties, chacune fonctionnant à l'intérieur de la normalité» (1947, p. 5).

thyroïdienne, c'est-à-dire de l'hyperthyroïdisme. Ce n'est pas cet usage du terme que nous retenons puisque, pour nous, la fonction est la contribution à des buts physiologiques : un excès de sécrétion thyroïdienne nuit à la réalisation de ces buts, tout autant qu'une insuffisance. Pour le dire autrement, la fonction de la thyroïde n'est pas seulement de sécréter des hormones, mais de sécréter la quantité qui convient aux besoins métaboliques du moment. Pour nous, il n'y a donc pas de sens à parler d'un excès de la fonction. Toutefois pour éviter toute ambiguïté dans la formulation, j'utilise le terme d'« efficacité ». La santé est toujours compatible avec une efficacité inhabituelle d'un processus dans la réalisation des buts physiologiques, mais pas avec un excès inhabituel du processus lui-même. Ce dernier peut être pathologique. C'est à la distribution statistique de l'efficacité d'une fonction que la définition réfère. Il y a fonctionnement anormal quand le niveau d'efficacité d'une fonction se situe à plus d'une certaine distance en-dessous de la moyenne de la population. Troisièmement, j'ajoute que cette distance fait nécessairement l'objet d'un choix conventionnel, comme dans toute application de la normalité statistique à une distribution continue. La ligne précise entre santé et pathologie est généralement théorique puisque la plupart des pathologies entraîne des déficits fonctionnels qui, quel que soit le seuil acceptable retenu, sont rares.

Il me faut désormais argumenter l'idée que les pathologies impliquent des interférences avec le fonctionnement normal au sens établi par la définition. Il apparaît évident que tout processus pathologique suffisamment grave entraîne une maladie patente. Les perturbations importantes dans ces cas-là remontent suffisamment haut dans la hiérarchie fonctionnelle pour que le patient ressente leur effet. Quand la tuberculose ou l'emphysème sont de véritables maladies symptomatiques, la fonction de la respiration n'a plus son efficacité habituelle. Les pathologies cardiovasculaires interfèrent avec la circulation du sang et réduisent donc grandement le fonctionnement musculaire propre à l'activité physique. Les symptômes communs de maladie aiguë comme la fièvre, le vomissement et la perte d'appétit impliquent la défaillance de fonctions telles que le maintien de la température et de la digestion. Et ainsi de suite. Le lien entre maladie visible et fonctionnement anormal, comme le lien entre maladie visible et presque toutes les conceptions de la santé qui ont été proposées, est assez évident par lui-même.

De manière plus significative, une pathologie latente ou asymptomatique semble aussi impliquer un fonctionnement atypique à des niveaux inférieurs de la hiérarchie fonctionnelle. Le diabète, qu'il soit ou non manifeste pour celui qui en est atteint, consiste en une déficience inhabituelle de la sécrétion d'insuline et donc dans le métabolisme du sucre. La cirrhose hépatique, la néphrite, le cancer du pancréas et d'innombrables autres exemples d'anatomopathologie locale peuvent se développer très progressivement sans réduire suffisamment les grandes fonctions pour être détectables. Cependant, elles provoquent bien un déclin et une défaillance des fonctions normales des tissus dans la partie affectée de l'organe. Un tel dysfonctionnement localisé est aussi caractéristique de diverses petites pathologies de la peau. Pour le biologiste et le médecin, la peau est un organe hautement polyvalent, doté d'une structure complexe conçue pour des fonctions telles que la sensation, l'excrétion, la régulation de la température et la protection contre les agents environnementaux. De manière générale, il semble tout à fait plausible que l'histoire de la théorie médicale ne soit en fait pas davantage que l'enregistrement des résultats d'une recherche progressive sur le fonctionnement normal aux niveaux organismique, organique, histologique, cellulaire et biochimique de l'organisation, et sur les types incroyablement subtils d'anatomo-pathologie que cette recherche met à jour.

Plutôt que de dresser une liste d'exemples de pathologies pour lesquelles on observe un fonctionnement atypique, il est probablement plus convaincant d'examiner les quatre cas que cite Engelhardt (1977) dans le but de montrer l'hétérogénéité du pathologique. Il écrit :

> Ce que les êtres humains considèrent comme santé et pathologie dépend de jugements très complexes sur la souffrance, les buts qui sont propres aux hommes et, en lien avec ces buts, la forme et l'apparence qui sont propres aux hommes. Dans les manuels classiques de médecine tels que celui de Cecil-Loeb [...], on voit que toutes sortes de phénomènes sont placés dans la liste des maladies, pour des raisons qui sont apparemment assez différentes. C'est le cas de la rage, probablement parce que c'est un état déplaisant et fatal, et du zona, tout d'abord à cause de la douleur qui l'accompagne et peut-être aussi en partie parce qu'il enlaidit. D'autres états comme la phénylcétonurie sont probablement considérés comme des pathologies à cause de leur nature distéléologique, le fait qu'ils compromettent les fonctions de l'intelligence humaine. D'autres états encore sont classés comme "pathologiques" simplement parce qu'ils présentent des symptômes qui entraînent une forme de laideur ou, tout au moins, une forme qui n'est pas considérée comme relevant de l'apparence physique spécifiquement humaine. Le vitiligo, simple perte de pigment sur des parcelles de la peau, en est un exemple.

L'hétérogénéité de ces explications n'est pas nécessaire. Si elle était interprétée selon notre notion de fonctionnement anormal, la catégorie de « distéléologie » qu'introduit Engelhardt suffirait pour rendre compte de ces quatre pathologies. En trois jours, la rage évolue en commençant par des dysfonctionnements partiels (hydrophobie et convulsion) pour aller jusqu'au dysfonctionnement total qu'est la mort. La phénylcétonurie, la pathologie suivante la plus grave, est un déficit héréditaire de l'un des enzymes d'une voie métabolique de base, la phénylalanine hydroxylase. Cette déficience est elle-même un dysfonctionnement au niveau biochimique et elle entraîne, comme le note Engelhardt, ce dysfonctionnement manifeste qu'est le retard mental. Le zona, une infection virale des ganglions nerveux postérieurs, produit une éruption cutanée vésiculaire au-dessus des nerfs affectés et aussi une douleur névralgique, souvent chronique et sévère. Si on laisse de côté la douleur, le zona implique deux sortes de dysfonctionnement local : neuronal et dermique. L'éruption cutanée viole à elle seule la définition du fonctionnement normal. Si l'on considère que la peau est un organe, il n'y a pas de différence entre une défaillance des fonctions de la peau dans un ensemble de vésicules et une défaillance des fonctions du foie ou du rein aux endroits respectifs de ces organes. Notre conception inclut toute éruption cutanée dans la catégorie de pathologie et la médecine semble être en accord avec cette inclusion. Pour finir, le vitiligo est un cas du même genre puisque le pigment de mélanine a la fonction biologique d'absorber les ultraviolets.

Pour chacun des exemples d'Engelhardt, il y a une défaillance de certaines parties de l'organisme dans l'accomplissement des fonctions biologiques qu'il leur est pourtant statistiquement normal d'accomplir. Ses quatre cas exemplaires doivent ici jouer le même rôle qu'un grand nombre d'exemples confirmant notre définition que l'on pourrait trouver en comparant n'importe quel manuel de médecine ou de biologie. Il semble toutefois utile d'ajouter un commentaire sur la cohérence de notre analyse dans le cas de fonctions biologiques comme celle de la mélanine et de pathologies associées à leur perturbation. Dire que les fonctions physiologiques sont des contributions à la survie et à la reproduction de l'individu, ce n'est pas dire que leur défaillance sera fatale dans tous les cas. Peaux, nez et oreilles jouent certainement un rôle causal dans la hiérarchie organisée des activités qui permettent aux membres de notre espèce de vivre et donner naissance à des enfants. Sans cela, ils ne se seraient jamais établis dans l'espèce, tout au moins par sélection directe. Mais il suffit que la contribution attendue d'un trait donne à celui qui le possède plus de chance de survivre que celui qui ne le possède pas. On ne peut rien déduire au sujet de la survie des individus qui ne possèdent pas ce trait. Par conséquent, les pathologies qui entraînent une déficience en mélanine, une surdité ou une diminution du sens de l'odorat n'ont pas besoin de menacer la vie pour que notre analyse soit correcte. On peut tout au plus déduire de notre analyse que les pathologies ont pour conséquence que les personnes qui en sont atteintes ont un tout petit peu moins de chance d'avoir des descendants. Je doute même qu'on puisse faire cette déduction, surtout en regard du critère introduit selon lequel les fonctions doivent être accomplies dans la partie de l'organisme qui leur est habituelle, un critère qui reflète bien l'attitude des médecins par rapport à l'anatomopathologie locale. En effet, une fois qu'une fonction est identifiée par la biologie, une défaillance de cette dernière, même si elle est locale, semble être considérée comme pathologique par la médecine.

5. *Disponibilité fonctionnelle* [functional readiness]. Moyennant une petite modification, on peut désormais considérer que la santé n'est pas autre chose que le fonctionnement normal tel que nous l'avons analysé depuis le début de cette section. Cette modification est nécessaire parce que, de manière générale, les fonctions biologiques ne s'accomplissent pas de façon continue, mais à des occasions appropriées. La question de savoir quelles sont ces occasions appropriées est un fait empirique lié à la classe de référence. Ainsi, il y a vision quand les yeux sont ouverts, digestion quand la nourriture est dans le tube digestif, sécrétion d'adrénaline quand il y a du stress, transpiration quand la température augmente, coagulation sanguine suite à une plaie, et ainsi de suite.

À tout moment, un organisme peut fonctionner normalement dans son contexte présent mais être dans l'incapacité de le faire à d'autres occasions, pourtant susceptibles de se présenter. Un tel organisme n'est donc pas un parfait spécimen de son espèce et donc, si l'on suit notre idée de départ, il n'est pas en parfaite santé. Ici encore la médecine semble se conformer à cette conception. L'incapacité d'accomplir une fonction reste une pathologie même si l'occasion de l'accomplir ne se présente jamais. Les hémophiles qui ne se blessent jamais ou les diabétiques qui prennent quotidiennement de l'insuline sont toujours atteints de ces pathologies. On pourrait bien entendu dire que ce qui maintient la disponibilité fonctionnelle pour le futur, par exemple le facteur de coagulation dans le sang, est lui-même une fonction dans le présent. Mais il semble plus clair de remplacer l'idée de fonctionnement normal par la capacité ou la disponibilité fonctionnelle normale. Cette modification n'a pas d'impact sur l'ensemble de l'analyse précédente puisque la défaillance de la fonction entraîne la défaillance de la disposition fonctionnelle.

La seule conséquence de cette révision est d'introduire de nouveaux états dans la catégorie de pathologie. Par suite, le résultat de cette section est de défendre la proposition suivante.

1. La *classe de référence* est une classe naturelle d'organismes ayant un *design* fonctionnel uniforme ; c'est-à-dire un groupe d'individus d'âge et de sexe identiques au sein d'une espèce.

2. Une *fonction normale* d'une partie ou d'un processus, pour les membres de la classe de référence, est sa contribution statistiquement typique à la survie et à la reproduction individuelles.

3. La *santé* pour un membre de la classe de référence est la *capacité fonctionnelle normale* : la disponibilité qu'a chaque partie interne de l'organisme pour accomplir toutes ses fonctions normales à des occasions typiques avec, au minimum, un niveau d'efficacité typique.

4. Une *pathologie* est un type d'état interne qui altère la santé, c'est-à-dire réduit une ou plusieurs des capacités fonctionnelles en dessous du niveau d'efficacité typique.

6. *Limites de la proposition.* La relativité de la santé à l'espèce a été notre principe directeur. Nous avons supposé que la notion fondamentale est « *X* est un *Y* sain », autrement dit, que c'est en comparant *X* avec sa classe de référence *Y* que l'on peut distinguer la façon dont *X* fonctionne de la façon dont il devrait fonctionner. Cette comparaison présuppose qu'il y a suffisamment d'uniformité dans l'espèce pour qu'il y ait un *design* de l'espèce statistiquement typique. Quand cette uniformité est mise à mal – comme dans le cas de traits polymorphiques ou de traits distribués de manière continue : la couleur des yeux, le type sanguin, la taille, le métabolisme, la constitution morphologique – aucune variante de ce trait ne peut constituer un critère pour la santé. Corrélativement, une variante d'un trait n'est pathologique que si elle réduit une

fonction bien en dessous de la moyenne du groupe. Tant que l'efficacité de l'ensemble des fonctions dépasse un certain seuil minimal, chaque valeur de ces traits est aussi saine que n'importe quelle autre. Ainsi, notre définition intègre la variation au sein du normal, faisant place à un grand nombre de différences individuelles qui sont équivalentes pour la santé intrinsèque.

Dès lors, notre conception fait abstraction de la variabilité intra-spécifique qui est la matière première du changement évolutionnaire. De notre point de vue, les jugements qui concernent ce qui promeut le succès des membres d'une espèce dans des environnements différents ne sont pas des jugements sur la santé intrinsèque. Ceci semble inévitable pour une définition de la santé comme absence de pathologie, puisqu'en médecine, le fait de ne pas être à l'avant-garde de l'évolution n'est pas considéré comme pathologique. Les pathologies sont, pourrait-on dire, des échecs à aller aussi loin que le point où le reste de l'espèce est parvenu depuis des millénaires. D'un autre côté, certains jugements à propos de l'adaptation différentielle sont des jugements sur la santé instrumentale. Des différences individuelles peuvent ne rien nous dire au sujet de la santé dans la mesure où aucune d'elles ne constitue une pathologie, mais elles peuvent toutefois nous indiquer qu'une personne a plus de risque de développer une pathologie dans certaines conditions. Des données indiquent que même certains types sanguins sont associés à différents risques de diverses pathologies, par exemple le cancer de l'estomac et le diabète (Smith 1968, p. 245). Il est certain que des variations individuelles dans la constitution morphologique affectent la probabilité de pathologie cardiovasculaire ou la probabilité de complications de l'accouchement. Mais toute adaptation différentielle n'est pas une santé instrumentale différentielle.

C'est seulement dans une conception positive de la santé qu'un résidu de variation, comme une beauté inhabituelle qui améliore le succès de l'accouplement, peut être considéré comme augmentant la santé.

IV. Succès et échecs de la conception. La section précédente proposait une notion empirique de la nature d'une espèce, la nature humaine par exemple, pour analyser la normalité médicale. Dans cette section, nous essayons de généraliser notre analyse et d'examiner sa pertinence. La thèse selon laquelle la santé est le fonctionnement normal est fondamentalement un truisme médical, comme certaines de ces formules qu'on trouve dans de nom-breux dictionnaires. Nous avons simplement précisé que la notion de fonction est biologique et que celle de normalité est statistique. Si on la compare à d'autres conceptions, notre proposition a l'avantage d'être fidèle aux classifications standard des pathologies, au moins sur les points suivants.

1. *Succès*. Premièrement, elle explique la divergence entre les jugements qui concernent la pathologie et ceux qui concernent la désirabilité ou la traitabilité. Comme nous l'avons noté, certains états indésirables sont des pathologies mais d'autres n'en sont pas. C'est le cas de l'hémophilie mais pas de l'inaptitude à régénérer des membres sectionnés ou du tissu cérébral endommagé. La raison semble claire : la coagulation du sang dans les plaies est une fonction humaine typique, ce qui n'est pas le cas de la régénération du cerveau ou d'un membre. Si nous appartenions à l'une des espèces qui régénèrent ses membres, une personne qui n'aurait pas cette aptitude serait sans aucun doute considérée comme atteinte d'une pathologie [*diseased*]. De même, il est nécessaire pour

qu'une personne soit en bonne santé qu'elle produise de l'insuline, mais non pas de la vitamine C, puisque notre espèce fabrique effectivement l'une mais pas l'autre (Dobzhansky 1962, p. 43). Un diabète contrôlé reste une pathologie ; contrôler le scorbut revient à l'éliminer. Il est probable qu'un daltonisme partiel est fatal à moins de gens chaque année que l'absence de sensibilité à l'odeur du monoxyde de carbone, or le premier est quand même une pathologie, ce qui n'est pas le cas du second. Il est difficile d'imaginer une explication de ces jugements qui ne fasse pas appel à ce qui est typique pour l'espèce humaine. En outre, notre conception explique pourquoi une fois qu'un état est une pathologie, il reste tel, quelle que soit la nature préjudiciable, neutre ou bénéfique de ses effets chez un individu particulier. La vaccine, la myopie et l'hémophilie sont des pathologies parce qu'elles entraînent un fonctionnement de l'organisme dont le niveau est inférieur à la norme de l'espèce, mais l'effet d'un déficit varie avec la situation de la personne.

Deuxièmement, notre conception semble bien rendre compte de la manière dont la médecine appréhende les traits qui ont une distribution continue dans la population. Elle apporte un traitement unifié des *pathologies extrémales* [*extremal diseases*], c'est-à-dire celles qui sont associées aux extrémités d'une distribution statistique. Le recours à la notion de fonction explique pourquoi il y a deux pathologies extrémales pour le spectre de certains traits (hyperémie et anémie, hyperthyroïdie et hypothyroïdie, galactorrhée et agalactie) et une seulement pour celui d'autres traits (incapacité à voir la nuit, déficience mentale). En même temps, le recours aux statistiques donne un niveau raisonnable pour le niveau minimal d'un fonctionnement normal. L'incapacité à voir la nuit n'est pas habituellement considérée comme une infériorité par rapport à la norme de l'espèce pour la vision nocturne; notre incapacité à satisfaire la norme qui vaut pour les chats n'est pas source de souffrance pour nous. Au bas de la courbe, d'après notre conception, toutes les pathologies sont des pathologies extrémales. Au-dessus du niveau minimal des fonctions normales, notre approche correspond ici aussi à la médecine en permettant que des différences individuelles soient compatibles avec la santé tout en ayant une pertinence différentielle pour la santé future dans un environnement donné.

Troisièmement, notre approche permet que les jugements de santé soient indépendants de ce qui se manifeste au niveau global de l'organisme. Elle reconnaît les pathologies asymptomatiques latentes comme les polypes intestinaux et d'autres petites pathologies comme l'eczéma qui peuvent n'avoir aucun effet sur la capacité globale qu'un individu a de fonctionner. Elle reconnaît aussi qu'un même effet patent peut résulter ou non d'une pathologie. Par suite, un homme qui est dans l'incapacité de soulever un poids lourd peut aussi bien être un individu normal ou un homme fort qui a la pathologie d'Addison. Si la pathologie était un état stable, les deux conditions, une musculature normale ou une pathologie sous-jacente, seraient tout autant indésirables, tout autant handicapantes, tout autant mal adaptées, et l'on peut continuer ainsi avec la plupart des conceptions de la nature de la santé. Notre conception explique la différence en mettant en évidence dans la pathologie d'Addison, l'anormalité d'une microfonction : la sécrétion corticosurrénale. La distinction entre variation normale et pathologie sous-jacente est l'une des caractéristiques les plus importantes de la théorie médicale, bien qu'en pratique, elle soit difficile à établir puisque tant de faits cliniques sont des effets patents.

Quatrièmement, notre approche explique pourquoi les biologistes peuvent si facilement appliquer la notion de pathologie aux animaux et aux plantes et pourquoi son application aux animaux commerciaux par les vétérinaires ne reflète pas seulement des intérêts commerciaux. Ce à quoi ressemble une poule ou une vache en bonne santé est un fait biologique; ce n'est pas un fait économique.

Pour finir, pour les raisons esquissées à la fin de la section I, notre conception explique pourquoi les autres approches ne réussissent que partiellement à rendre compte de la santé. Les organismes étant ce qu'ils sont, les échecs importants des fonctions internes, qu'ils soient de nature homéostatique ou non, tendent à se signaler par une gêne, à perturber les capacités sur lesquelles reposent l'adaptation de l'organisme à son environnement et donc, dans notre cas, à être jugés mauvaises. Mais ces idées constituent une jauge trop grossière pour suivre les jugements médicaux sur la pathologie jusque dans la structure fine de la physiologie humaine. Pour pénétrer cette structure, la notion de fonctionnement normal à chaque niveau de l'organisation est idéale. Nous avons par ailleurs donné suffisamment de contenu à cette notion pour qu'on ne puisse pas attribuer son succès à sa vacuité. Cependant, *a contrario*, notre conception rencontre le problème d'exclure au moins deux classes de pathologies reconnues.

2. *Première anomalie: les pathologies structurelles.* La première classe de pathologies exclues par notre conception sont les entrées de la *Nomenclature* qui semblent renvoyer à des troubles de nature purement structurelle. Certains cas de ce genre pourraient avoir des variantes dysfonctionnelles ou avoir été inclus dans la *Nomenclature* à partir de l'hypothèse que la partie affectée a une fonction inconnue. L'absence

congénitale d'appendice, peut-être la dextrocardie, et la calcification de la glande pinéale en sont des exemples. Mais la *Nomenclature* intègre aussi de petites difformités, en particulier celles du nez, de l'oreille et, mystérieusement, de l'hymen. Un grand nombre de ces difformités ne trouble pas le fonctionnement normal, et cela pourrait bien aussi être vrai de certaines tumeurs internes.

On pourrait se demander pourquoi ne pas s'arranger de ces troubles structurels avec un concept général de pathologie qui serait structurel plutôt que fonctionnel. Certes, les médecins, par hypothèse de travail, considèrent que des anomalies structurelles sont sous-jacentes aux anomalies fonctionnelles, c'est-à-dire qu'il y a une anatomopathologie sous-jacente à toute pathologie. Une notion empirique de la structure normale pourrait bien être dérivée de la classe de référence tout comme nous l'avons fait pour le fonctionnement normal. Malheureusement une telle conception compterait les fonctionnements supérieur et inférieur comme pathologiques puisque, dans l'un comme dans l'autre cas, il y a une anomalie structurelle. Il ne semble donc pas qu'il y ait une conception adéquate de la déviation structurelle qui en fasse une condition suffisante de pathologie. Comme condition nécessaire, elle est redondante et ne résout pas le problème de la difformité. Donc, malgré les quelques troubles structuraux qu'on trouve dans la *Nomenclature* – et la tendance des ouvrages de référence à définir la santé par des formules comme « l'intégrité fonctionnelle et structurelle du corps humain » (Szasz 1960, p. 114) –, il est difficile de voir comment la structure joue un rôle direct dans le concept de pathologie. L'évidence contraire pourrait simplement illustrer le pouvoir de l'idée de *design* de l'espèce sur l'esprit médical, même dans les cas où la structure typique de l'espèce n'a plus de lien avec la fonction. Des difformités ou des tumeurs importantes entraînent aussi bien des déviations du *design* fonctionnel que du *design* structurel. Certaines parmi les moins importantes, par exemple les oreilles pointues ou l'absence congénitale du lobe de l'oreille, pourraient bien figurer dans la *Nomenclature* pour faciliter l'archivage. Tous les troubles structurels qui ne correspondent pas à l'une ou l'autre de ces deux catégories apparaissent comme des anomalies dans un schème de classification qui est par ailleurs cohérent.

    3. *Seconde anomalie : les pathologies universelles.* Notre définition diverge de l'usage médical d'une seconde manière : en excluant certaines pathologies universelles. Les caries dentaires, l'irritation pulmonaire, l'athérosclérose et l'hypertrophie bénigne de la prostate chez les hommes âgés sont des pathologies typiques de l'ensemble de la population ou d'un groupe d'individus d'un certain âge et d'un certain sexe. Il est clair que la médecine est disposée à considérer l'ensemble de la classe de référence comme fonctionnant de manière anormale. D'un autre côté, de tels cas sont si rares qu'il est difficile de choisir parmi plusieurs explications différentes. Tout d'abord, notre définition couvre déjà certaines pathologies universelles. Pour qu'il y ait un fonctionnement normal, il faut que chaque partie du corps fonctionne de la manière typique qui la caractérise. Avec ce critère, qui a été introduit pour rendre compte de l'anatomopathologie locale sans effet systémique, seuls les cas où tout le monde a la même pathologie au même endroit sont problématiques. Sur le plan conceptuel, les caries dentaires ne sont rien d'autre qu'un vitiligo des dents, et les athéromes pourraient être considérés comme un vitiligo des artères. Tant qu'il n'y a pas d'endroits spécifiques du corps qui sont typiquement cariés ou athéromateux, ces états sont bien des pathologies dans notre conception. Les pathologies universelles qui

violent notre définition semblent être celles qui sont uniformément distribuées dans la population, par exemple l'irritation pulmonaire due à une pollution environnementale ou l'épaississement des artères au-delà d'un certain âge.

Les cas qui restent semblent montrer que, en plus d'être simplificatrice, l'explication ci-dessus ne permet pas de comprendre pourquoi la médecine accepte la pathologie universelle. Le cas de l'irritation pulmonaire suggère que nous devrions réviser notre définition de la santé afin qu'elle intègre tous les traumatismes environnementaux. J'ai une préférence pour une telle modification parce qu'elle est une simple extension du principe selon lequel la normalité se trouve dans la nature d'une espèce. Si l'on cherche à mettre en évidence un *design* d'espèce, on souhaitera soustraire les limitations de la capacité fonctionnelle qui sont directement causées par des agents environnementaux, ne gardant plus que les défauts inhérents à l'organisme lui-même. Il est habituel en biologie de faire une telle distinction de degré entre la causalité interne et la causalité externe; c'est ce que l'on fait par exemple, à chaque fois qu'on dit d'un trait qu'il dépend de la génétique. On peut peut-être proposer la modification suivante :

> 3. Une *pathologie* est un type d'état interne qui est soit une altération de la capacité fonctionnelle normale, c'est-à-dire une réduction d'au moins une des capacités fonctionnelles en dessous du niveau d'efficacité typique, soit une limitation de la capacité fonctionnelle causée par des agents environnementaux.
>
> 4. La *santé* est l'absence de pathologie [1].

---

1. Un résumé moins exact de notre conception finale est donné dans Boorse 1976a, p. 62-63.

La définition ainsi révisée intègre les états comme l'irritation pulmonaire et permet une autre explication pour la carie dentaire. Il reste qu'une pathologie génétique universelle n'a pas sa place dans une telle définition. Or, c'est précisément ce qui semble impliqué à chaque fois que des médecins intègrent les dysfonctionnements progressifs du vieillissement normal dans la liste des pathologies. Si la détérioration sénile d'une fonction a des causes internes à l'organisme, elle ne sera pas considérée comme une pathologie dans notre conception. Ceci est dû à la relativité à l'âge que nous avons intégrée à notre concept pour refléter les différences entre l'enfant et l'adulte. Une fois qu'on a écarté l'enfance, on peut être tenté de considérer l'adulte comme un type spécifique, et la vieillesse comme sa désagrégation. Toutefois, les mêmes limitations fonctionnelles qui sont considérées comme pathologiques pour une personne âgée peuvent être considérées comme normales pour un enfant. Une grande partie de la sénilité n'est qu'une régression vers des stades antérieurs de développement. Ce qui est mystérieux, c'est la raison pour laquelle la vieillesse n'est pas considérée comme une phase de la vie qui a ses propres normes statistiques de fonctionnement sain. En l'absence d'une élucidation de ce mystère, au bout du compte, notre conception ne se démarque de certaines sources médicales qu'à propos de petites difformités et sur le statut pathologique du vieillissement normal.

À mon sens, ce serait une erreur de se fonder sur ces différences pour invalider notre approche générale de la définition de la santé. Elles devraient plutôt être considérées comme des anomalies qui rendent nécessaire la poursuite de l'analyse. Actuellement, la principale alternative à notre conception fonctionnelle est la position exprimée précédemment dans la citation d'Engelhardt : le concept de pathologie n'a pas de contenu précis parce qu'il véhicule les buts et les aspirations changeants des êtres humains. Mais dire que

> ce que les êtres humains considèrent comme santé et pathologie dépend de jugements très complexes sur la souffrance, les buts qui sont propres aux hommes et, [...] la forme et l'apparence qui sont propres aux hommes,

ce n'est pas suffisant pour expliquer la liste médicale actuelle des pathologies. De telles conceptions ne peuvent pas expliquer cette liste car elles ne permettent pas de la prédire. Elles sont tellement tolérantes qu'elles incluent tout ce que les médecins peuvent être amenés à compter comme des pathologies, mais n'excluent pas ce qui ne devrait pas être compté comme tel. À mon avis, la meilleure attitude à adopter est de continuer à essayer d'intégrer les anomalies à notre conception, ou de trouver une autre conception dotée d'un pouvoir explicatif comparable. Si aucun de ces deux efforts n'aboutit, nous devrons admettre que les petites difformités et le vieillissement ne correspondent pas à la conception médicale traditionnelle de la pathologie.

V. SANTÉ POSITIVE[1]. Nous avons proposé une analyse de la pathologie et une analyse de la santé comme l'absence de pathologie. L'idée d'après laquelle la santé devrait être davantage que l'absence de pathologie, c'est-à-dire quelque chose de positif, est devenue de plus en plus populaire ces dernières années. L'importance prise par la médecine préventive et la médecine communautaire est l'une des origines de cet intérêt. Un déplacement du traitement vers la

---

1. Pour cette section, je suis redevable aux médecins John et Sidney Cobb, Richard Burke et Fleeming Jenkin.

prévention, de l'intervention de crise vers le maintien de la santé, pourrait fortement modifier les institutions médicales. Mais cela ne change pas le concept de santé tant que ce que l'on prévient est toujours une pathologie. Ce sont les actes préventifs des médecins qui sont positifs; le type de santé qu'ils cherchent à promouvoir reste le même. La tendance à considérer le concept médical traditionnel de la santé comme une notion pratique, l'absence de maladie observable, a pu faire oublier ce point. La notion théorique et également traditionnelle d'absence de pathologie convient aussi bien au traitement qu'à la prévention. Avec la médecine préventive, l'attention est seulement déplacée du variant intrinsèque vers le variant instrumental de cette notion.

Un second type d'intérêt pour la santé positive implique, quant à lui, une conception véritablement positive de la santé. C'est la conception diversement exprimée selon laquelle les médecins et les travailleurs en santé mentale devraient aider activement les individus ou les communautés à maximiser leur qualité de vie et à développer tout leur potentiel humain. Les idéaux de réalisation de soi et de développement personnel sont très présents dans le domaine de la santé mentale. Leur popularité repose en partie sur un scepticisme répandu au sujet du concept de pathologie mentale et en partie sur l'idée que les véritables pathologies mentales sont trop graves pour être pertinentes pour la majorité des patients en psychothérapie. De toute façon, l'échec qu'une personne rencontrerait dans le développement complet d'une de ses capacités n'est pas en général pathologique, et la réalisation de soi est donc un concept positif. On suppose bien entendu que les personnes qui cherchent leur accomplissement ne le font pas pour maximiser leur exposition à des maux ou à des maladies. On doit ajouter une contrainte à la notion de réalisation d'un potentiel pour la distinguer d'un simple changement. Une possibilité serait d'introduire ici une fonction, mais alors la santé positive entrerait dans le cadre de notre conception.

Il est utile de distinguer trois conceptions possibles de la santé positive (comprise comme excellence fonctionnelle) et qu'on trouve exprimées dans la littérature. Je les appelle, dans l'ordre approximativement croissant de leur portée, les conceptions potentielle-individuelle, potentielle-spécifique et illimitée. Selon la *conception potentielle-individuelle*, j'atteins la santé idéale quand j'ai développé mes propres capacités fonctionnelles individuelles de la manière la plus complète possible. Pour reprendre le modèle commode des aptitudes athlétiques, ma santé s'améliore si, dans le cadre d'un programme de mise en forme physique, j'augmente ma force, mon endurance et ma capacité de coordination. Il n'est pas nécessaire pour avoir une santé idéale que j'atteigne les niveaux olympiques, il suffit que j'atteigne les plus hauts niveaux que permettent mes aptitudes naturelles. Selon la *conception potentielle-spécifique*, toute différence dans une aptitude fonctionnelle typique de l'espèce est une différence de santé. Dans cette conception, les athlètes olympiques sont notre meilleur modèle de santé physique, non pas parce qu'ils ont maximisé leurs aptitudes naturelles mais parce que leur performance atteint les niveaux absolus les plus élevés. Dans un cas comme dans l'autre, la conception positive n'est pas liée au fait que l'entraînement athlétique augmente la santé en réduisant le risque de tomber malade. C'est en elle-même et par elle-même qu'une aptitude supérieure doit être plus saine. Selon la *conception illimitée*, toute augmentation des aptitudes fonctionnelles augmente la santé, même l'acquisition de nouvelles fonctions qui ne sont pas typiques de l'espèce. Selon cette conception, Super Jaimie[1], grâce aux nouvelles fonctions dont sa force et son ouïe dépendent, peut alors être considérée comme dotée d'une meilleure santé que les gens normaux.

Chacune de ces trois conceptions positives s'apparente à une extension naturelle de notre conception négative puisque, dans chaque conception, la santé est réduite par ces limitations fonctionnelles que sont les pathologies. Mais la conception potentielle-individuelle n'est cependant pas une simple extension de la santé comme absence de pathologie. Les capacités d'un individu peuvent être réduites par une pathologie congénitale, comme par exemple la cécité et le retard mental : dans ces cas-là, le développement complet de la capacité en question est moins exigeant que l'absence de pathologie. Par conséquent, cette approche ne peut pas servir de conception générale de la santé. Il semble que son principal intérêt est de rendre la notion de santé idéale compatible avec l'individualité et de permettre que l'objectif de traitement varie en fonction de l'individu particulier (Hacker 1945). Cependant, ce second intérêt confond la santé théorique avec l'idée d'objectifs thérapeutiques appropriés. Certains lecteurs pourraient être séduits par les conceptions potentielle-individuelle ou illimitée parce qu'elles font l'économie de la notion de *design* de l'espèce[2]. Quoi qu'il en soit, je termine par quelques critiques de ces

1. Super Jaimie est l'héroïne de la série diffusée aux États-Unis entre 1976 et 1978, *The Bionic Woman*. Cette héroïne est une sportive de haut niveau dont les deux jambes, un bras et une oreille sont remplacés par des membres « bioniques » qui lui confèrent des aptitudes extraordinaires. [N. d.T.]

2. On peut considérer que la conception illimitée, qui correspond d'ailleurs bien à la technologie médicale futuriste, a l'avantage de permettre des comparaisons de santé entre les espèces. Dans notre conception négative, une espèce peut être plus saine qu'une autre seulement dans le sens où elle attrape moins de pathologies ou en attrape moins fréquemment. Mais je doute que ce genre plus stimulant de comparaison inter-spécifique fasse sens. En tout cas, il est peu probable que cela intéresse quelqu'un de savoir si, par exemple, les éléphants ont une meilleure santé que les planctons.

notions qui valent quasiment de la même manière pour chacune.

Il y a au moins trois différences qui expliquent l'absence d'analogie entre ces notions de santé positive et la conception négative plus courante. La première différence est liée au fait qu'en considérant la santé comme une excellence de type fonctionnel, on la transforme d'un idéal limité en un idéal illimité. On ne sait pas quelle est en principe la limite de fonctions comme la force ou l'intelligence, encore moins quelles nouvelles fonctions peuvent être ajoutées à notre *design* biologique. L'argument n'est pas que la santé positive est inaccessible sur un plan pratique ; l'absence totale de pathologie est également « utopique » (Offer et Sabshin, 1966). L'argument est que la notion de santé parfaite ne semble plus avoir de sens. Cette absence d'analogie est la moins importante et pourrait ne pas s'appliquer du tout à la conception potentielle-individuelle.

La deuxième différence est plus importante : non seulement il n'y a pas d'objectif fixe de la santé parfaite vers lequel il faudrait tendre, mais aussi il n'y a pas de direction unique vers laquelle se diriger. Cet argument reflète un fait couramment observé : réaliser un potentiel est souvent incompatible avec la réalisation d'autres potentiels. Porter une fonction à son plus haut niveau, comme la force, peut en inhiber d'autres, comme la vitesse. On ne peut pas devenir en même temps, en fonction de ce dont nous avons hérités, le meilleur sprinteur et le meilleur haltérophile, ou le meilleur boxeur et le meilleur pianiste. La diversité des types de corps qu'on observe chez les athlètes olympiques montre qu'il n'y a pas un idéal physique unique, adapté à chaque activité possible. Anthony Smith, qui a fourni des chiffres au sujet de cette diversité, développe bien cet argument :

> Les physiques magnifiques aux muscles arqués qui roulent sous la peau d'une solide charpente corporelle ne remportent

pas les plus longues courses. Les marathoniens sont petits et minces. Les haltérophiles ont des petites jambes et de petits bras. Les détenteurs du record du monde d'épreuve sur piste ont souvent des corps patauds, disproportionnés, et même difformes. Le David bien musclé aux épaules larges et aux jambes longues de Michel-Ange n'aurait eu aucune chance dans une course plus longue qu'un sprint de niveau moyen. (Smith 1968, p. 276)

Pour chacune de ces dimensions fonctionnelles, on peut facilement proposer des jugements comparatifs de santé positive. On ne peut cependant pas dire si un progrès améliore la santé plus dans une dimension que dans une autre.

Ce problème fondamental perdure malgré une comparaison qu'on pourrait faire entre la santé positive et la gravité de la pathologie. En effet, si l'on peut classer les pathologies en fonction de leur gravité, ne peut-on pas en faire autant pour les états de santé positive ? À partir de lignes représentant les dimensions fonctionnelles, on peut illustrer le caractère symétrique des deux problèmes de la manière suivante :

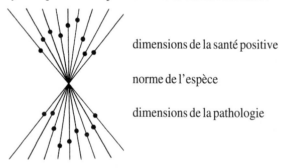

dimensions de la santé positive

norme de l'espèce

dimensions de la pathologie

N'importe quel état de santé d'une personne inclurait des points sur chacune de ces dimensions. Cela suggère que les deux sortes de jugement peuvent utiliser une notion commune de distance globale par rapport à la norme de l'espèce.

Toutefois, cette suggestion ne peut pas supprimer le problème de l'incompatibilité des différents types d'excellence fonctionnelle. En effet, les deux domaines font place à de nombreux états pour une seule distance globale donnée par rapport à la norme de l'espèce. L'asymétrie est due au fait que la médecine cherche à remonter dans le diagramme et, qu'au-dessus de son centre, les lignes divergent. Si la médecine cherchait à produire la pathologie, le problème serait de savoir comment choisir parmi des pathologies de gravité égale. Dans le domaine de la santé négative, tous les programmes thérapeutiques convergent vers un seul but; dans le domaine de la santé positive, ils divergent d'autant plus que l'amélioration nette augmente. D'où le fait que, dans la pratique, la santé positive n'est pas un idéal mais un ensemble d'états au sein duquel divers idéaux peuvent être sélectionnés et poursuivis.

La troisième différence est une autre conséquence pratique de la deuxième. Si la poursuite de la santé positive impose de faire un choix entre différentes excellences incompatibles, une décision normative est nécessaire – qu'elle soit prise par le patient, le médecin ou la société – au sujet des objectifs de vie qui méritent d'être poursuivis. Le concept de santé ne fixe plus ici de limite à ce qui serait, pour une personne, une meilleure santé, il est nécessaire d'ajouter les valeurs de cette personne. Cette implication des valeurs est la différence la plus marquante entre la conception positive de la santé et la conception traditionnelle négative. Notre conception de la pathologie n'avait pas besoin de jugement de valeur sur les formes de la vie humaine qui sont désirables ou admirables. Les pathologies y étaient des interférences avec un *design* de l'espèce qui peut être mis en évidence de manière empirique. Ce n'est donc qu'avant l'intervention de décisions normatives qu'il est possible de décrire en quoi consiste l'élimination de la

pathologie [1]. Quand elle est définie comme l'absence de pathologie, la santé ne dépend pas des valeurs, seule la question de
savoir jusqu'à quel point nous devons la rechercher en dépend.
En revanche, les idéaux de la santé positive ne peuvent pas être
découverts, ils peuvent seulement être choisis et défendus.
Leur défense soulève des dilemmes éthiques courants sur la vie
bonne pour l'être humain, or aucune procédure médicale n'est
en capacité de les résoudre. C'est justement cet espoir, pourtant
vain, de donner aux valeurs sociales et personnelles l'objectivité de la médecine traditionnelle qui est l'un des attraits
majeurs du concept positif de santé mentale.

Du fait de ces absences d'analogie, je suis tenté de terminer
par une suggestion terminologique. Peut-être que la « santé
positive » devrait être restreinte aux améliorations de fonction
qui ne sacrifient aucune autre amélioration possible. Cette
catégorie n'est probablement pas vide, les fanatiques du fitness
en témoignent. Peut-être que pour la plupart des gens, un
programme d'entrainement améliore de manière relativement
équivalente toutes les fonctions sans affecter aucune possibilité ultérieure de développement. De là, il n'y a qu'un pas
pour considérer ces améliorations neutres comme une forme de
santé. Mais appeler tout le reste santé positive a de bonnes
chances de susciter des hypothèses sur la « santé négative »
dans des domaines où elles ne s'appliquent pourtant plus. Nous
voyons donc que la santé positive n'est pas nécessaire pour un
déplacement de la pratique, du soin vers la prévention. Elle
n'est pas non plus nécessaire pour défendre des idéaux spécifiques d'excellence fonctionnelle. Quels que soient ces idéaux,

---

1. On a suggéré que le degré d'anomalie qui est tenu pour pathologique
varie d'une fonction à l'autre en raison des valeurs. Si l'on peut montrer une telle
variation, peut-être que la santé négative est chargée de valeur dans ce sens
minimal. Mais on peut aussi retenir le concept de pathologie indépendant des
valeurs et dire que les médecins traitent les états de santé normaux pour des
raisons évaluatives. On voit que cela se vérifie dans tous les cas.

on peut les défendre à partir de leurs simples descriptions plutôt qu'à partir de l'étiquette connotée de santé positive. Dans tout vocabulaire, on doit éviter de confondre des questions empiriques avec de grands problèmes normatifs qui concernent les buts de la vie humaine et le rôle des professionnels de santé dans l'aide apportée pour les atteindre. En appelant « santé » l'excellence morale, mentale ou physique, le problème est que cela tend à réunir sous un seul terme, une notion neutre sur le plan des valeurs, la santé comme absence de pathologie, et la plus discutable de toutes les prescriptions – la recette d'un être humain idéal.

Références

BERNARD C., 1957. *Introduction to the Study of Experimental Medicine*, Translated by H. C. Green, New York, Dover.

BOORSE C., 1975. « On the Distinction Between Disease and Illness », *Philosophy and Public Affairs*, 5, p. 49-68.

BOORSE C., 1976a. « What a Theory of Mental Health Should Be », *Journal for the Theory of Social Behaviour*, 6, p. 61-84.

BOORSE C., 1976b. « Wright on Functions », *Philosophical Review*, 85, p. 70-86.

BRAITHWAITE R. B., 1960. *Scientific Explanation*, New York, Harper.

CANNON W. B., 1939. *The Wisdom of the Body*, New York, Norton.

DOBZHANSKY T., 1962. *Mankind Evolving*, New Haven, Yale.

DUBOS R., 1959. *Mirage of Health*, New York, Harper.

ENGEL G., 1953. « Homeostasis, Behavioral Adjustment and the Concept of Health and Disease », dans Grinker R. R. (éd.), *Mid-Century Psychiatry*, Springfield, Charles C. Thomas.

ENGELHARDT H. T., Jr., 1975. « The Concepts of Health and Disease » (dans ce volume, p. 231-258).

ENGELHARDT H. T., Jr., 1976. « Ideology and Etiology », *Journal of Medicine and Philosophy*, 1, p. 256-68.

ENGELHARDT H. T., Jr., 1977. « Is There a Philosophy of Medicine ? », dans Suppe P., Asquith, P.D. (éd.), *PSA 1976*, East

Lansing, Philosophy of Science Association. Quotation from pre-publication manuscript.

FLEW A., 1973. *Crime or Disease ?*, New York, Barnes and Noble.

GRIM P., 1977. « Further Notes on Functions », *Analysis*, 37, 169-76.

HACKER F. J., 1945. « The Concept of Normality and its Practical Significance », *American Journal of Orthopsychiatry*, 15, p. 47-64.

HARTMANN H., 1958. *Ego Psychology and the Problem of Adaptation*, Translated by D. Rapaport, New York, International Universities Press.

HUDSON R. P., 1966. « The Concept of Disease », *Annals of Internal Medicine*, 65, p. 595-601.

JAHODA M., 1958. *Current Concepts of Positive Mental Health*, New York, Basic Books.

KING C. D., 1945. « The Meaning of Normal », *Yale Journal of Biology and Medicine*, 17, p. 493-501.

KING L. S., 1954. « What is Disease ? », *Philosophy of Science*, 12, p. 193-203.

MACKLIN R., 1972. « Mental Health and Mental Illness: Some Problems of Definition and Concept Formation », *Philosophy of Science*, 39, p. 341-65.

MACKLIN R., 1973. « The Medical Model in Psychotherapy and Psychoanalysis », *Comprehensive Psychiatry*, 14, p. 49-69.

MARGOLIS J., 1966. *Psychotherapy and Morality*, New York, Random House.

MARGOLIS J., 1969. « Illness and Medical Values », *The Philosophy Forum*, 8, p. 55-76.

MARGOLIS J., 1976. « The Concept of Disease », *Journal of Medicine and Philosophy*, 1, p. 238-55.

MARSTON W.M., KING, C. D., MARSTON, E.H., 1931. *Integrative Psychology*, New York, Harcourt, Brace, and World.

MCCOMBS R. P., 1971. *Fundamentals of Internal Medicine*, Chicago, Year Book Medical Publishers.

MORAVCSIK J., 1976. « Ancient and Modern Conceptions of Health and Medicine », *Journal of Medicine and Philosophy* 1, p. 337-48.

NAGEL E., 1961. *The Structure of Science*, New York, Harcourt, Brace and World.

OFFER D. and SABSHIN M., 1966. *Normality*, New York, Basic Books.

RYLE J. A., 1947. « The Meaning of Normal », *Lancet*, 252, p. 1-5.

SMITH A., 1968. *The Body*, New York, Walker.

SOMMERHOFF G., 1950. *Analytical Biology*, London, Oxford.

SORABJI R., 1964. « Function », *Philosophical Quarterly*, 14, p. 289-302.

SZASZ T. S., 1960. « The Myth of Mental Illness », *American Psychologist*, 15, p. 113-118.

TEMKIN O., 1973. « Health and Disease », in *Dictionary of the History of Ideas*, 2, New York, Scribner's, p. 395-407.

THOMPSON E. T., HAYDEN, A. C. (éd.), 1961. *Standard Nomenclature of Diseases and Operations*, New York, McGraw-Hill.

TIMIRAS P. S., 1972. *Developmental Physiology and Aging*, New York, Macmillan.

WIMSATT W. C., 1972. « Teleology and the Logical Structure of Function Statements », *Studies in History and Philosophy of Science*, 3, p. 1-80.

WORLD HEALTH ORGANIZATION, 1967. *Manual of the International Statistical Classification of Diseases, Injuries, and Causes of Death*, Eighth revision, Geneva, WHO.

LE CONCEPT DE TROUBLE MENTAL :
À LA FRONTIÈRE ENTRE FAITS BIOLOGIQUES ET VALEURS SOCIALES

par Steeves DEMAZEUX

Au moins trois raisons sont susceptibles d'expliquer l'intérêt considérable que l'article « Le concept de trouble mental : à la frontière entre faits biologiques et valeurs sociales », du philosophe Jerome Wakefield, a suscité depuis sa publication, en 1992, dans la revue *American Psychologist* [1].

1. Parmis les très nombreux articles écrits par Wakefield sur la définition du trouble mental, les suivants méritent une attention particulière : « Disorder as Harmful Dysfunction : A Conceptual Critique of DSM-III-R's Definition of Mental Disorder », *Psychological Review*, 1992, 99, p. 232-247 ; « Limits of Operationalization : A Critique of Spitzer and Endicott's (1978) Proposed Operational Criteria for Mental Disorder », *Journal of Abnormal Psychology*, 1993, 102 (1), p. 160-172 ; « Evolutionary Versus Prototype Analyses of the Concept of Disorder », *Journal of Abnormal Psychology*, 1999, 108 (3), p. 374-399 ; « Aristotle as Sociobiologist : The "Function of a Human Being" Argument, Black Box Essentialism, and the Concept of Mental Disorder », *Philosophy, Psychiatry, & Psychology*, 2000, 7 (1), p. 17-44 ; « The Myth of

Tout d'abord, l'auteur s'attaque à un problème précis, celui de la définition du « trouble mental » [*mental disorder*], qui déchaîne les passions depuis les années 1960. Or la solution simple, élégante et assez consensuelle défendue dans cet article semble de nature à résoudre les controverses stériles qui taraudent ce débat, entre les psychiatres qui jurent de la respectabilité scientifique de leurs diagnostics, et ceux qui (souvent des philosophes et des sociologues), à l'opposé, ne trouvent dans ceux-ci que des jugements moraux ou sociaux dissimulés sous un vernis médical. Wakefield, en accordant un statut scientifique au concept de trouble mental, tout en reconnaissant son caractère si particulier du point de vue juridico-moral, propose une sorte de paix des braves qui, sur le plan théorique, se traduit par la défense d'une position *mixte* ou *hybride*, ni tout à fait relativiste, ni tout à fait objectiviste. La définition qu'il soumet à l'examen est la suivante : « Un état est un trouble mental si et seulement si (a) cet état produit un certain préjudice ou prive la personne d'un bénéfice au regard des attentes de la culture à laquelle elle appartient (critère évaluatif), et (b) cet état résulte d'une incapacité d'un certain mécanisme

DSM's Invention of New Categories of Disorder : Houts's Diagnostic Discontinuity Thesis Disconfirmed », *Behaviour Research and Therapy*, 2001, 39, p. 575-624 ; « The Concept of Mental Disorder : Diagnostic Implications of the Harmful Dysfunction Analysis », *World Psychiatry*, 2007, 6 (3), p. 149-156. Voir aussi « Fait et valeur dans le concept de trouble mental : le trouble en tant que dysfonction préjudiciable », trad. S. Cloutier, *Philosophiques*, 2006, 33 (1), p. 37-63. On trouvera par ailleurs des discussions approfondies des mérites et des défauts de la HDA de Wakefield dans plusieurs numéros spéciaux : un numéro de *The Journal of Abnormal Psychology* en août 1999 (Vol. 108, No. 3) ; deux numéros – un en septembre 1995 (Vol. 2, No. 3) et un autre en décembre 2000 (Vol. 7, No. 4) – de la revue *Philosophy, Psychiatry & Psychology* ; un numéro (Vol. 6, No. 3) de *World Psychiatry* en octobre 2007.

mental à réaliser sa fonction naturelle, où par fonction naturelle nous entendons un effet qui fait partie de l'explication évolutionniste de l'existence et de la structure du mécanisme mental en question (critère explicatif)». Au terme de l'article, le lecteur aura compris que cette longue définition se résume en une équation d'une désarmante simplicité en anglais : *Disorder = Harmful + Dysfunction*. La HDA (*Harmful Dysfunction Analysis*), suivant le sigle que l'auteur prête à sa définition, consiste à affirmer qu'on ne peut légitimement parler de phénomène pathologique, de manière générale, que lorsqu'on présuppose chez le patient l'existence d'un «dysfonctionnement préjudiciable» affectant une des fonctions naturelles de son organisme. Pourtant (et c'est la deuxième raison qui explique le grand intérêt que la position de Wakefield a pu susciter), la HDA, tout en se laissant résumer en peu de mots, n'en demeure pas moins convaincante. Depuis la publication de cet article séminal, l'auteur a démontré un talent d'argumentateur hors pair pour défendre les bienfaits de son analyse et répondre aux nombreuses critiques qui lui ont été adressées. Dans le sillage de la perspective fonctionnelle ouverte par Christopher Boorse, mais avec une connaissance plus approfondie que lui de la psychopathologie et des enjeux sociopolitiques du diagnostic psychiatrique, il a su apporter un éclairage pertinent sur plusieurs questions d'importance ayant trait à la nosologie psychiatrique. Ainsi, bien qu'étant assez critique à l'égard du DSM-III et du DSM-IV, Wakefield s'est trouvé des alliés de poids sur la scène psychiatrique américaine, comme Robert Spitzer ou Michael First, qui ont été convaincus par son analyse. Récemment, le livre qu'il a co-écrit avec Allan Horwitz[1] a démontré l'intérêt de la HDA pour critiquer la faiblesse des critères cliniques actuels de la dépression, lesquels tendent à confondre une émotion normale de tristesse intense avec une dépression véritable.

Le troisième intérêt, enfin, que suscite ce texte, est la mise au premier plan des promesses ouvertes en psychiatrie, depuis une vingtaine d'années, par la psychologie évolutionniste. La profonde originalité de l'approche développée par Wakefield est de s'appuyer sur une conception évolutionniste (de type étiologique) des fonctions mentales[2]. De même que l'on peut dire que le cœur a pour *fonction naturelle* de pomper le sang (au sens où si cet organe a été progressivement façonné par la sélection naturelle, c'est *parce qu'il* fournit l'avantage de produire cet effet spécifique), de même on peut dire que certaines émotions remplissent des fonctions naturelles. Par exemple, on a de bonnes raisons de penser que la peur a pour fonction naturelle de prévenir le danger. Le problème reste néanmoins d'isoler les mécanismes mentaux et d'apporter des arguments convaincants qui permettent de leur attribuer une telle fonction. Un dysfonctionnement des mécanismes naturels de la peur permet peut-être d'expliquer certaines phobies, mais cela permet-il d'expliquer toutes les phobies? Qu'en est-il des autres émotions, comme l'anxiété ou la tristesse, mais aussi le sommeil, l'appétit, le plaisir sexuel, l'agressivité, les mécanismes cognitifs, les croyances, la rationalité en général?

1. A. V. Horwitz, J. C. Wakefield, *The Loss of Sadness : How Psychiatry Transformed Normal Sorrow Into Depressive Disorder*, New York, Oxford University Press, 2007, trad. fr. F. Parot, *Tristesse ou dépression, comment la psychiatrie a médicalisé nos tristesses*, Bruxelles, Mardaga, 2010.

2. Wakefield se distingue en cela de Boorse qui défendait une conception systémique de la fonction dans son analyse du phénomène pathologique.

Le risque est grand, étant donné la fragilité de nos connaissances concernant l'histoire évolutionnaire de l'esprit humain, que la HDA puisse servir à légitimer certaines inférences douteuses sur le plan scientifique. La plupart des discussions, depuis 1992, ont porté sur le critère explicatif de la définition de Wakefield, plutôt que sur le critère évaluatif. Sans s'inscrire pleinement dans le programme théorique d'une « psychiatrie darwinienne », tel qu'il a été élaboré par Nesse et Williams (Voir Nesse dans ce volume), puis par Troisi et McGuire, Wakefield en partage nécessairement certains postulats théoriques. La principale différence tient dans le type d'explication évolutionniste qui est privilégié. L'approche darwinienne des troubles mentaux intègre trois types d'explications possibles : le dysfonctionnement interne (« *breakdown* »); le fait pour un organisme de ne plus être adapté à un environnement qui a changé (« *mismatch* »); la possibilité paradoxale pour un trouble mental d'être un avantage adaptatif (« *persistence* »). Or, la HDA de Wakefield n'est compatible qu'avec le premier type d'explication, ce qui a pour conséquence de la mettre en porte-à-faux avec de nombreuses hypothèses évolutionnistes. Cela reflète une des forces mais aussi une des ambiguïtés de la HDA : davantage qu'une position qui concilie les faits scientifiques avec les valeurs sociales, elle peut être vue comme une position qui tente de concilier, sans vraiment l'avouer, la clinique traditionnelle avec une nouvelle fondation théorique du discours psychiatrique.

LE CONCEPT DE TROUBLE MENTAL :
À LA FRONTIÈRE ENTRE FAITS BIOLOGIQUES ET VALEURS SOCIALES*

Bien que son importance dans le champ de la santé mentale soit fondamentale tant pour la théorie que pour la pratique, il n'existe actuellement aucune analyse adéquate et consensuelle du concept de trouble mental [*mental disorder*]. Je défends l'idée qu'un trouble pathologique est un dysfonctionnement préjudiciable, où « préjudiciable » est un terme évaluatif qui repose sur des normes sociales, et « dysfonctionnement » un terme scientifique renvoyant à l'échec d'un mécanisme mental à réaliser la fonction naturelle pour laquelle il a été façonné par l'évolution. Ainsi, le concept de trouble pathologique combine des éléments évaluatifs et des éléments scientifiques. Six autres conceptions du trouble pathologique sont examinées : l'approche sceptique des antipsychiatres, l'approche en termes de jugements de valeur, la conception suivant laquelle le trouble pathologique serait tout ce dont s'occupent les professionnels de la santé, deux approches scientifiques (la déviance statistique et le désavantage biologique), et la définition opérationnelle du trouble

* « The concept of mental disorder. On the boundaries between biological facts and social values. », *The American Psychologist*, 1992, 476 (3), p. 373-388, trad. fr. S. Demazeux, dans une version abrégée avec l'accord de l'auteur.

pathologique qu'on trouve dans la troisième version
révisée du Manuel Diagnostique et Statistique des Troubles
Mentaux (American Psychiatric Association, 1987), comme
« détresse ou handicap non attendus ». Je mets en évidence
que l'analyse centrée sur l'idée de dysfonctionnement préjudiciable permet d'éviter les problèmes tout en préservant les
acquis de ces différentes approches.

Cet article présente une analyse du concept de trouble
mental. L'accent est mis sur *TROUBLE* plutôt que sur *MENTAL*, car
ce sont les questions autour du concept de trouble pathologique
[*DISORDER*] qui provoquent les débats les plus vifs dans le
champ de la santé mentale. Je soutiens que le trouble pathologique se situe à la frontière entre le monde naturel donné et le
monde social construit ; il y a trouble pathologique dès lors que
se produit, chez une personne, une défaillance de ses mécanismes internes à réaliser les fonctions pour lesquelles ils ont
été façonnés par la nature, et que cette défaillance affecte de
manière préjudiciable le bien-être de la personne tel qu'il
est caractérisé par les valeurs et les considérations sociales.
L'ordre qui est perturbé lorsque quelqu'un est atteint d'un
trouble pathologique est donc à la fois biologique et social ;
aucun de ces deux aspects n'est suffisant à lui seul pour justifier
l'étiquette de *TROUBLE PATHOLOGIQUE*. […]

Fixer le concept de trouble pathologique n'est pas la même
chose que d'en dégager une théorie. Les théories physiologiques, comportementales, psychanalytiques, etc., tentent
d'expliquer les causes des troubles mentaux et de déterminer
leurs mécanismes sous-jacents, tandis que le concept de
trouble pathologique sert de critère pour identifier le domaine
que toutes ces théories tentent d'expliquer. Ce concept est
pratiquement le même chez les professionnels de la santé et
dans le public profane (Campbell, Scadding, & Roberts, 1979),

et il est à la base de la tentative dans le DSM-III-R de fournir des critères diagnostiques athéoriques et universellement acceptables (Spitzer & Williams, 1983, 1988; Wakefield, 1992). Le concept de trouble pathologique ne se résume pourtant pas aux simples critères de la « souffrance » ou des « problèmes de la vie » qui sont parfois avancés : pleurer la perte d'un conjoint, c'est une souffrance considérable, et avoir fait un mauvais mariage, c'est un problème de la vie, mais ce n'est dans aucun de ces deux cas un trouble pathologique. Malgré une littérature abondante consacrée au concept de trouble mental, qui embrasse la philosophie, la psychologie, la psychiatrie et la médecine, aucun consensus n'existe actuellement autour d'une analyse qui permettrait d'expliquer correctement quels sont les états qui constituent des troubles pathologiques, même pour les états qui sont généralement reconnus comme tels et non sujets à controverse. Je vais proposer une analyse qui tente de rendre compte de tels jugements non sujets à controverse ; tant qu'on ne dispose pas d'une telle analyse, il est illusoire de vouloir arbitrer les controverses grâce à une définition du *TROUBLE PATHOLOGIQUE*.

La division la plus essentielle, parmi toutes les analyses proposées du concept de trouble mental, passe par la distinction entre approche appréciative et approche scientifique. Comme Kendell (1986) l'a écrit :

> La question la plus fondamentale, et aussi la plus litigieuse, est de savoir si la maladie [*illness*] et la pathologie [*disease*] sont des concepts normatifs qui dérivent de jugements de valeur, ou s'ils sont des termes scientifiques neutres ; autrement dit, s'ils sont des termes biomédicaux ou des termes sociopolitiques. (p. 25)

Dans l'objectif de fournir une analyse adéquate qui permette de résoudre le débat entre faits et valeurs, je propose une approche hybride du trouble pathologique comme dysfonctionnement préjudiciable, où DYSFONCTIONNEMENT est un terme scientifique et factuel qui s'appuie sur la biologie évolutionniste et qui désigne l'échec d'un mécanisme interne à réaliser la fonction naturelle pour laquelle il a été façonné par l'évolution, et PRÉJUDICIABLE un terme qui connote un jugement de valeur quant aux conséquences qui affectent la personne à cause de ce dysfonctionnement, conséquences qui sont considérées comme négatives selon les normes socioculturelles en vigueur.

Étant donné que l'objet de la présente analyse est le concept général de trouble pathologique, qui s'applique aussi bien aux états physiques que mentaux, j'utiliserai et je considérerai comme également pertinents des exemples relevant du domaine physique et du domaine mental. J'emploie MÉCANISME INTERNE comme un terme générique qui désigne aussi bien des structures et des organes physiques que des structures et des dispositions mentales, telles que les mécanismes motivationnels, cognitifs, affectifs et perceptifs. Par ailleurs, certains auteurs font une distinction entre TROUBLE PATHOLOGIQUE [DISORDER], PATHOLOGIE [DISEASE] ET MALADIE [ILLNESS]. Le terme de TROUBLE PATHOLOGIQUE est probablement le terme le plus large entre tous puisqu'il recouvre à la fois les blessures traumatiques, les pathologies et les maladies. Aussi, je ne tiens pas compte des différences possibles entre ces termes, et à chaque fois que cela sera utile et éclairant, je m'appuierai sur les discussions autour de chacun de ces termes voisins comme s'ils renvoyaient tous au concept de trouble pathologique. […]

LES DIFFICULTÉS SOULEVÉES PAR LES ANALYSES CLASSIQUES DU TROUBLE MENTAL

Le mythe du mythe du trouble mental

La première question qui se pose dans l'analyse du concept de trouble mental, c'est de savoir si un tel concept existe. Plusieurs auteurs sceptiques (par exemple, Foucault, 1964, 1976; Sarbin, 1969; Scheff, 1966, 1975; Szasz, 1974) ont cherché à jeter le doute sur la cohérence d'un tel concept. Ce qui caractérise typiquement ces auteurs, c'est qu'ils affirment que le « trouble mental » n'est rien d'autre qu'un jugement de valeur destiné à justifier l'usage du pouvoir médical (dans un sens large, au sens où toutes les professions concernées par la pathologie, et notamment la psychiatrie, la psychologie clinique et le travail social clinique, sont considérés comme des disciplines « médicales ») pour intervenir sur un comportement socialement désapprouvé. La force de cette perspective sceptique est qu'elle permet de rendre compte de la fréquence avec laquelle l'étiquette de « trouble mental » a été mal utilisée, comme dans la « drapétomanie » ou dans le « trouble de la masturbation infantile ». Cependant, cette force a un prix, et il est considérable. Si l'on suit l'approche sceptique, tous les usages du concept de « trouble mental » sont illégitimes, et il est alors vain de vouloir distinguer entre les usages corrects et les usages incorrects du concept, comme il est vain de vouloir cibler certaines critiques ou prétendre améliorer les critères cliniques.

Deux arguments sont défendus par les auteurs sceptiques. D'abord, ils font état de bien des inquiétudes d'ordre pratique, éthique et épistémologique à propos du diagnostic psychiatrique. Ils font remarquer, par exemple, que les gens qui sont étiquetés malades mentaux sont souvent stigmatisés, que le diagnostic psychiatrique est souvent utilisé à des fins de contrôle social, ou encore qu'il est souvent bien difficile de dire si quelqu'un est ou non malade mental. De telles inquiétudes, pour légitimes et importantes qu'elles soient, doivent néanmoins être distinguées des questions portant sur la cohérence logique du concept de trouble pathologique (Gorenstein, 1984; Horwitz, 1982). La nécessité de distinguer les deux ordres de problèmes peut être illustrée à partir de l'exemple suivant, emprunté à la médecine somatique : les personnes qui sont étiquetées séropositives sont souvent stigmatisées sur le plan social; une telle étiquette est souvent utilisée à des fins de contrôle social; et, en raison de l'imperfection des tests disponibles, il n'est pas toujours facile d'éta-blir si quelqu'un est ou non séropositif. Malgré tous ces problèmes, le concept de séropositivité au VIH est parfaitement cohérent et il renvoie à un état de fait. Par conséquent, les problèmes pratiques, éthiques, et épistémologiques ne suffisent tout simplement pas à démontrer que quelque chose cloche dans le concept de trouble mental. La même objection s'adresse à ceux qui discréditent le concept de trouble mental à partir d'une analyse des processus historiques qui ont présidé à l'adoption du concept (Foucault, 1964) ou des mécanismes sociologiques qui influencent l'exercice du diagnostic (Scheff, 1966, 1975).

Le second argument des auteurs sceptiques nous intéresse davantage car il touche à la nature même du trouble pathologique. Szasz (1974) a présenté l'exposé le plus explicite de cet argument, mais on le trouve de manière implicite dans la plupart des autres positions sceptiques. Szasz est parti du présupposé que le concept de trouble somatique est un concept légitime qui repose sur un fondement clair: ce qui est pathologique consiste dans une lésion physique, le terme de *lésion* renvoyant à une anomalie reconnaissable dans la structure anatomique. Szasz fait alors remarquer que le concept de trouble mental est une extension du concept de trouble somatique au domaine mental. Mais les troubles mentaux ne peuvent exister que si c'est exactement le même concept de trouble qui s'applique aux états physiques et aux états mentaux caractérisés comme pathologiques, car sinon, l'application du concept de *trouble pathologique* aux états mentaux n'est rien de plus qu'une analogie ou une métaphore. Szasz poursuit son argument et soutient que le *trouble mental* est utilisé pour étiqueter des comportements qui s'écartent des normes sociales et que typiquement, le fonctionnement psychologique qui est qualifié de pathologique n'est jamais accompagné d'aucune lésion identifiable du cerveau ou de quelconque partie du corps (et il présume implicitement qu'on ne trouvera jamais dans le futur aucune lésion susceptible d'expliquer de tels états). Par conséquent, la conception lésionnelle du trouble pathologique qui s'applique aux états physiques ne s'applique pas aux états mentaux ; les troubles mentaux ne sont pas, au sens propre, des troubles pathologiques. Il conclut que « la maladie mentale n'a aucune réalité » (1974, p. 1). Sarbin (1969), dans une même veine, affirme que « ceux qui aujourd'hui emploient le concept de maladie mentale sont responsables de cette consécration illicite d'un mythe à travers l'usage d'une métaphore » (p. 15).

La faiblesse de l'argumentation de Szasz (1974) réside dans les insuffisances de sa conception lésionnelle du trouble physique. Cette conception repose sur deux thèses : (a) une lésion (ou une structure anatomique anormale) n'est rien d'autre qu'un écart statistique par rapport à la structure anatomique habituelle et (b) un trouble somatique ne consiste en rien d'autre qu'en la présence d'une lésion. Or il est inexact de soutenir qu'une lésion peut être directement identifiée par son écart à la structure anatomique normale. Les structures anatomiques varient normalement d'une personne à l'autre, et l'on trouve quantité de variations normales qui sont aussi inhabituelles que n'importe quelle lésion. D'ailleurs, il y a des lésions, dans certaines cultures, qui sont fréquentes sur le plan statistique. C'est le cas de l'athérosclérose, des petites irritations pulmonaires ou des récessions gingivales dans la société américaine. C'est aussi le cas de l'ankylostomiase et du paludisme dans d'autres sociétés. Par conséquent, reconnaître qu'une lésion existe ne se limite pas à observer une déviance anatomique. Du reste, et c'est plus important, l'existence même d'une lésion ne suffit pas pour caractériser un phénomène de pathologique. Il existe des troubles somatiques, tels que la névralgie trigéminale ou le prurit sénile (Kendell, 1975), pour lesquels on ne connaît aucune lésion anatomique. Inversement, certaines lésions peuvent très bien être des anomalies bénignes qui ne sont pas pathologiques, comme lorsque le cœur se situe à droite tout en conservant son intégrité fonctionnelle. Kendell compare ainsi des lésions qui sont pathologiques avec des lésions similaires mais qui ne sont pas pathologiques, afin de montrer que l'existence ou non d'une lésion n'est pas ce qui distingue le normal du pathologique en médecine somatique :

> Un enfant avec un Spina bifida ou un déficient mental [atteint par la maladie de Fölling] souffrent tous deux d'une maladie congénitale – le premier en raison d'un défaut anatomique acquis très tôt lors du développement embryonnaire, le second à cause de l'absence d'une enzyme nécessaire à la transformation de la phénylalanine en tyrosine. Mais des enfants qui présentent une fusion du deuxième et troisième orteil présentent un défaut congénital similaire à celui dont souffrent les enfants atteints de Spina bifida, et il manque

aussi dans l'organisme des enfants albinos une enzyme impliquée dans le métabolisme de la tyrosine. Pour autant, malgré la présence de ces lésions, nous ne considérerons habituellement pas ces enfants comme malades. (p. 308)

Par conséquent, la définition lésionnelle du trouble somatique n'est pas satisfaisante, ce qui ruine l'argument des auteurs sceptiques suivant lequel le concept de trouble pathologique ne saurait littéralement s'appliquer au domaine mental.

Comment, dès lors, *FAISONS-NOUS* pour identifier les déviations qui sont des lésions et les lésions qui sont des pathologies ? En gros, nous considérons qu'une variation dans la structure anatomique est une lésion et non une simple variation normale lorsqu'elle altère la capacité de cette structure à accomplir les fonctions pour lesquelles elle a été sélectionnée. Une telle altération dans un mécanisme spécifique peut être considérée comme «un dysfonctionnement local» (Lewis, 1967 ; voir aussi Klein, 1978). Nous considérons qu'un dysfonctionnement local (une lésion) n'est pathologique que lorsque la différence engendrée au niveau du fonctionnement local affecte le bien-être général de l'organisme d'une manière préjudiciable. Par exemple, la raison pour laquelle les doigts de pieds fusionnés, l'albinisme, ou le positionnement inversé du cœur ne sont pas considérés comme des maladies, bien qu'ils soient des variations anatomiques anormales, est qu'ils ne sont pas vraiment préjudiciables. Une approche du concept de trouble pathologique en termes de dysfonctionnement préjudiciable semblerait donc expliquer ce que l'approche lésionnelle des auteurs sceptiques ne parvient pas à expliquer, à savoir, quelles déviations anatomiques constituent des lésions, et quelles lésions constituent des troubles pathologiques.

Si tant est que le concept de lésion soit un concept fonctionnel, c'est à partir de leurs conséquences fonctionnelles qu'on pourra dire si un état physique ou un état mental peut être considéré comme un trouble pathologique, et dans les deux cas, le concept de trouble pathologique sera exactement le même. De fait, étant donné que certains processus mentaux typiques tiennent un rôle important dans la survie et la reproduction de l'espèce humaine, il n'y a aucune raison de douter que ces processus ont été sélectionnés par l'évolution et qu'ils remplissent des fonctions naturelles, comme l'a soutenu Darwin lui-même (Boorse, 1976a). En raison de notre héritage évolutif, nous disposons d'organes physiques comme le foie ou le cœur ; la même histoire évolutive nous a conféré des mécanismes mentaux comme nos différentes dispositions et structures cognitives, motivationnelles, affectives, nos traits de caractère, notre propension à rechercher le plaisir, nos capacités langagières et comportementales. Certains états mentaux pathologiques interfèrent avec la capacité de ces mécanismes mentaux à réaliser les fonctions pour lesquelles ils ont été sélectionnés. Dans ces cas-là, il y a un dysfonctionnement local du mécanisme en question. Le concept de trouble pathologique, qu'il soit appliqué aux maladies du foie, aux maladies du cœur, ou aux maladies mentales, caractérise des dysfonctionnements locaux qui affectent la personne. Contrairement aux déclarations de Szasz (1974) et de Sarbin (1967, 1969), la notion de trouble mental n'est pas un mythe fondé sur une mauvaise métaphore, mais l'application au pied de la lettre, pour le domaine mental, du même concept de trouble pathologique qui s'applique au domaine somatique, entendu comme dysfonctionnement préjudiciable.

Le trouble pathologique considéré comme relevant d'un pur jugement de valeur

La réponse typique aux objections sceptiques est de défendre l'idée que le trouble mental est un concept scientifique et objectif, tout comme le trouble somatique (des exemples de cette approche scientifique seront donnés plus loin). Cependant, il y a d'autres penseurs, qui tout en étant convaincus que les troubles mentaux sont de vrais troubles pathologiques, affirment avec les auteurs sceptiques que le trouble mental relève du jugement de valeur. Seulement, ils affirment que le trouble somatique en relève également :

> De manière tout à fait correcte, les antipsychiatres ont fait remarquer que les catégories de la psychopathologie renvoient à des jugements de valeur et que la maladie mentale est une déviance. De l'autre côté, les critiques des antipsychiatres eux-mêmes ont tort quand ils imaginent que la médecine somatique est essentiellement différente dans sa logique de la psychiatrie. Un diagnostic de diabète, ou de parésie, présuppose qu'on s'accorde sur certaines normes ou certaines valeurs. (Sedgwick, 1982, p. 38)

L'approche focalisée uniquement sur les jugements de valeur revient à considérer que le trouble pathologique n'est rien d'autre (ou presque rien d'autre) qu'un concept de valeur, et que toutes nos considérations sociales au sujet de ce qui est pathologique ne reflètent rien d'autre que des jugements sur ce qui est considéré comme désirable du point de vue des normes sociales ou des valeurs idéales. Il faut toutefois distinguer cette approche d'une approche mixte ou hybride (Boorse, 1975; Klein, 1978), comme celle que nous défendrons par la suite, où les valeurs jouent un rôle, mais où aussi les faits comptent et

constituent une facette importante du trouble pathologique.
[...]

Le fait que toutes les maladies sont indésirables et
préjudiciables du point de vue des valeurs sociales montre
seulement que les valeurs font partie du concept de trouble
pathologique, mais cela ne signifie pas que celui-ci se résume à
elles. Sedgwick (1982) a cherché à montrer, à partir d'exemples pénétrants, qu'il n'y a rien d'objectif ou de scientifique
qui distingue intrinsèquement les phénomènes dits pathologiques de l'ensemble des phénomènes naturels. Cela revient
à n'accorder aucune caractéristique spécifique au trouble
pathologique sinon à être un jugement de valeur :

> Il n'y a ni maladies ni pathologies dans la nature [...] La
> fracture du fémur d'un septuagénaire n'a pas plus de sens,
> dans l'ordre de la nature, que la chute des feuilles en automne ;
> et la contamination par les germes du choléra d'un organisme
> humain ne porte pas davantage en soi le sceau de la "maladie"
> que celle du lait qui tourne sous l'action d'autres espèces de
> bactéries [...] En raison de ses intérêts proprement anthropo-
> centriques, l'homme a décidé de considérer comme des
> "maladies" et des "pathologies" ces circonstances naturelles
> qui conduisent [...] à la mort (ou à l'impossibilité de
> fonctionner suivant certaines valeurs). (p. 30)

Cependant, en deçà de la question des valeurs, il y a une
différence pertinente à faire entre la fracture d'un fémur et le
détachement d'une feuille d'automne : la feuille a été façonnée
par l'évolution pour tomber à un certain moment et l'arbre n'a
pas été façonné pour avoir besoin de ses feuilles de manière
continue, tandis que la possession d'un fémur intact fait partie
de la manière dont l'organisme d'une personne, même une
vieille personne, est censé fonctionner. De manière similaire,
une fois qu'il a été extrait de la vache, le lait assurément ne

remplit pas une fonction naturelle [pour la vache], et par conséquent les bactéries qui la contaminent et qui le font tourner ne provoquent pas de dysfonctionnement, tandis que la personne qui est infectée par des bactéries risque de perdre son intégrité fonctionnelle. […]

Qu'un certain état soit indésirable ou socialement réprouvé, cela ne dit rien de ce qui en est la cause. En ce sens, la conception qui réduit le concept de trouble pathologique à un pur jugement de valeur ne parvient pas à rendre compte du fait que désigner des comportements et/ou des symptômes comme pathologiques est une tentative de les expliquer, du moins partiellement. Par exemple, à la question «pourquoi cet homme se parle-t-il à lui-même?», on peut répondre de manière cohérente en apportant une explication en termes d'action rationnelle (par exemple, «c'est parce qu'il essaie de mémoriser une liste de termes en les répétant à haute voix») ou en rapportant la présence d'un trouble (par exemple, «c'est parce qu'il souffre de schizophrénie»). Certes, une explication en ces termes ne dit pas grand-chose si l'on ne sait rien de précis concernant le trouble que l'on qualifie ainsi, mais même dans ce cas, cela permet d'éliminer suffisamment d'autres explications possibles pour être utile. Le fait de reconnaître un trouble comme étant de nature pathologique apporte un contenu explicatif suffisant pour montrer qu'il ne se réduit pas à un simple jugement de valeur. Nous verrons par la suite comment l'approche fonctionnelle permet de bien rendre compte du contenu explicatif de l'attribution des troubles pathologiques.

Le trouble pathologique comme tout ce dont s'occupent les professionnels de la santé

La frustration de ne pas parvenir à analyser correctement le concept de trouble mental a souvent conduit certains auteurs à revendiquer la solution toute pragmatique qui consiste à dire qu'est pathologique, simplement, tout problème traité par les professionnels de la santé. Par exemple, Taylor (1976) écrit que le trouble pathologique consiste en partie dans le fait « d'attribuer à quelqu'un un problème thérapeutique, que cela vienne de l'intéressé lui-même et/ou de son environnement social » (p. 581). Kendell (1986) propose quant à lui que l'on cesse de vouloir distinguer sur le plan du diagnostic les troubles pathologiques de « tous les problèmes pour lesquels les psychiatres sont régulièrement consultés » (p. 41-42).

Pourtant, de nombreux problèmes qui sont pris en charge par les professionnels de la santé ne sont clairement pas des troubles pathologiques, même si c'est à eux qu'on les adresse en raison de leurs compétences particulières. Par exemple, les médecins sont ordinairement appelés à prescrire des « traitements » dans le cas des accouchements, des grossesses non voulues, de la circoncision, de la chirurgie cosmétique, ou des appels de détresse liés aux vicissitudes de la vie. Le *DSM-III-R* comporte une section spéciale, les codes V, destinés à enregistrer les états qui ne sont pas pathologiques mais qui sont souvent pris en charge par les professionnels de la santé mentale, comme les conflits conjugaux, les problèmes relationnels parent-enfant et les problèmes professionnels. Ce sont là des états qui sont préjudiciables, mais qui ne présentent aucun dysfonctionnement véritable ou trouble pathologique.

Par ailleurs, remarquons que le patient comme son thérapeute peuvent être tous les deux dans l'erreur au sujet de ce qui est pathologique. Par exemple, les traités de médecine de l'époque victorienne montrent que de nombreuses personnes venaient consulter leurs médecins dans l'espoir d'un traitement pour la « maladie masturbatoire », maladie dont ils pensaient souffrir à cause précisément de l'influence que les écrits des médecins exerçaient sur eux [...].

Enfin, cette approche reviendrait à considérer paradoxalement qu'un déficit d'attention sur le plan social suffit à faire disparaître un trouble pathologique. Kendell lui-même (1975), dans un article où il critique l'approche qu'il adoptera pourtant par la suite, remarquait qu'« identifier la maladie au "souci thérapeutique" implique que personne ne peut être malade tant qu'il n'a pas été reconnu comme tel, et cela laisse entière liberté aux médecins et à la société de caractériser tous les déviants comme des malades » (p. 307).

Le trouble pathologique comme déviance statistique

Les auteurs sceptiques avancent que les troubles somatiques sont des lésions tandis que les troubles mentaux sont des comportements sociaux déviants, et que par conséquent le concept de *trouble pathologique* n'est pas le même dans les deux cas. Pourtant, si l'on accepte leur idée suivant laquelle une lésion serait une déviance statistique sur le plan de la structure anatomique, on serait en droit de considérer que les lésions et les comportements déviants ont quelque chose en commun, à savoir, le fait d'être des déviances statistiques. Si la déviance statistique est ce qui fait qu'un état physique ou mental peut être dit pathologique, alors le même concept de trouble pathologique peut être appliqué aux deux domaines, et ce critère est purement objectif et scientifique.

[… Mais] il existe de nombreux phénomènes qui, pris dans leur contexte, sont normaux sur le plan statistique et cependant pathologiques. Par exemple, comme on l'a dit auparavant, les irritations mineures du poumon liées à la pollution, l'athérosclérose, les maladies parodontales et les caries dentaires semblent être normales, sur le plan statistique, dans la société américaine, et des maladies comme l'ankylostomiase et le paludisme sont tellement endémiques dans d'autres sociétés qu'elles apparaissent comme statistiquement normales. Pourtant, on considère tous ces états comme des maladies. D'ailleurs, il n'y a rien d'incohérent à imaginer une maladie potentiellement universelle, comme ce qui pourrait se produire à la suite d'une épidémie non contrôlée ou d'une irradiation massive après une guerre nucléaire. Par conséquent, le concept de trouble pathologique n'est pas intrinsèquement lié à l'idée de déviance statistique.

Bien que le trouble pathologique ne se réduise pas à l'idée d'une déviance statistique, il est clair que celui-ci est souvent déviant sur le plan statistique. D'un point de vue fonctionnel, cela est compréhensible : en général, les mécanismes fonctionnent comme ils ont été naturellement façonnés pour le faire, et les problèmes de fonctionnement sont la plupart du temps déviants. Pourtant, comme le montrent les exemples précédents, fonctionnement anormal et anormalité statistique ne vont pas forcément de pair. L'idée de dysfonctionnement est appréhendée en référence à l'organisation fixée par l'évolution des mécanismes internes plutôt qu'en référence à des normes statistiques.

Le trouble pathologique comme désavantage biologique

Pour définir le trouble pathologique en des termes purement scientifiques, la seule idée de déviance statistique ne suffit pas. Or, si l'on veut aboutir à une définition qui vaille tout autant pour les troubles somatiques que pour les troubles mentaux, c'est sans doute vers les sciences biologiques qu'il faut se tourner. Celles-ci sont la base de la médecine somatique, et l'esprit, après tout, est un élément de l'organisme qui a évolué comme tous les autres éléments de l'organisme. À l'instar des différents organes qui jouent des rôles distincts mais coordonnés dans le fonctionnement global du corps, les mécanismes mentaux, comme ceux qui sont impliqués dans la perception, la motivation, l'émotion, les capacités langagières et la cognition, jouent des rôles distincts mais coordonnés dans le fonctionnement mental global. C'est en ce sens qu'une approche biologique qui s'appuierait sur la théorie évolutionniste est apparue pour beaucoup comme susceptible de fonder de manière scientifique et neutre le concept de trouble pathologique dans ses deux dimensions à la fois, somatique et mentale.

Remarquons au passage que considérer, suivant la perspective évolutionniste, l'esprit comme quelque chose de biologique ne signifie pas forcément qu'on doive le traiter comme quelque chose de physiologique ou d'anatomique. L'approche évolutionniste considère les descriptions de mécanismes mentaux ou comportementaux comme des descriptions biologiques légitimes des mécanismes avantageux qui ont été naturellement sélectionnés (Buss, 1991).

Nous envisagerons successivement trois approches différentes du trouble pathologique liées à la théorie de l'évolution. Pour prévenir toute confusion, distinguons-les dès à présent. La première approche, qui sera examinée dans cette première partie de l'article, renvoie aux conceptions de Scadding, de Kendell et de Boorse. Ces auteurs se sont servis d'un critère général, inspiré par la théorie de l'évolution, pour tenter d'identifier de manière purement scientifique les troubles pathologiques. Ce critère consiste dans le fait de présenter un taux de survie ou une *fitness* reproductive moindres. La deuxième approche évolutionniste, qu'on discutera dans la deuxième partie de l'article, revient à considérer qu'un organisme est malade quand l'un de ses mécanismes mentaux (par exemple, la perception, ou la réponse à la peur) ne remplit pas la fonction spécifique (par exemple, transmettre les informations issues de l'environnement, ou aider l'organisme à se protéger de certains dangers) que l'évolution l'a chargé de remplir. Il s'agit ici encore d'un critère purement scientifique. La troisième approche, qui sera défendue par la suite comme étant la bonne, intègre une composante appréciative à la seconde approche (qui s'appuie sur les fonctionnements naturels et spécifiques de certains mécanismes) : une personne peut être dite malade seulement lorsqu'un certain mécanisme en elle échoue à remplir la fonction spécifique qu'il est censé remplir *et* que cet échec du mécanisme en question cause un préjudice réel pour la personne.

Scadding (1967, 1990) a proposé une définition biologique purement scientifique du trouble pathologique. Sa proposition consiste en fait à transposer l'approche dont nous avons parlé auparavant, centrée sur l'idée d'une déviance statistique préjudiciable, en une approche centrée sur l'idée d'une déviance désavantageuse sur le plan biologique :

> Le nom d'une maladie désigne la somme des phénomènes anormaux que présente un groupe d'organismes vivants, en association avec une caractéristique particulière commune,

ou un ensemble de caractéristiques, qui font que ces
organismes diffèrent de la norme propre à leur espèce à un
point tel que cela les place dans une situation de désavantage
biologique. (Scadding, 1990, p. 243)

Kendell (1975) a raffiné et prolongé l'analyse du
désavantage biologique proposé par Scadding, et on trouve
aussi chez Boorse (1975, 1976a) une approche très similaire.

Mais Scadding (1967, 1990) n'a jamais expliqué ce qu'il
entendait par désavantage biologique, et à première vue il
semblerait bien que le terme de *désavantage*, contrairement à
ce qu'il prétend être, soit un terme évaluatif. Kendell (1975) et
Boorse (1975, 1976a) ont tenté de remédier à ce problème en
s'appuyant sur la théorie biologique elle-même pour tirer
d'elle un critère objectif permettant de déterminer quel type de
désavantage est pathologique. Suivant la théorie de l'évolution, les avantages primordiaux tirés de tout mécanisme ou de
toute structure interne sont la *fitness* à survivre et à se reproduire (à vrai dire, d'un point de vue évolutionniste, la survie est
aussi au service de ce but ultime qu'est la *fitness* reproductive,
mais on compte tellement de mécanismes dans l'organisme qui
sont directement destinés à favoriser la survie sans pour autant
être immédiatement associés à l'activité reproductive, qu'il
peut être commode d'utiliser ces deux critères). Ainsi, Kendell
et Boorse affirment qu'un trouble pathologique est un état qui
diminue la longévité ou la fertilité. Cela permet d'évacuer de la
définition tout jugement de valeur, dans la mesure où est
considérée comme intrinsèquement préjudiciable toute
diminution de la longévité ou de la fertilité (Kendell, 1975).

Pourtant, cette équation est fautive. Un état quelconque
peut très bien réduire la fertilité sans causer de réel préjudice ;
une fertilité légèrement réduite est un facteur important à
l'échelle de l'évolution, mais cela peut très bien n'affecter en

rien le bien-être de l'individu pourvu qu'il puisse encore avoir
des enfants. Il existe par ailleurs des problèmes très préjudiciables, comme la douleur chronique ou la perte de plaisir, qui
peuvent ne pas se traduire par une baisse de longévité ou de
fertilité; Kendell (1975) reconnaissait qu'il y a de nombreux
troubles somatiques préjudiciables, comme la névralgie post-
herpétique ou le psoriasis, qui sont des cas évidents de troubles
pathologiques sans qu'ils aient pour autant aucun effet sur
la mortalité ou la fertilité de l'individu. Or ce constat risque
d'être encore plus vrai s'agissant des troubles mentaux. C'est
pourquoi il semble que l'idée de préjudice ne peut pas être
déduite des considérations évolutionnistes, mais seulement
ajoutée à elles.

  L'autre difficulté de l'approche promue par Scadding
(1967, 1990) est que les considérations statistiques qu'elle
implique se heurtent à tous les contre-exemples qu'on a sou-
levés auparavant au sujet de l'approche statistique. Kendell
(1975) affirme au sujet de sa position comme de celle de
Scadding, qu'elle revient à « exclure de considérer une majorité de gens comme malades » (p. 309). Cet aspect pourtant,
comme nous l'avons vu, ne fait pas partie de l'idée commune
que nous nous faisons du trouble pathologique et il conduit à de
nombreux contre-exemples, réels ou possibles. La raison pour
laquelle Scadding et Kendell ne peuvent pas abandonner
complètement le critère de la déviance statistique, pour ne
conserver dans leur définition générale du trouble pathologique que l'idée de désavantage biologique, c'est que cette
idée de désavantage est relative. Sans référence à l'idée d'une
déviance statistique, tout désavantage par rapport à une norme
de fonctionnement supérieure pourrait être considéré comme
pathologique, ce qui aboutirait à un critère incroyablement trop
large. Klein (1978), dans une analyse par ailleurs très proche de

celle que je propose, fit l'erreur de relativiser le trouble pathologique en l'identifiant au fonctionnement «optimal» d'un élément de l'organisme: «la maladie est ici définie comme le dysfonctionnement inapparent, objectif et suboptimal d'un élément, étant entendu que les fonctions sont le produit de l'évolution et qu'elles sont hiérarchiquement organisées» (p. 70). Le problème avec cette solution, c'est qu'elle implique que l'existence ne serait-ce que de quelques personnes présentant des normes inhabituellement hautes de fonctionnement suffirait pour que tout le monde, par comparaison, présente un dysfonctionnement. Par exemple, en suivant la proposition de Klein, toute personne avec un QI inférieur à 180 ne serait pas «optimale» du point de vue du fonctionnement cérébral et devrait donc être considérée comme atteinte d'une maladie. Mais c'est ce que nous sommes du fait de l'évolution naturelle, et non ce que nous pourrions idéalement être, qui compte pour établir nos jugements sur ce qui est pathologique ou non. Le même problème, revenant à considérer comme pathologique tout écart par rapport au fonctionnement optimal, se poserait pour Scadding s'il définissait le trouble pathologique seulement comme désavantage biologique sans le rapporter explicitement à la normalité statistique. Car le peu que Scadding gagnerait d'un côté sur le plan de la validité, en évitant les difficultés liées à l'approche statistique, il le perdrait aussitôt et de manière plus importante sur d'autres aspects de sa définition.

Prise au pied de la lettre, l'approche de Scadding (1967, 1990) est susceptible de se heurter à deux objections supplémentaires. D'abord, il est possible que les taux de fertilité varient suivant les populations en fonction de variables comme la race, l'ethnie, la classe sociale, le sexe, la personnalité, etc. Toutes ces variables doivent-elles être considérées comme des facteurs pathogènes ? Par exemple, doit-on considérer que le fait d'être un jeune homme noir citadin dans l'Amérique des années 1990 soit une maladie, étant donné que cet « ensemble de caractéristiques » est lié à un taux de mortalité anormalement élevé ? Le premier problème dans la définition de Scadding est donc qu'elle ne permet pas de distinguer entre le désavantage qui résulte d'un dysfonctionnement interne et celui qui résulte d'un environnement préjudiciable. Le deuxième problème, c'est que cette définition implique qu'une maladie peut être « guérie » simplement en prenant des mesures pour améliorer l'espérance de vie et la fertilité des personnes porteuses d'une maladie, quand bien même aucune amélioration n'est obtenue sur le plan mental.

Kendell (1975) a reconnu l'importance de ces difficultés et a cherché à les résoudre en exigeant que les effets de la maladie sur la mortalité ou la fertilité soient « innés » ou « intrinsèques », et non simplement dus à l'influence de facteurs sociaux comme le rejet par les autres : « le critère doit être : cet individu serait-il toujours autant désavantagé si ses congénères ignoraient ce qui le différencie d'eux et le traitaient comme n'importe qui d'autre ? » (p. 314). La difficulté cependant, c'est que l'homme est un animal social, et qu'il est impossible d'isoler le fonctionnement de son organisme de toutes les considérations intersubjectives. Prenons l'aphasie : il s'agit assurément d'un trouble pathologique. Mais le langage a pour fonction de permettre la communication entre les individus, ce qui implique, si l'on doit faire abstraction de la manière dont les autres réagissent lorsque quelqu'un essaie de parler, que l'on n'a plus aucune raison de classer l'aphasie parmi les troubles pathologiques. Le même problème se pose pour la schizophrénie, dont Kendell défend le caractère pathologique en s'appuyant sur le fait que les individus schizophrènes présentent, entre autres choses, une fertilité réduite. Mais il y a fort à parier que la faiblesse relative de la fertilité observée chez les schizophrènes est, au moins en partie, liée aux réactions de rejet des autres devant cette pathologie mentale, et notamment des éventuels partenaires sexuels. Or cette considération, en suivant Kendell, devrait finalement aboutir à remettre en cause l'idée même que la schizophrénie soit un trouble pathologique (des questions similaires se poseraient au sujet de ce qui provoque l'augmentation de la mortalité chez les individus schizophrènes). Du reste, de nombreuses conditions, comme le fait d'être un homme plutôt qu'une femme, semblent intrinsèquement liées à une mortalité plus grande sans être pour autant des troubles pathologiques.

Scadding (1967, 1990), Kendell (1975), et Boorse (1975, 1976a) avaient raison de considérer qu'on doit pouvoir trouver un fondement évolutionniste à nos énoncés concernant le phénomène pathologique. L'idée que quelque chose ne va pas comme il faut dans le fonctionnement interne de l'organisme – idée décisive pour distinguer l'état pathologique de tous les autres états indésirables – ne peut être fondée que si l'on compare le fonctionnement présent d'un mécanisme de l'organisme avec ce qu'il a été biologiquement sélectionné à faire. Cela nécessite que l'on s'intéresse à l'explication évolutionniste du mécanisme en question. Or, l'approche centrée sur l'idée de désavantage biologique utilise à tort les critères d'une longévité et d'une fertilité réduites dans l'environnement présent pour prouver qu'il y a un mécanisme dysfonctionnel. Mais le fait que les mécanismes de notre organisme ont été originellement sélectionnés parce qu'ils contribuaient à augmenter la longévité et la fertilité dans un environnement passé n'implique pas que toute diminution de la longévité ou de la fertilité dans notre environnement actuel soit le signe d'un dysfonctionnement interne. C'est pourquoi finalement, malgré son ancrage dans la théorie évolutionniste, la définition du trouble pathologique par le désavantage biologique ne satisfait pas l'exigence qu'il y ait un dysfonctionnement, et elle se trouve par conséquent sujet à contre-exemples.

En s'appuyant directement sur la *fitness* reproductive dans l'environnement présent pour caractériser le fait d'être en bonne santé, Scadding (1967, 1990) et Kendell (1975) ont commis une forme de « raisonnement sociobiologique fallacieux » (Buss, 1991 ; voir aussi Wakefield, 1989). Le caractère fallacieux de leur raisonnement repose sur une erreur d'interprétation qui consiste à croire que l'évolution confère à l'organisme une tendance générale à maximiser sa *fitness*. En réalité, l'évolution favorise une multiplicité de mécanismes spécifiques qui n'ont pas pour finalité première d'accroître la *fitness*, mais qui ont simplement pour effet d'accroître la *fitness* dans l'environnement où ils sont sélectionnés. Par exemple, l'attrait sexuel n'est pas un mécanisme qui favorise directement une reproduction maximale ; elle confère le désir d'un contact sexuel, lequel aboutit ordinairement à la reproduction dans les conditions où le mécanisme a évolué. Mais aujourd'hui, à l'ère de la contraception, le mécanisme de l'attrait sexuel peut fort bien ne pas aboutir à la reproduction sans que cela signifie qu'il soit dysfonctionnel. Plutôt qu'une baisse de la *fitness* en elle-même, c'est l'échec des mécanismes spécifiques à remplir les tâches qui leur ont été fixées par l'évolution qui montre que quelque chose ne va pas dans l'organisme. Je reviendrai sur ce point précis ultérieurement, car il permet de proposer une meilleure conception évolutionniste du trouble pathologique.

Le trouble pathologique comme « détresse ou handicap non attendus »

La définition récente du trouble mental qui a eu le plus d'influence est celle qu'ont proposée Spitzer et ses collègues pour le *DSM-III-R*[1]. J'ai réalisé dans un article (Wakefield, 1992) une analyse critique et approfondie de cette définition du *DSM-III-R*, si bien que je me limiterai ici aux quelques points cruciaux et renvoie à l'article en question pour le détail des arguments avancés.

La définition du *DSM-III-R* s'inspire d'une conception générale du trouble pathologique qui est très proche de celle que je défends en termes de dysfonctionnement préjudiciable. [...] La définition du trouble pathologique qui en fait sert de modèle aux critères diagnostiques spécifiques du *DSM-III-R* est une définition opérationnelle résultant de la volonté de traduire en des termes opérationnels les idées de préjudice et de dysfonctionnement. [...]

En lieu et place de l'idée de dysfonctionnement (et tout en voulant distinguer, parmi tous les maux dont l'homme peut souffrir, ceux qui sont vraiment pathologiques), le *DSM-III-R* exige que pour être pathologique, un trouble « ne doit pas être simplement la réponse attendue [...] à un évènement particulier » (American Psychiatric Association, 1987, p. XXII). L'idée simple derrière cette formule est que les réponses normales sont attendues (par exemple, la peur est une réponse attendue en présence d'un danger, de même que le chagrin est une réponse attendue lors de la perte d'un être cher), tandis que

---

1. La définition qui figure dans les éditions successives du *DSM*, jusqu'au *DSM-IV-TR* est pratiquement identique à celle du *DSM-III-R* que discute Wakefield ici [N.d.T.].

les réponses pathologiques ne le sont pas. Le *DSM-III-R* traduit par ailleurs l'idée de préjudice en une liste de conditions observables, telles que la détresse et le handicap (la liste du DSM-III-R en réalité est plus longue, mais ces deux termes suffisent pour en donner une bonne approximation). On peut donc dire, *grosso modo*, que le *DSM-III-R* définit opération-nellement le trouble pathologique comme une *détresse ou un handicap non attendu*s. C'est cette définition du reste qui transparaît à travers les critères spécifiques pour chaque trouble que propose le *DSM-III-R*; les termes de *dysfonction-nement* et de *préjudice* n'apparaissent jamais dans ces critères, mais on trouve en revanche les termes de «détresse» et de «handicap» ainsi que des expressions caractérisant l'impro-babilité statistique. Le problème est que cette définition bâtie sur l'idée d'une détresse ou d'un handicap non attendus ne parvient pas à capturer l'idée de dysfonctionnement, ce qui a pour fâcheuse conséquence non seulement de rendre cette définition invalide, mais de rendre aussi invalides nombre de critères diagnostiques du *DSM-III-R* construits sur le modèle de cette définition. Il faut, premièrement, observer que beaucoup de réactions pénibles, sans être pathologiques (comme les réponses de stress, ou le deuil), varient en intensité suivant les individus. Cette intensité, sur le plan statistique, suit le plus souvent une distribution normale, si bien que bon nombre de cas de réactions pénibles apparaîtront suffisamment au-dessus de la moyenne pour être «inattendus» sur un plan purement statistique. La définition du *DSM-III-R* permet à tort de classer de telles réponses plus fortes que la moyenne comme des troubles pathologiques. Par exemple, le *DSM-III-R* considère qu'il y a un trouble de l'ajustement chez un patient lorsque ses symptômes, en réaction à un facteur de stress psychosocial, «sont en excès par rapport à une réaction normale et attendue aux facteurs de stress» (American Psychiatric Association, 1987, p. 330). La conséquence est la suivante : n'importe quelle réaction à un facteur de stress, si elle est bien plus forte en intensité que la moyenne, pourra être classée parmi les troubles pathologiques. Un autre exemple : un enfant est diagnostiqué comme souffrant d'un trouble oppositionnel avec provocation quand, pendant une période de six mois, il manifeste certains types de comportements de provocation, comme des crises de colère, le recours à un langage obscène, le fait de contester ce que disent les adultes, le refus de se plier aux demandes ou aux règles, et tout cela à un niveau qui est «considérablement plus fréquent que celui de la plupart des enfants du même âge» (p. 57). On voit bien que ces critères confondent la variation normale et le phénomène pathologique.

Deuxièmement, on trouve beaucoup de situations qui conduisent à des réponses inattendues – à cause par exemple d'une extrême ignorance ou d'une simple malchance – et qui peuvent provoquer chez le sujet un état de détresse ou de handicap sans pour autant qu'elles indiquent la présence d'un trouble pathologique. On trouvera des exemples éloquents à la rubrique des codes V du *DSM-III-R*. Bien que le *DSM-III-R* reconnaisse à juste titre que ces problèmes ne sont pas pathologiques, un grand nombre de ceux qui sont inclus dans les codes V (comme les problèmes conjugaux, les problèmes relationnels parent-enfant, ou les problèmes professionnels), sembleraient mériter lorsqu'ils sont graves de figurer en meilleure place dans la classification, car à suivre la définition du *DSM-III-R*, ils constituent des réponses de détresse et de handicap non attendus. Pour prendre encore un autre exemple, considérons un adolescent qui s'enfuit de chez lui pour la deuxième fois, qui vole une voiture et dérobe quelque chose :

ce sont là des comportements non attendus et potentiellement préjudiciables. Cet adolescent, suivant les critères du *DSM-III-R*, souffre d'un trouble de la conduite. Et pourtant, il se pourrait bien qu'il soit juste un adolescent rebelle, imbécile ou désespéré plutôt que malade.

Troisièmement, les critères diagnostiques du *DSM-III-R* caractérisent fautivement certaines réponses normales à des traitements abusifs comme constituant des troubles pathologiques. Une humeur dépressive chronique, par exemple, peut être le résultat d'un dysfonctionnement du système affectif ou cognitif de l'individu. Mais cela peut aussi être une réponse normale à des circonstances extérieures déprimantes sur le long terme en raison d'une maltraitance, d'un manque d'attention, ou d'une maladie. Les critères du *DSM-III-R* pour le trouble dysthymique ne distinguent pas correctement ces sources possibles de symptômes dépressifs : ils se contentent simplement de classer comme pathologique tout affect négatif d'un degré plus haut que ce qui est attendu.

Le fait d'exiger que les symptômes ne soient pas des réponses attendues conduit à d'autres problèmes. Le trouble de stress post-traumatique [1] n'est-il pas une « réponse simplement attendue » à la suite d'un grave événement traumatique ? La dépression anaclitique n'est-elle pas une « réponse attendue » à la suite d'une carence affective dans la petite-enfance ? Mais ce sont pourtant là des états pathologiques.

Toutes ces difficultés que nous avons relevées tiennent au fait que la définition opérationnelle du trouble mental dans le *DSM-III-R* ne parvient pas à bien rendre compte d'une exigence, dont elle s'inspire pourtant : l'exigence d'un

---

1. Souvent traduit en français aussi par « État de stress post-traumatique » [N.d.T.].

dysfonctionnement. Prenons l'exemple du trouble de l'adaptation : plutôt que d'exiger simplement qu'il y ait une réaction, face au stress, plus accentuée que la normale, il s'agit d'exiger qu'il y ait une défaillance dans la manière dont les mécanismes d'adaptation sont censés fonctionner. Les actes d'un adolescent désespéré peuvent sembler imbéciles, mais cela n'implique pas qu'il y ait quoi que ce soit qui dysfonctionne en lui. De même, le trouble de stress post-traumatique peut être classé parmi les troubles mentaux bien qu'il soit commun après un événement traumatique, mais à condition toutefois – comme le laisse présager la nature de ce trouble – qu'il implique une défaillance dans le fonctionnement des mécanismes d'adaptation. Ce qu'il faut pour résoudre ces problèmes, c'est donc une meilleure analyse de ce qu'est un dysfonctionnement.

Un dernier point concerne la transformation de ce qui est préjudiciable en détresse et en handicap. La liste des conditions préjudiciables qu'on trouve dans le *DSM-III-R* ainsi que dans de nombreuses publications secondaires est plus longue et différente que la liste spécifique qu'on trouve dans le *DSM-III*. Vu que n'importe quel préjudice résultant du dysfonctionnement d'un mécanisme interne mérite d'être considéré comme pathologique, la liste de tout ce qui est préjudiciable est potentiellement infinie. Bien qu'une typologie des conditions préjudiciables à l'instar de celle que fournit le *DSM-III-R* soit utile, il ne faut pas oublier, comme l'ont remarqué Spitzer et Williams (1982), que la raison profonde pour laquelle ces conditions sont pertinentes pour caractériser l'état pathologique est qu'elles sont négatives, et que c'est cet élément évaluatif qui est fondamental dans nos jugements concernant ce qui est pathologique. Aussi, plutôt que de masquer cet élément qui relève du jugement de valeur, on pourrait attendre d'une bonne définition du trouble pathologique qu'elle la mette au contraire clairement en lumière.

LE TROUBLE PATHOLOGIQUE
COMME DYSFONCTIONNEMENT PRÉJUDICIABLE

Les fonctions comme des effets qui expliquent leurs causes

Les critiques précédentes nous fournissent plusieurs leçons importantes. Le concept de trouble pathologique doit intégrer une composante factuelle afin que les troubles pathologiques puissent être distingués de la multitude des états jugés peu enviables. Mais cette composante factuelle n'est pas suffisante : il faut encore qu'il y ait un préjudice, et celui-ci suppose un jugement de valeur. Ainsi, le concept de trouble pathologique repose à la fois sur un jugement de fait et sur un jugement de valeur. S'agissant de la composante factuelle du concept, j'ai envisagé successivement les difficultés liées aux analyses centrées sur la notion de lésion, sur celle de déviance statistique, sur l'idée que le trouble pathologique est tout ce dont les professionnels de la santé s'occupent, sur l'idée de désavantage biologique, puis j'ai examiné la proposition du *DSM-III-R*. Les difficultés relatives à toutes ces approches pourraient être évitées et les faits mobilisés pour les étayer seraient susceptibles d'être mieux expliqués si l'on disposait d'une analyse convenable de la notion de dysfonctionnement. Les notions de fonction et de dysfonctionnement sont ce qu'il y a de central dans la composante factuelle et scientifique du trouble pathologique.

Certes, tous les arguments précédents étaient défendus sans qu'aucune analyse explicite, claire et précise du concept de dysfonctionnement ne vienne les étayer. Mais même si ce n'est jamais clairement explicite, l'idée suivant laquelle le concept de trouble pathologique implique en quelque façon les concepts de fonctionnement et de dysfonctionnement apparaît avec une constance remarquable dans les remarques de nombreux auteurs, malgré les divergences de vues (par exemple, Ausubel, 1971; Boorse, 1975, 1976a; A. L. Caplan, 1981; Flew, 1981; Kendell, 1975, 1986; Klein, 1978; Macklin, 1981; Moore, 1978; Ruse, 1973; Scadding, 1967, 1990; Spitzer & Endicott, 1978). Spitzer et Endicott (1978) ont relevé cette apparente nécessité et cette quasi-universalité de recourir à la notion de dysfonctionnement pour rendre compte de la notion de trouble pathologique : « notre approche explicite ce qui est sous-jacent à toutes les discussions sur la maladie et le trouble pathologique, à savoir l'idée de dysfonctionnement organique » (p. 37).

Malgré cette tendance presque universelle à recourir à la notion de dysfonctionnement pour expliquer le trouble pathologique, et malgré le pouvoir sans doute explicatif de l'approche dysfonctionnelle, le concept de *dysfonctionnement* apparaît rarement, de fait, dans les définitions du trouble pathologique. Comme il n'y a aucune théorie de référence de ce qu'est un dysfonctionnement, le fait de se référer à cette notion semble n'apporter aucun éclairage décisif pour définir le trouble pathologique. Rien n'est d'ailleurs évident dans les rapports que j'ai mentionnés plus haut entre dysfonctionnement, fonction naturelle et théorie de l'évolution. Au contraire, ces rapports demandent à être justifiés. En revanche, si l'on parvient à analyser en des termes plus clairs et plus simples la notion de dysfonctionnement, celle-ci sera susceptible de fournir un critère adéquat et généralement acceptable du trouble pathologique.

Qu'est-ce donc qu'un dysfonctionnement? Pour commencer à répondre, on peut supposer qu'un dysfonctionnement est un fonctionnement qui n'est pas rempli, et que cela implique qu'un certain mécanisme dans l'organisme échoue à accomplir sa fonction. Toutefois, tout ce qu'on entend communément par fonction n'est pas ici pertinent. Par exemple, le nez sert à porter les lunettes, et le bruit du cœur remplit une fonction utile au diagnostic médical. Mais une personne qui aurait un nez tel qu'il ne peut pas porter de lunettes n'a pas pour autant un trouble nasal, et une personne dont le cœur ne fait pas un bruit habituel ne souffre pas, rien que pour cela, d'un trouble cardiaque. Le trouble pathologique est différent de l'incapacité de « fonctionner » conformément à certaines attentes sociales, pour la raison précise qu'on ne peut parler de dysfonctionnement que lorsqu'un organe ne parvient pas à remplir la fonction naturelle (c'est-à-dire indépendante des intentions humaines) qu'on lui prête. Vraisemblablement, les fonctions qui sont pertinentes ici sont les fonctions naturelles. Sur ce sujet, il existe une vaste littérature à laquelle nous nous contentons de renvoyer (Boorse, 1976b; A.L. Caplan, 1981; Cummins, 1975; Elster, 1983; Hempel, 1965; Klein, 1978; Moore, 1978; Nagel, 1979; Woodfield, 1976; Wright, 1973, 1976). Pour prendre des exemples, l'une des fonctions naturelles du cœur est de pomper le sang, et c'est pourquoi il y a dysfonctionnement quand le cœur cesse d'assurer la circulation sanguine; une fonction naturelle de l'appareil perceptif est de transmettre des informations un tant soit peu exactes sur l'environnement immédiat, et c'est pourquoi les hallucinations graves indiquent l'existence d'un dysfonctionnement; certains mécanismes cognitifs ont pour fonction de fournir à l'individu la capacité d'un certain degré de rationalité tel qu'il apparaît dans les raisonnements déductifs, inductifs et instrumentaux (je ne parle pas ici d'une rationalité idéale comme celle représentée dans les modèles théoriques, mais simplement du degré de rationalité que les gens manifestent dans leurs raisonnements quotidiens), et c'est pourquoi il y a un dysfonctionnement lorsque cette capacité à mener de tels raisonnements échoue, comme dans les états psychotiques graves.

Pour comprendre ce qu'est un dysfonctionnement, nous avons donc besoin d'une analyse de ce qu'est une fonction naturelle. Hempel (1965) a formulé d'une manière utile le problème des fonctions naturelles dans les termes suivants : chaque organe produit de nombreux effets, dont la plupart ne sont pas ses fonctions naturelles. Par exemple, le cœur a pour effet de pomper le sang et de faire du bruit dans la poitrine, mais sa fonction naturelle est seulement de pomper le sang. Une analyse correcte du fonctionnement naturel doit permettre de distinguer les fonctions naturelles d'un organe de tous ses autres effets.

Le concept de fonction s'applique aussi aux artefacts, tels que les automobiles, les chaises et les stylos. Il semblerait même que le concept de fonction ait été initialement élargi, par analogie, des artefacts aux organes (Wright, 1973, 1976). Par conséquent, l'utilisation du terme de *fonction* dans le cas de mécanismes qui se produisent naturellement doit se faire d'une manière telle qu'elle indique des propriétés partagées avec les artefacts. Or la fonction d'un artefact n'est autre chose que la finalité qui a présidé à sa conception. Par exemple, les fonctions des automobiles, des chaises et des stylos sont, respectivement, de nous permettre de nous déplacer, de nous asseoir et d'écrire, car c'est pour nous procurer de tels effets bénéfiques que ces artefacts ont été conçus. Mais les organismes et les organes agissent naturellement et n'ont été conçus par personne avec un but en tête, en sorte que les questions de conception [*design*] et de finalité [*purpose*] ne peuvent pas être les traits communs que nous recherchons. Bien sûr, les biologistes évolutionnistes parlent communément en termes de finalité et de conception quand ils parlent de fonctions naturelles, mais cela ne fait que ramener le problème un pas en arrière : qu'est-ce donc qui justifie un tel discours dans le cas de mécanismes se produisant naturellement ? L'extension de la notion de fonction des artefacts aux mécanismes naturels doit pouvoir être justifiée par un autre trait commun, en deçà des questions de conception et de finalité, qui donne son importance à ce type de discours.

La fonction d'un artefact tient son importance principalement du fait que grâce à son rapport aux idées de conception [*design*] et de finalité [*purpose*], elle possède une valeur explicative considérable. La fonction explique pourquoi l'artefact a été conçu, pourquoi il est structuré comme il l'est, pourquoi toutes ses parties interagissent de la manière dont elles le font, et pourquoi on peut s'en servir à certaines fins. Par exemple, on peut en partie expliquer pourquoi les automobiles existent, pourquoi les moteurs des automobiles sont structurés comme ils le sont, et pourquoi (avec un minimum d'expérience) on peut se rendre d'un endroit à un autre au moyen d'une automobile, simplement en rappelant que la fonction de l'automobile est de transporter.

Les explications fonctionnelles des artefacts ont cette étrange propriété que l'effet (par exemple, le transport) est censé d'une certaine manière expliquer l'existence même de l'artefact (par exemple, l'automobile) qui produit cet effet. C'est pourquoi on a parfois dit que les explications fonctionnelles violaient le principe de base qui veut qu'une cause soit antérieure à l'effet qu'elle produit. Pourtant, une description de la fonction peut tout à fait légitimement entrer dans l'explication de l'artefact si l'on ajoute une théorie additionnelle qui montre que les effets dont on parle jouent un rôle sur les événements qui précèdent la création de l'artefact. Pour les artefacts, cette théorie est très simple et elle est bien connue : les effets bénéfiques précèdent l'artefact au sens où ils sont représentés par avance dans l'esprit de la personne qui conçoit l'artefact. Par conséquent, l'explication fonctionnelle (comme par exemple : « la fonction d'une automobile est de pourvoir au transport des individus », ou, ce qui revient au même, « si les automobiles existent, c'est pour pourvoir au transport des individus ») est le raccourci d'une explication causale plus complète : l'artefact (l'automobile) existe car quelqu'un désirait produire un certain effet (le transport) et croyait que le fait de créer cet artefact permettrait de produire cet effet. Ce désir et cette croyance, qui ont précédé l'artefact, ont poussé l'individu à créer l'artefact.

J'ai soutenu que la fonction d'un artefact était importante en raison de son pouvoir explicatif et j'ai montré que les explications fonctionnelles des artefacts ont une forme particulière : l'existence et la structure de l'artefact sont expliqués par ses effets. Or c'est justement cette forme d'explication que les énoncés sur les artefacts et ceux sur les fonctions naturelles ont en commun, et c'est elle qui justifie qu'on puisse étendre le discours fonctionnel des artefacts aux mécanismes naturels. Les mécanismes naturels, comme les artefacts, peuvent être partiellement expliqués à partir de leurs effets, et les fonctions naturelles, comme les fonctions des artefacts, sont précisément un type d'effets qui satisfait des explications de ce genre. Par exemple, l'effet du cœur qui consiste à pomper le sang fait également partie de l'explication de l'existence du cœur, au sens où l'on peut légitimement répondre à des questions telles que « pourquoi avons-nous un cœur ? » ou « pourquoi le cœur existe-t-il ? » en répondant que « c'est parce que le cœur pompe le sang ». Cet effet permet en outre d'expliquer la structure détaillée et l'activité du cœur. Ainsi, pomper le sang est une fonction naturelle du cœur. Les recherches anatomiques et physiologiques sont largement consacrées à établir les fonctions naturelles des organes et à expliquer les éléments d'un organe en montrant à quoi ils contribuent dans le fonctionnement naturel de celui-ci. Dans ce cas, parler en termes de conception [*design*] et de finalité [*purpose*] s'agissant de mécanismes naturels est juste une manière métaphorique de renvoyer à cette singulière propriété explicative qui veut que les effets du mécanisme expliquent le mécanisme en question. En somme, le concept de fonction naturelle peut être analysé de la manière suivante : la fonction naturelle d'un organe ou d'un mécanisme est un effet de cet organe ou de ce mécanisme qui entre dans l'explication de l'existence, de la structure et de l'activité de cet organe ou de ce mécanisme.

Un élément important des explications fonctionnelles consiste en ce qu'elles peuvent être plausibles et très utiles même lorsque l'on sait peu de choses sur la nature réelle du mécanisme. Les bénéfices que procurent les mécanismes naturels, comme les artefacts, sont si remarquables et reposent sur des interactions si harmonieuses et si intriquées qu'il est souvent raisonnable d'en inférer que le bénéfice n'est pas accidentel. Dans de tels cas, si aucune explication alternative n'existe, il est raisonnable de considérer que l'artefact existe parce qu'il a les effets qu'il a. Par exemple, ce ne peut pas être le simple résultat d'un heureux accident si nos yeux nous permettent de voir, si nos jambes nous permettent de marcher et si notre cœur assure la circulation sanguine, pas plus que ce n'est un heureux accident si les automobiles permettent de nous transporter. Si nos yeux existent, c'est donc forcément en partie parce qu'ils nous permettent de voir. Autrement dit, le fait que l'œil produit la vue doit d'une manière ou d'une autre être un élément qui explique pourquoi nous avons des yeux. C'est ce qui fait de la vue une fonction des yeux. Évidemment, on peut se tromper quand on tente d'expliquer les choses de cette manière : ce qui ne semble pas accidentel peut se révéler au final accidentel. Mais il se trouve qu'on a souvent raison, et que les explications fonctionnelles, même à titre d'hypothèses, apportent un savoir complexe que rien ne remplace aussi facilement et utilement.

L'analyse qui précède s'applique également aux fonctions naturelles qui sous-tendent les mécanismes mentaux. Elle offre donc la base commune que nous cherchions aux troubles pathologiques, tant somatiques que mentaux. Comme les arte-facts et les organes, les mécanismes mentaux (tels que les mécanismes cognitifs, langagiers, perceptifs, affectifs et moti-vationnels) nous procurent des avantages tellement évidents, ils s'inscrivent dans un ensemble d'interactions tellement complexe et harmonieux, que leurs effets ne peuvent pas être entièrement accidentels. Or, les explications fonctionnelles des mécanismes mentaux peuvent parfois être justifiées à partir du savoir que nous tirons de la manière dont les hommes parviennent à survivre et à se reproduire. Par exemple, une des fonctions de nos mécanismes langagiers est de nous permettre de communiquer ; une des fonctions de la peur est d'aider à se prémunir contre les dangers ; et une des fonctions de la fatigue est de nous amener au repos et au sommeil. Les explications fonctionnelles nous conduisent à imputer à des dysfonction-nements l'échec de chacun de ces mécanismes respectifs lorsqu'ils ne parviennent pas à réaliser la fonction qui est la leur, comme dans l'aphasie, la phobie, ou l'insomnie.

Dysfonctionnement et théorie de l'évolution

Nous disposons maintenant d'une théorie des fonctions naturelles : ce sont des effets qui expliquent l'existence et la structure de mécanismes mentaux ou physiques se produisant naturellement. À partir de là, le dysfonctionnement peut être vu comme l'échec d'un mécanisme à réaliser sa fonction naturelle. L'étape suivante consiste alors à enrichir cette analyse abstraite d'un contenu théorique en la rattachant à la théorie de l'évolution.

Comme pour le cas des artefacts, les explications à partir des fonctions naturelles semblent en apparence violer le principe suivant lequel une cause doit précéder ses effets. Par exemple, dire que « le désir sexuel existe car il pousse les gens à s'accoupler et à se reproduire » consiste à expliquer le désir sexuel à partir de quelque chose qui normalement vient après lui. Pour comprendre exactement comment, et en quel sens, certains effets peuvent jouer un rôle causal dans la production de leurs mécanismes respectifs, il nous faut une théorie supplémentaire.

En ce qui concerne les artefacts, leur existence s'explique par la représentation mentale au préalable des effets qu'ils devront produire. Mais expliquer de manière causale les fonctions naturelles n'est pas si simple, et ce problème a constitué un très vieux mystère pour l'homme : qu'est-ce qui pourrait en effet expliquer que nos mécanismes internes soient si bien conçus à notre avantage ? Jusqu'à récemment, la seule solution pour lever ce mystère était de présupposer l'existence d'un Dieu qui aurait créé nos mécanismes internes avec des intentions bienveillantes. Suivant cette théorie, nos mécanismes internes seraient des artefacts créés par la divinité, ce qui revient en fin de compte à faire des fonctions naturelles un cas particulier des fonctions d'artefacts.

Aujourd'hui, la théorie de l'évolution nous offre une meilleure compréhension de la manière dont les effets d'un mécanisme peuvent expliquer son existence et sa structure. Pour le dire brièvement, les mécanismes qui se sont trouvés, il y a longtemps, avoir favorisé par leurs effets le succès reproductif de certains organismes sur un nombre suffisamment de générations ont vu leur fréquence augmenter; ils ont été « naturellement sélectionnés » et c'est ce qui explique leur existence dans les organismes aujourd'hui. Par conséquent, expliquer un mécanisme par sa fonction naturelle est en quelque sorte la même chose, mais à l'envers, que de l'expliquer de manière causale par le processus de sélection naturelle. Puisque la sélection naturelle est le seul moyen que nous connaissions pour expliquer comment un effet peut rendre compte du mécanisme naturel qui le produit, ce sont les explications évolutionnistes qui fournissent vraisemblablement la clef de tous les raisonnements corrects au sujet des fonctions naturelles. Cela explique pourquoi l'approche évolutionniste de la personnalité et du fonctionnement mental (Buss, 1984, 1991; Wakefield, 1989) est déterminante pour l'avancement de la psychopathologie.

Le concept de dysfonctionnement est donc un concept scientifique purement factuel, même si la découverte de ce qui, en réalité, est naturel ou dysfonctionnel (et donc ce qui est pathologique) peut être extraordinairement difficile à mettre en œuvre et peut être un objet de controverse scientifique. Cela est particulièrement vrai dans le domaine des mécanismes mentaux où nous sommes encore à un stade de grande ignorance. Cette ignorance est d'ailleurs en partie responsable de la grande confusion et des nombreuses controverses qui entourent la question de savoir quels troubles mentaux sont véritablement des troubles pathologiques. Paradoxalement, c'est notre ignorance de la nature et de l'histoire causale précises des mécanismes mentaux qui rend d'autant plus indispensable la nécessité de se fier aux explications fonctionnelles construites à partir d'inférences au sujet de ce que nos mécanismes mentaux sont probablement censés faire. À cet égard, nous sommes aujourd'hui à un stade de compréhension un peu comparable à la position des médecins de l'Antiquité qui devaient faire appel à des inférences similaires pour identifier les troubles physiques. Par exemple, bien que ne sachant rien des mécanismes de la vision ni de l'histoire naturelle de l'œil, les médecins de l'Antiquité parvenaient tout de même à comprendre, en s'appuyant sur des inférences fonctionnelles, que la cécité ou d'autres états physiques relevaient de dysfonctionnements. À mesure que nous en apprendrons davantage sur les fonctions naturellement sélectionnées des mécanismes mentaux, nos jugements sur les dysfonctionnements n'en deviendront que plus assurés.

Pourquoi un dysfonctionnement ne suffit pas : l'exigence qu'un préjudice soit présent

Si tout trouble pathologique doit impliquer une défaillance d'un mécanisme naturellement sélectionné, il peut être tentant de vouloir identifier simplement le trouble pathologique à l'idée de dysfonctionnement (tel qu'on vient de le caractériser en nous appuyant sur la théorie de l'évolution). Cela permettrait de réaliser ce vieux projet si longtemps poursuivi d'une conception purement objective et scientifique du phénomène pathologique. Mais rappelons-nous, comme nous y invitent les nombreux exemples évoqués précédemment, que l'existence d'un dysfonctionnement n'est pas suffisante pour justifier l'étiquette de trouble pathologique. Pour être considéré comme pathologique, un dysfonctionnement doit s'accompagner d'un préjudice significatif chez la personne affectée, cela dans les circonstances présentées par son environnement actuel et en fonction des normes culturelles en vigueur. Par exemple, le dysfonctionnement d'un seul rein n'a souvent aucun effet sur le bien-être général de la personne et n'est donc pas considéré comme un trouble pathologique. Les chirurgiens, lorsqu'ils transplantent un rein en le prélevant sur un donneur vivant, n'ont pas l'impression de provoquer une maladie chez le donneur, même si de toute évidence notre corps a été bio-logiquement façonné pour comporter deux reins. Pour prendre un exemple plus spéculatif, à supposer que nous soyons naturellement façonnés pour vieillir à un certain rythme et mourir à un certain moment, quelqu'un qui présenterait un dysfonctionnement ralentissant ses mécanismes de vieillisse-ment (et donc rallongeant son espérance de vie) ne serait pas considéré comme atteint d'un trouble pathologique. Il serait considéré au contraire comme quelqu'un de chanceux tant qu'aucun effet indésirable ou préjudiciable ne résulte d'un tel dysfonctionnement. Qu'il doive y avoir quelque chose de préjudiciable dans la maladie explique par ailleurs pourquoi l'albinisme, l'inversion à droite de la position du cœur ou encore la fusion de deux orteils ne sont pas considérés comme des troubles pathologiques, même si dans chacun de ces cas, un mécanisme échoue à fonctionner comme il devrait. Bien que tout trouble pathologique doive impliquer l'échec d'une propriété naturellement sélectionnée, tout dysfonctionnement en tant que tel n'est pas forcément pathologique : encore faut-il qu'il soit préjudiciable.

Il y a deux raisons qui expliquent pourquoi le préjudice (au sens pratique, celui qui est pertinent pour les questions diagnostiques) et l'échec des effets naturellement sélectionnés ne sont pas forcément associés. Premièrement, les fonctions naturelles des mécanismes internes ont été déterminées par des pressions sélectives qui s'exerçaient dans des environnements qui existaient quand l'espèce humaine a évolué. Or, dans certains cas, ces pressions de sélection ont changé, si bien que la défaillance d'un mécanisme aujourd'hui peut ne pas avoir les conséquences négatives qu'elle aurait eues dans le passé. Par exemple, un niveau élevé d'agressivité chez les mâles a pu être utile à l'état primitif, alors que les comportements agressifs sont peut-être préjudiciables dans notre environnement contemporain. En conséquence, même si la disposition à agir de manière très agressive peut être rattachée à un certain mécanisme remplissant une fonction naturelle, la perte de cette fonction à notre époque peut ne pas être considérée comme pathologique.

Deuxièmement, la sélection naturelle d'un mécanisme se produit si les organismes qui disposent de ce mécanisme sont avantagés sur le plan reproductif par rapport à ceux qui ne le possèdent pas. Or, une faible diminution de la *fitness* reproductive peut avoir une grande importance à l'échelle de l'évolution sans nécessairement être préjudiciable sur le plan clinique, lorsqu'aucun autre effet négatif ne lui est associé. Il faut distinguer ce caractère relatif de la *fitness* reproductive d'avec la possession d'une certaine capacité reproductrice : la capacité d'avoir des enfants est communément considérée comme un avantage, et l'impossibilité d'en avoir est communément considérée comme un trouble pathologique (encore que ce dernier point a été mis en cause en raison de ses implications pour la classification de l'homosexualité parmi les troubles mentaux). Les théoriciens de la santé mentale s'intéressent aux fonctions qui importent aux gens, qui leur sont utiles dans leur environnement social actuel, et non ces fonctions qui ne sont intéressantes que sur le plan proprement théorique et évolutionniste.

Par conséquent, le trouble pathologique ne peut pas simplement être identifié au concept scientifique d'une incapacité d'un mécanisme interne à réaliser une fonction naturelle sélectionnée. Seuls les dysfonctionnements qui sont jugés négativement au regard des valeurs sociales sont des troubles pathologiques. On remarquera que dans cet article, j'ai exploré la composante appréciative du trouble patho-logique moins en profondeur que sa composante factuelle. Il y a deux raisons à cela. D'abord, la composante factuelle est celle qui pose le plus de problèmes pour identifier les troubles pathologiques. Ensuite, il faut reconnaître que la question des valeurs est un sujet à part entière tellement compliqué qu'elle exigerait un examen spécifique.

Le concept général du trouble pathologique que nous proposons résulte de toute l'analyse qui précède : un état est un trouble pathologique si et seulement si (a) cet état produit un certain préjudice ou prive la personne d'un bénéfice au regard des attentes de la culture à laquelle elle appartient (critère évaluatif), et (b) cet état résulte d'une incapacité d'un certain mécanisme interne à réaliser sa fonction naturelle, où par fonction naturelle nous entendons un effet qui fait partie de l'explication évolutionniste de l'existence et de la structure du mécanisme en question (critère explicatif).

[...] En se calquant sur la définition générale du trouble pathologique, nous pouvons fixer le concept de trouble mental de la manière suivante : un état est un trouble mental si et seulement si (a) cet état produit un certain préjudice ou prive la personne d'un bénéfice au regard des attentes de la culture à laquelle elle appartient (critère évaluatif), et (b) cet état résulte d'une incapacité d'un certain mécanisme mental à réaliser sa fonction naturelle, où par fonction naturelle nous entendons un effet qui fait partie de l'explication évolutionniste de l'existence et de la structure du mécanisme mental en question (critère explicatif). La question pourrait se poser de savoir comment distinguer les mécanismes mentaux des mécanismes physiques d'une manière plus rigoureuse et fondée que nous ne l'avons fait, en nous contentant d'avancer une liste générale de mécanismes mentaux (les mécanismes cognitifs, perceptifs, émotionnels, langagiers et motivationnels). Cependant, cette question plus compliquée dépasse le cadre de cet article. […]

Quelques remarques en guise de conclusion sur les mauvaises applications du concept de « trouble pathologique »

Le fait d'exiger qu'il doive y avoir un dysfonctionnement pour qu'on puisse parler de trouble pathologique fixe des contraintes sévères qui limitent l'étendue des conditions négatives pouvant être considérées comme pathologiques. Cela apporte une garantie contre la possibilité d'étiqueter arbitrairement comme pathologiques certaines marginalités sociales. Contrairement à la conception sceptique, l'analyse en termes de dysfonctionnement préjudiciable permet la distinction entre les applications du concept de *trouble mental* qui sont judicieuses et celles qui sont douteuses. Des diagnostics tels que la « drapétomanie » (le « trouble pathologique » qui pousserait les esclaves à s'enfuir), le « trouble pathologique de la masturbation » chez l'adolescent, l'« absence d'orgasme vaginal » peuvent être vus comme des applications douteuses d'un concept parfaitement cohérent susceptible d'être appliqué correctement par ailleurs. Contrairement à l'approche qui réduit le concept de trouble pathologique à n'être qu'un jugement de valeur, notre analyse permet de rejeter toutes ces étiquettes douteuses à partir d'arguments scientifiques, en faisant observer que les croyances qui sous-tendent ces diagnostics au sujet du fonctionnement naturel (que les esclaves seraient naturellement faits pour servir, que les enfants seraient naturellement dénués de toute sexualité, et que les femmes seraient naturellement faites pour avoir des orgasmes grâce à la stimulation du seul vagin au cours du coït) sont fausses.

Vue la complexité des inférences impliquées dans les jugements de dysfonctionnement et notre relative ignorance concernant l'histoire évolutive des mécanismes mentaux, il est à craindre, même en partant de données identiques, que l'on tombe souvent en désaccord sur l'existence ou non d'un dysfonctionnement mental. Par exemple, pour le grand médecin et sexologue de l'époque victorienne William Acton (1871), les organes sexuels de la femme ne sont naturellement pas faits pour conduire à l'orgasme durant le coït, si bien que l'orgasme féminin selon lui ne peut être qu'une forme de maladie due à un excès de stimulation du corps au-delà de ce qu'il peut tolérer. En revanche, suivant Masters & Johnson (1966, 1970, 1974), l'orgasme féminin pendant le coït accomplit une fonction naturelle des organes sexuels de la femme, si bien que l'absence d'orgasme apparaît au contraire comme un trouble pathologique résultant d'une stimulation inadéquate par rapport à ce qui serait attendu. Acton d'un côté, Masters & Johnson de l'autre, savaient bien qu'il y a beaucoup de femmes qui ont des orgasmes pendant le coït et qu'il y en a beaucoup qui n'en ont pas. Acton interprétait cela comme indiquant qu'il y a beaucoup de femmes qui souffrent d'une pathologie par excès de stimulation, tandis que Masters &

Johnson interprétaient cela comme indiquant qu'il y a beaucoup de femmes qui souffrent d'une pathologie par défaut de stimulation. Dans les deux cas, ce sont les mêmes données d'observation et le même concept de trouble pathologique qui sont mobilisés, mais les conclusions sont opposées. Cette situation est rendue possible par le fait que les concepts de fonction et de trouble pathologique ne se réduisent pas à des considérations statistiques, à quoi s'ajoute le fait de notre ignorance concernant l'histoire évolutive des capacités sexuelles de la femme. Seule une connaissance plus aboutie de la nature et de l'histoire évolutive des mécanismes impliqués dans la sexualité féminine permettra de résoudre de tels débats.

En principe, Acton et Masters & Johnson auraient pu s'accorder sur ce qui constitue un dysfonctionnement orgasmique chez la femme s'ils avaient disposé d'une connaissance complète de l'histoire évolutive des capacités sexuelles de la femme. Et pourtant, suivant notre approche, il reste possible de tomber d'accord sur le fait du fonctionnement ou du dysfonctionnement, sans pour autant tomber d'accord sur celui du caractère ou non pathologique du dysfonctionnement caractérisé. Les différences d'appréciation dans les jugements de valeur (par exemple, la question de savoir si l'orgasme féminin peut apparaître comme un but désirable à atteindre pendant le coït), plus encore que n'importe quel désaccord dans l'interprétation des faits, sont peut-être ce qui rend certaines controverses diagnostiques si passionnées et si intransigeantes, à l'instar de la querelle autour du statut pathologique de l'homosexualité (Spitzer, 1981). L'avantage de notre analyse en termes de dysfonctionnement préjudiciable est qu'elle fournit un cadre théorique qui permet d'identifier, à l'occasion de pareilles controverses, les possibilités comme les limites de parvenir à un consensus.

Références

ACTON W., 1871. *The functions and disorders of the reproductive organs in childhood, youth, adult age, and advanced life, considered in their physiological, social, and moral relations*, London, Churchill.

AMERICAN PSYCHIATRIC ASSOCIATION, 1987. *Diagnostic and statistical manual of mental disorders* (3rd ed., rev.), Washington (DC), APA.

AUSUBEL D. P., 1971. « Personality disorder is disease », *American Psychologist*, 16, p. 59-74.

BOORSE C., 1975. « On the distinction between disease and illness », *Philosophy and Public Affairs*, 5, p. 49-68.

BOORSE C., 1976a. « What a theory of mental health should be », *Journal for the Theory of Social Behavior*, 6, p. 61-84.

BOORSE C., 1976b. « Wright on functions », *Philosophical Review*, 85, p. 70-86.

BUSS D. M., 1984. « Evolutionary biology and personality psychology : Toward a conception of human nature and individual differences », *American Psychologist*, 39, p. 1135-1147.

BUSS D. M., 1991. « Evolutionary personality psychology », *Annual Review of Psychology*, 42, p. 459-491.

CAMPBELL E. J. M., SCADDING, J. G., ROBERTS, R. S., 1979. « The concept of disease », *British Medical Journal*, 2, p. 757-762.

CAPLAN A. L., 1981. « The "unnaturalness" of aging – a sickness unto death ? », dans A. L. Caplan, H. T. Engelhardt, Jr., J. J. McCartney (éd.), *Concepts of health and disease : Interdisciplinary perspectives*, Reading (MA), Addison-Wesley, p. 725-738.

CUMMINS R., 1975. « Functional analysis », *Journal of Philosophy*, 72, p. 741-765.

ELSTER J., 1983. *Explaining technical change*, Cambridge, Cambridge University Press.

FLEW A., 1981. « Disease and Mental Illness », dans A.L. Caplan, H.T. Engelhardt, Jr, J. J. McCartney (éd.), *Concepts of health and disease : Interdisciplinary perspectives*, Reading (MA), Addison-Wesley, p. 433-442.

FOUCAULT M., 1964. *Histoire de la Folie à l'Âge classique*, Paris, Gallimard.

FOUCAULT M., 1976. *Histoire de la sexualité : Vol. 1. La volonté de savoir*, Paris, Gallimard.

GORENSTEIN E. E., 1984. « Debating mental illness : Implications for science, medicine, and social policy », *American Psychologist*, 39, p. 50-56.

HEMPEL C. G., 1965. « The logic of functional analysis », dans *Aspects of scientific explanation and other essays in the philosophy of science*, New York, Free Press, p. 297-330.

HORWITZ A. V., 1982. *The social control of mental illness*, San Diego (CA), Academic Press.

KENDELL R. E., 1975. « The concept of disease and its implications for psychiatry », *British Journal of Psychiatry*, 127, p. 305-315.

KENDELL R.E., 1986. « What are mental disorders ? », dans A. M. Freedman, R. Brotman, I. Silverman, D. Hutson (éd.), *Issues in psychiatric classification : Science, practice and social policy*, New York, Human Sciences Press.

KLEIN D. F., 1978. « A proposed definition of mental illness », dans R. L. Spitzer & D. F. Klein (éd.), *Critical issues in psychiatric diagnosis*, New York, Raven Press, p. 41-71.

LEWIS A., 1967. « Health as a social concept », dans A. Lewis (éd.), *The state of psychiatry*, New York, Science House, p. 113-127.

MACKLIN R., 1981. « Mental health and mental illness : Some problems of definition and concept formation », dans A. L. Caplan, H. T. Engelhardt, Jr., J. J. McCartney (éd.), *Concepts of health and disease : Interdisciplinary perspectives*, Reading (MA), Addison-Wesley, p. 391-418.

MASTERS W. H., JOHNSON V. E., 1966. *Human sexual response*, Boston, Little, Brown.

MASTERS W. H., JOHNSON, V. E., 1970. *Human sexual inadequacy*, Boston, Little, Brown.

MASTERS W. H., JOHNSON, V. E., 1974. *The pleasure bond : A new look at sexuality and commitment*, Boston, Little, Brown.

MOORE M. S., 1978. « Discussion of the Spitzer-Endicott and Klein pro-posed definitions of mental disorder [illness] », dans R. L. Spitzer, D. F. Klein (éd.), *Critical issues in psychiatric diagnosis*, New York, Raven Press, p. 85-104.

NAGEL E., 1979. *Teleology revisited and other essays in the philosophy and history of science*, New York, Columbia University Press.

RUSE M., 1973. *The Philosophy of Biology*, Londres, London University Press.

SARBIN T., 1967. « On the futility of the proposition that some people be labeled "mentally ill" », *Journal of Consulting Psychology*, 31, p. 447-453.

SARBIN T., 1969. « The scientific status of the mental illness metaphor », dans S. C. Pong, R. B. Edgerton (éd.), *Changing perspectives in mental illness*, New York, Holt, Rinehart & Winston, p. 1-16.

SCADDING J. G., 1967. « Diagnosis : The clinician and the computer », *Lancet*, 2, p. 877-882.

SCADDING J. G., 1990. « The semantic problem of psychiatry », *Psychological Medicine*, 20, p. 243-248.

SCHEFF T. J., 1966. *Being mentally ill : A sociological theory*, Chicago, Aldine.

SCHEFF T. J. (éd.), 1975. *Labeling madness*, Endlewood Cliffs (NJ), Prentice-Hall.

SEDGWICK P., 1982. *Psycho politics*, New York, Harper & Row.

SPITZER R. L., 1981. « The diagnostic status of homosexuality dans DSMIII : A reformulation of the issues », *American Journal of Psychiatry*, 138, p. 210-215.

SPITZER R. L., ENDICOTT J., 1978. « Medical and mental disorder : Proposed definition and criteria », dans R. L. Spitzer & D. F. Klein (éd.), *Critical issues in psychiatric diagnosis*, New York, Raven Press, p. 15-39.

SPITZER R. L., WILLIAMS J. B. W., 1982. « The definition and diagnosis of mental disorder », dans W. R. Gove (éd.), *Deviance and mental illness*, Beverly Hills (CA), Sage, p. 15-31.

SPITZER R. L., WILLIAMS J. B. W., 1983. « International perspectives : Summary and commentary », dans R. L. Spitzer, J. B. W. Williams, A. E. Skodol (éd.), *International perspectives on DSM-III*, Washington (DC), American Psychiatric Press, p. 339-53.

SPITZER R. L., WILLIAMS J. B. W., 1988. « Basic principles in the development of DSM-III », dans J. E. Mezzich, M. V. Cranach (éd.), *International classification in psychiatry : Unity and diversity*, Cambridge, Cambridge University Press, p. 81-86.

SZASZ T. S., 1974. *The myth of mental illness : Foundations of a theory of personal conduct*, New York, Harper & Row.

TAYLOR E. K., 1976. « The medical model of the disease concept », *British Journal of Psychiatry*, 128, p. 588-594.

WAKEFIELD J. C., 1989. « Levels of explanation in personality theory », dans D. M. Buss, N. Cantor (éd.), *Emerging issues in personality psychology*, New York, Springer-Verlag, p. 333-346.

WAKEFIELD J. C., 1992. « Disorder as harmful dysfunction : A conceptual critique of DSM-III-R's definition of mental disorder », *Psychological Review*, 99 (2), p. 232-247.

WOODFIELD A., 1976, *Teleology*, Cambridge, Cambridge University Press

WRIGHT L., 1973. « Functions », *Philosophical Review*, 82, p. 139-168.

WRIGHT L., 1976. *Teleological explanations*, Berkeley, University of California Press.

À PROPOS DE LA DIFFICULTÉ DE DÉFINIR LA MALADIE : UNE PERSPECTIVE DARWINIENNE

par Pierre-Olivier MÉTHOT

C'est au début des années 1990 que Randolph Nesse (1948-), professeur de psychiatrie et de psychologie à l'Université du Michigan aux États-Unis, a fondé la « médecine darwinienne » en collaboration avec le biologiste George Williams (1926-2010). Depuis près d'une trentaine d'années, Nesse poursuit des recherches sur le rôle de l'évolution dans l'explication causale des maladies et des troubles mentaux comme la dépression, l'anxiété et la maladie d'Alzheimer. Au lieu de s'intéresser principalement aux causes « prochaines » (physiologiques, cellulaires, génétiques, etc.) qui jalonnent le développement d'une maladie chez un patient, la médecine darwinienne adopte une perspective populationnelle et cherche à comprendre comment l'évolution peut avoir rendu possible que tous les individus d'une même espèce (ici, *Homo Sapiens*), du moins la plupart, soient susceptibles de tomber malade.

Dans l'article traduit ici, Nesse prend position dans le débat philosophique portant sur la définition du concept de maladie. Il identifie deux types d'enquête distincts : l'un cherchant à établir des critères définitionnels permettant de circonscrire les maladies ; l'autre s'intéressant à la nature de la maladie. La tâche du premier type d'enquête consiste à identifier et éventuellement classer les états tenus pour pathologiques sur la base de critères définitionnels, alors que celle du second type vise à mieux comprendre l'essence même de la maladie, ce qui la constitue en tant que phénomène biologique et médical. Nesse range dans la seconde catégorie la controverse opposant les partisans du naturalisme (Boorse) à ceux du normativisme (Engelhardt)[1]. Son approche consiste à dépasser l'opposition entre normativisme et naturalisme en montrant que celle-ci n'est pas aussi nette qu'on pourrait le croire. De fait, Nesse défend l'idée que le concept de maladie résulte d'un jugement de valeur portant sur l'organisme (ou ses parties) lorsqu'on sent que ce dernier ne fonctionne pas comme il le devrait ; or, un tel jugement négatif est aussi « objectif » car nos préférences pour la santé et la vie ont elles-mêmes été façonnées par la sélection naturelle. Cette thèse fait écho à l'idée canguilhemienne selon laquelle la vie n'est jamais « indifférente aux conditions qu'elle rencontre ». Aussi, même si Nesse est d'avis que le concept de maladie renvoie à des états spécifiques et objectifs de l'organisme, l'évaluation de ces états est en partie culturelle et sociale. En ce sens, il s'intéresse davantage à la nature de la santé et de la maladie qu'à leur définition conceptuelle.

---

1. Or, ce débat ne porte pas tant sur la *nature* de la maladie que sur le statut épistémique du *concept* de maladie.

On a vu que chez Boorse comme chez Wakefield la définition du concept de pathologie et du trouble mental présupposent en arrière-plan la théorie de l'évolution à cause de leur usage du concept de fonction biologique. La conception de la maladie propre à la médecine dite « darwinienne » offre une approche biologique de la maladie qui diffère de celles qui reposent sur le concept de fonction. Chez Nesse, la théorie néo-darwinienne est plus qu'une toile de fond – elle constitue le véritable socle sur lequel (re)fonder la distinction entre le normal et le pathologique. Pour établir cette distinction de manière objective nous avons besoin d'une « connaissance complète de ce à quoi sert l'organisme, de la manière dont il fonctionne et, en particulier, du processus par lequel il a acquis la forme qu'il a aujourd'hui ». Il s'agit sans doute pour Nesse d'un idéal à atteindre compte tenu du fait que l'établissement exhaustif du fonctionnement de l'organisme chez l'homme reste à faire. Néanmoins, Nesse suggère que la connaissance du pathologique est possible et qu'elle procède de la connaissance de l'état normal, ce dernier étant donné par l'histoire évolutive d'un trait et de sa fonction (la fonction ultime de l'organisme étant la reproduction), une position ici diamétralement opposée à celle défendue par Canguilhem dans l'*Essai* pour qui la connaissance du normal procède du pathologique, c'est-à-dire de l'écart par rapport à la norme individuelle. Nesse se démarque aussi de Boorse et Wakefield dans la mesure où il ne cherche pas à définir le concept de fonction normale en tant que tel. En revanche, il cherche à montrer que les physiologistes et les médecins sont dans l'erreur lorsqu'ils identifient la fonction de l'organisme avec la santé. Selon Nesse, une perspective évolutive permet de mieux comprendre un certain nombre de processus et de comportements lorsqu'ils sont mis en rapport avec l'idée que tout organisme cherche à maximiser la transmission de son matériel génétique. Il ne faut pas pour autant conclure qu'une baisse du succès reproductif est en soi pathologique. En fait, il s'agit d'éclairer la physiologie et la médecine à la lumière de l'évolution sans toutefois les rendre aveugle aux autres déterminants de la santé et de la maladie.

L'article ici traduit établit six facteurs explicatifs de l'origine des maladies d'un point de vue évolutif :

Le « décalage temporel » [*mismatch*] entre l'environnement dans lequel notre organisme a été façonné par la sélection naturelle (*i.e.* le Pléistocène) et les environnements modernes explique l'apparition et la prolifération des « maladies de la civilisation » (par exemple : les allergies, le diabète, l'obésité, etc.), incluant certains troubles mentaux tels que la dépression et le trouble panique.

La capacité des pathogènes (virus, bactéries, etc.) à se reproduire rapidement instaure une dynamique évolutive de « course aux armements » entre leur habilité à contourner nos défenses immunitaires (mutations, résistance) et le développement de nouveaux antibiotiques.

Comme l'organisme n'est pas le résultat du travail d'un ingénieur mais plutôt de celui d'un « bricoleur » comme le disait François Jacob, le processus d'évolution par sélection naturelle impose des contraintes au niveau du *design* de l'organisme. Dans la mesure où il est impossible de retourner en arrière pour revoir les plans et apporter des modifications, le fonctionnement de l'organisme n'est pas (toujours) optimal. Par exemple, l'œil humain contient une tâche aveugle à l'endroit où s'insère le nerf optique et les vaisseaux sanguins. Ce point est dit aveugle parce qu'il ne comporte pas de cellule photorécepteur.

Les compromis [*trade-offs*] entre les fonctions biologiques d'un organisme font qu'aucun trait n'est « parfait ». Par exemple, avoir des os plus solides préviendrait les fractures mais réduirait du même coup la flexibilité et la mobilité, ce qui pourrait avoir des conséquences sur la *fitness* des individus.

La sélection ne favorise pas la santé des individus mais la reproduction.

Certains états pathologiques comme la douleur, les vomissements ou la fièvre ne sont pas des maladies mais plutôt des défenses naturelles de l'organisme. Traiter ces symptômes comme des maladies revient à ignorer leur valeur adaptative.

L'une des conséquences philosophiques découlant d'une perspective évolutionniste consiste à reconnaître que « l'expérience du vivant inclut en fait la maladie », comme le soulignait déjà Canguilhem. En effet, pour les raisons énumérées ci-dessus la maladie ne peut pas être complètement évitée par le processus de sélection naturelle.

En terminant, il convient de souligner le caractère partiellement idéologique de la médecine darwinienne. Par exemple, dans leur article fondateur Nesse et Williams qualifient les environnements modernes d'« anormaux » et de « non-naturels » alors que l'environnement dans lequel *Homo sapiens* a évolué serait lui « normal » et « naturel ». Devant l'impossibilité évidente de revenir à cet âge d'or mythique, les partisans de la médecine darwinienne recommandent l'étude des groupes de chasseur-cueilleurs pour mieux comprendre l'origine des « maladies de la civilisation » et encouragent les médecins à prescrire des « régimes alimentaires de l'âge de pierre »[1]. S'il convient d'adopter un scepticisme modéré quant à certaines déclarations de la médecine darwinienne, il ne faut pas perdre de vue qu'à l'échelle des pathogènes (virus,

---

1. Voir, B. Swynghedauw, *Quand le gène est en conflit avec son environnement. Une introduction à la médecine darwinienne*, Bruxelles, De Boeck, 2009.

bactéries, etc.) la sélection naturelle agit constamment et bien plus rapidement qu'à l'échelle humaine, favorisant dans certains cas l'évolution de la virulence et de la résistance aux antibiotiques[1]. En ce sens, on peut saluer l'importation des schémas explicatifs de la théorie néo-darwinienne en médecine sans exiger qu'elle fournisse en plus une nouvelle définition du normal, de la santé et de la maladie.

1. Voir P. O. Méthot, « Darwin et la médecine : intérêt et limites des explications évolutionnaires en médecine. » dans T. Heams, P. Huneman, G. Lecointre, M. Silberstein (éd.), *Les mondes darwiniens. L'évolution de l'évolution*, Paris, Syllepses, 2009, p. 657-684.

À PROPOS
DE LA DIFFICULTÉ DE DÉFINIR LA MALADIE :
UNE PERSPECTIVE DARWINIENNE[*]

La définition du concept de maladie est un problème qui a occupé tant de brillants esprits et soulevé tant de discussions qu'il parait déjà présomptueux de la part d'un non-spécialiste de s'aventurer à proposer quelques réflexions sur le sujet. Toutefois, l'absence de consensus elle-même suggère que la question est peut-être mal posée ou alors sans solution. C'est pourquoi, il nous semble pertinent d'examiner cette question sous l'angle d'une discipline dont les fondements scientifiques sont bien assurés : la biologie de l'évolution (Nesse et Williams 1995).

Aussi loin que je la comprenne, cette entreprise s'est généralement mise à la recherche d'une série de mots qui définissent la maladie de manière à recouvrir l'usage conventionnel du mot et qui fournissent des informations quant à l'essence de la maladie (Humber et Almeder 1997). En réalité, ces deux objectifs sont distincts et peuvent requérir des approches très différentes. Le premier objectif consiste à

[*] R. Nesse, « On the Difficulty of Defining Disease : A Darwinian Perspective », *Medicine, Health Care and Philosophy*, 4, 2001, p. 37-46, trad. fr. P.-O. Méthot.

définir la maladie en ciselant des expressions dont l'intersection crée un ensemble de Venn[1] qui inclut tout ce que l'on entend par maladie et rien d'autre. Ce projet a progressé de façon considérable et la plupart des autorités sur le sujet ont identifié sous quel rapport un état organique particulier diffère, et par-là même constitue un désavantage si on le compare aux autres états organiques typiques pour une espèce donnée. Cependant, toutes les définitions avancées jusqu'ici échouent d'une manière ou d'une autre car elles ne correspondent pas à l'usage médical conventionnel. Par exemple, certaines définitions incluent la grossesse mais ignorent les infections respiratoires aiguës (Clouser et al. 1997). J'ai le sentiment que ce problème survient parce qu'un concept comme celui de « maladie » ne renvoie pas à une catégorie définissable par des critères logiques d'exclusion et d'inclusion mais plutôt à des prototypes[2]. Dans le cas du concept de maladie, l'approche prototypique est très pertinente. En effet, l'émergence du concept de maladie est certainement due au fait que des individus ont cherché à communiquer que quelque chose n'allait pas avec leur organisme, et ce, que ce soit à cause d'une pneumonie, un cancer, une plaie infectée ou des calculs rénaux. Même sans aucune connaissance en microbiologie, en génétique ou même en anatomie, il est fort probable que le concept de maladie fut alors employé pour désigner de manière très générale tout état physique – et peut-être aussi mental – jugé indésirable. À ce moment-là, de tels états (physiques ou

---

1. Un ensemble (ou un diagramme) de Venn est un schéma géométrique permettant de représenter des relations logiques, notamment des syllogismes [N.d.T.].

2. Voir dans ce volume la proposition de Zadegh-Zadeh qui va justement dans ce sens [N.d.T.].

mentaux) étaient seulement identifiables par la souffrance,
par une incapacité ou encore par des indices suggérant un
accroissement de la vulnérabilité à la souffrance et à l'incapacité. De ce point de vue, les origines du concept de maladie
reposent sur un jugement de valeur – la souffrance et les
incapacités sont des états indésirables. Quant à savoir si ce
jugement de valeur n'existe que dans nos esprits évolués, il
s'agit-là d'une toute autre question, mais nos jugements de
souffrance et d'incapacité ne sont absolument pas arbitraires
étant donné qu'ils ont été façonnés par la sélection naturelle.
Dans la mesure où elle permet la fuite, l'utilité de la douleur
dépend, après tout, de l'aversion même qu'elle suscite. Le
second but était d'utiliser l'approche définitionnelle pour jeter
un peu de lumière sur la nature de la maladie, en admettant
souvent implicitement que les maladies existent sous une
forme idéale. Dans les travaux récents cette question s'est
posée sous la forme d'un choix entre une approche naturaliste
de la maladie comme celle défendue par Boorse, et des positions normativistes telles que celle proposée par Engelhardt
(Boorse 1997; Engelhardt 1996, 189-238). Même si les enjeux
de ce débat sont clairs, il ne me paraît pas évident que ces deux
approches soient mutuellement exclusives (Kovács 1998). En
effet, le concept de maladie peut désigner des états physiques
objectifs bien précis même si l'interprétation et l'évaluation de
ces états peut varier d'une culture à l'autre. De plus, la
signification sociale de la définition d'un état comme une
maladie varie considérablement. La question, indépendante, et
à mon avis plus fondamentale, est de savoir s'il est possible
d'indiquer de manière objective sous quelles conditions un
organisme est anormal ou non. La réponse à cette question ne
saurait probablement résulter d'une analyse déductive mais
requiert plutôt une connaissance complète de la façon dont

chaque aspect de l'organisme fonctionne, en quoi cela contribue à augmenter la *fitness* et enfin, comment les différents aspects de l'organisme sont le résultat d'un processus de sélection naturelle. Dans la plupart des cas, notre connaissance de ces aspects de l'organisme constitue un fondement solide et souvent décisif. Néanmoins, comme nous ne comprenons pas tout, il nous est parfois impossible de déterminer si un état est (ou non) une maladie. Si, au contraire, notre connaissance de chaque aspect de l'organisme ainsi que de leur origine était vraiment complète et détaillée cela fournirait certainement un fondement objectif à la caractérisation d'un état comme pathologique ou non.

Il est intéressant de noter que les débats concernant la définition de la maladie confondent assez souvent ces deux objectifs. En fait, nous pourrions même identifier un troisième objectif qui considérerait la signification sociale de l'étiquette « maladie », indépendamment de la question de la détermination d'un état comme maladie. Boorse, par exemple, prétend que le concept de maladie peut être défini indépendamment des valeurs sociales. Or, sa définition repose sur l'idée d'une normalité statistique plutôt que sur un critère biologique. De plus, Boorse juge la qualité d'une définition du concept de maladie à partir de sa conformité à l'usage médical.

Les origines de l'idée de maladie dans l'expérience et les désirs humains

Nous avons déjà souligné que le concept de maladie tire son origine de l'expression cognitive et langagière d'un état physique jugé indésirable. Les individus désirent que leurs organismes soient en bonne santé plutôt que malades et ils créent des mots pour décrire ces états désirables et indésirables. Néanmoins, progressivement d'autres questions sont intervenues. Même si nous savons ce que nous entendons par maladie, de quoi s'agit-il au fond? D'où cela vient-il? Pourquoi la maladie existe-t-elle? Que peut-on y faire? Est-elle nécessaire? Peut-on la prévenir? Pour répondre à ces questions une simple définition de la maladie ne suffit pas; nous avons besoin d'une analyse causale. Le noyau central de la notion de maladie indique que quelque chose ne va pas dans l'organisme. Il y a un mécanisme qui ne fonctionne pas correctement. De toute évidence cela implique que l'on sache ce que «fonctionner correctement» signifie. Cela suppose aussi que nous soyons en mesure de reconnaître la normalité. La plupart du temps, bien sûr, nous le pouvons. Par exemple, alors que développer un cancer est un phénomène anormal, frissonner est une réaction tout à fait normale. Mais dès que nous cherchons plus avant, nos intuitions nous font vite défaut. Dans la mesure où la sélection naturelle a probablement façonné un système capable de diminuer le niveau motivationnel des individus dans des situations où une action est potentiellement maladaptive, doit-on tenir la dépression pour une adaptation ou pour une maladie (Nesse 2000)? Également, même si le diabète associé à la grossesse constitue une maladie pour la mère, il semble procurer des avantages au fœtus (Haig 1993).

La difficulté consiste ici à déterminer ce que l'on entend par normal. S'appuyer sur des normes statistiques est utile, en particulier si celles-ci permettent de tenir compte de l'âge et du sexe de la population à l'étude (Boorse 1997). Néanmoins, la carie dentaire et les maladies cardiaques sont statistiquement normales dans de nombreuses cultures, mais n'en demeurent pas moins anormales parce qu'elles altèrent le fonctionnement. D'autres états comme la maladie bipolaire peuvent même procurer un avantage sélectif tout en étant anormales. Bien comprendre ce qui est anormal requiert d'abord une compréhension minutieuse de ce qui constitue l'état normal. À cet effet, les généralisations statistiques ne suffisent pas. Au contraire, ce dont nous avons besoin c'est une connaissance complète de ce à quoi sert l'organisme, de la manière dont il fonctionne et, en particulier, du processus par lequel il a acquis la forme qu'il a aujourd'hui. Si nous possédions ces connaissances alors nous pourrions définir l'anormalité en nous appuyant sur les déviations de l'état normal sans avoir à recourir à des données statistiques ou à des jugements de valeur. Dans certains cas des signes pathognomoniques suffisent à déterminer la présence d'une maladie (Wulff et Gotzsche 2000). De toute évidence le problème est que toutes les maladies ne peuvent pas être clairement distinguées de l'état normal. Notre connaissance est limitée. Toutefois, nous en savons beaucoup sur la structure et la fonction de l'organisme et récemment nous avons acquis une meilleure compréhension de la façon dont l'organisme a été façonné par la sélection naturelle et dans quel but. Dans la suite de cet article l'on tentera de déterminer de quelle manière ce type de savoir peut nous aider à mieux comprendre ce qu'est la maladie.

L'intérêt d'une perspective évolutive

La théorie de l'évolution contribue à enrichir notre compréhension de la nature de la maladie en fournissant une série de différents principes qui sont énumérés et détaillés ci-dessous. Leur signification sera davantage développée dans la suite de cet article.

1) Les valeurs auxquelles les êtres humains se réfèrent pour décider si un état est une maladie sont influencées par des valeurs sociales. Or, ces valeurs ont été établies sur la base de préférences résultant des effets de la sélection naturelle.

2) Les mécanismes de défense ne sont pas des maladies mais plutôt des solutions évolutives répondant à des défis posés par l'environnement. La souffrance associée à ces mécanismes de défense est un effet de la sélection naturelle. Échouer à répondre à un défi environnemental au moyen d'un mécanisme de défense conduit au développement d'une maladie.

3) La santé individuelle qui contribue au succès reproductif de l'individu n'est pas le résultat prévu par l'action de la sélection. S'il y a conflit entre la santé de l'individu et le succès reproductif, la sélection naturelle va tendre à favoriser la reproduction au détriment de la santé.

4) Les organismes ne sont pas façonnés pour maximiser leur succès reproductif individuel mais plutôt la *fitness* inclusive de leurs gènes, c'est-à-dire le bénéfice net des gènes incluant ceux d'un individu de même que les gènes identiques de leur parentèle.

5) L'interférence avec les mécanismes qui maximisent la *fitness* inclusive dans l'environnement naturel procure un fondement objectif à partir duquel distinguer le pathologique du normal, dans la mesure où nous disposons d'une connaissance suffisante de ces mécanismes et de l'environnement.

6) Comme nous avons tendance à définir la santé en termes de fonctionnement et de bien-être d'un individu, il est fréquent de considérer un état comme pathologique, même si cet état maximise la *fitness*.

7) Ce que l'on considère comme étant avantageux ou dommageable dépend de la perspective adoptée : le gène, l'individu ou la société.

8) Les organismes ne sont pas des machines.

9) Il n'y a pas un génome normal.

10) Le point de vue évolutionniste permet de montrer qu'il y a un nombre limité de raisons expliquant l'existence des maladies.

Les valeurs

Alors que plusieurs de nos valeurs sont fortement influencées par le contexte social, celles-ci sont aussi le résultat de préférences ayant évoluées par sélection naturelle afin de maximiser le succès reproductif (Nesse 1990). Préférer la vie à la mort constitue la préférence la plus élémentaire. Les individus ne partageant pas cette préférence ont été éliminés par la sélection naturelle. Pareillement, le désir d'être en bonne santé et de bien fonctionner, de même que le désir de retourner à l'état normal après avoir été malade constituent des préférences primaires. De toute évidence, un étudiant désireux d'éviter un examen peut accueillir favorablement une légère infection mais il s'agit simplement dans ce cas d'un compromis [*trade-off*]. De manière fondamentale les individus ont un désir primaire pour une vie longue et saine. Ainsi, même si notre définition du concept de maladie est fortement influencée par le contexte social, ces valeurs possèdent un ancrage solide. Même des perturbations apparentes peuvent faire sens dans ce contexte. Ceux qui considèrent que leur désir de masturbation est pathologique (Engelhardt 1996, p. 273-285) ne font qu'exprimer une forte tendance propre à l'homme qui consiste à souhaiter se conformer aux normes sociales, alors même que ce désir entre en conflit avec le désir sexuel.

Les défenses

Les origines du concept de maladie ne se trouvent pas dans la pathologie mais dans la souffrance. La douleur est l'exemple typique mais les nausées, la fièvre, la toux, les malaises ainsi que toutes les autres formes de souffrance humaines sont autant de tentatives visant à soulager ces situations inconfortables. Ces formes de souffrances sont toutes le résultat de la sélection naturelle. Ce ne sont pas des maladies mais des mécanismes de défenses qui nous protègent (Williams et Nesse 1991). La *présence* de la douleur indique à l'individu que des tissus sont endommagés, l'encourage à s'éloigner de ce qui en est la cause et l'aide à se prémunir face à des situations similaires. En revanche, la *capacité* à ressentir la douleur est un mécanisme de défense (Mezack 1973). Ceux qui sont nés sans cette capacité meurent habituellement au début de leur vie adulte. La même logique s'applique aux inconforts associés au catarrhe, à la toux, aux vomissements et à la diarrhée. Ces traits demeurent latents jusqu'à ce qu'un signal permette au mécanisme de défense de s'exprimer.

L'ignorance de cette distinction a causé beaucoup de confusion en médecine. En effet, une part considérable de la médecine générale consiste à répondre aux demandes d'individus souhaitant être soulagés de maux associés à l'action des défenses normales de l'organisme. De nos jours, les outils permettant la réalisation de cet objectif sont vraiment formidables. Les médicaments bloquant la douleur, la fièvre, la nausée, la toux et les malaises améliorent la vie. Toutefois, dans la mesure où ces situations inconfortables sont en fait des capacités utiles résultant de la sélection naturelle, on doit se demander si nous causons du tort aux patients en inhibant leurs défenses naturelles. Parfois, oui. Par exemple, bloquer la diarrhée causée par la shigellose augmente les risques de complication et ralentit la guérison (Dupont 1973). Que dire de l'aspirine contre la fièvre ? Aussi incroyable que cela puisse paraître nous ne savons pas si l'aspirine ralentit la guérison d'un rhume ou d'une grippe malgré les preuves abondantes en faveur de l'utilité de la fièvre (Kluger 1979). L'illusion qui nous fait croire que la fièvre est inutile est très répandue parce que l'organisme est doté de multiples mécanismes permettant de lutter contre une infection ; si l'un d'eux est inhibé, les autres suffisent habituellement à la tâche.

Il convient d'insister ici sur un point qui est d'une grande importance pour qui cherche à comprendre la souffrance humaine d'un point de vue philosophique. Ce point comporte, en outre, des applications pratiques. On pourrait s'attendre à ce que la sélection façonne les mécanismes régulant les défenses de l'organisme de manière à optimiser les bénéfices. Or, il semble au contraire que ces mécanismes se déclenchent souvent trop tôt, trop souvent et parfois trop longtemps. Afin d'évaluer le niveau optimum de régulation des mécanismes de défense il faut d'abord considérer les probabilités de différents effets ainsi que les coûts et bénéfices propre à chaque situation. Si le coût d'une indigestion est de 500 calories alors vomir sera avantageux chaque fois que ce coût sera inférieur au coût associé à un danger. Si le danger en question est une maladie qui aurait pour conséquence de priver l'individu de cinq jours de chasse et de cueillette permettant d'amasser 2000 calories par jour, alors la réponse de l'organisme devrait s'exprimer de manière optimale à condition que le risque d'un tel danger soit supérieur à 5% (500/10 000). Cela signifie que 19 fois sur 20 vomir sera inutile mais néanmoins tout à fait normal. Ce simple calcul nous montre que nous pouvons sans danger réduire la souffrance dans la plupart des cas, même s'il pourrait y avoir un coût important associé à la vingtième fois où nous entravons cette défense naturelle. Il apparaît important ici d'établir une distinction précise entre les défenses de l'organisme et les maladies elles-mêmes. Plus encore, les capacités à faire l'expérience de la souffrance ne sont pas anormales en tant que telles mais sont au contraire des capacités sophistiquées qui ont évolué. En bref, la souffrance indique bien souvent un état pathologique ou une menace externe mais demeure en elle-même, utile.

La sélection naturelle façonne le succès reproductif, non la santé

Les effets attendus de la sélection naturelle devraient nous rendre plus modeste. Il semble naturel de s'attendre à ce que la sélection façonne l'organisme de façon à maximiser la longévité et la santé. Malheureusement, cette idée est erronée. Les gènes qui deviennent plus fréquents dans un « pool génétique » sont ceux qui confèrent un succès reproductif net supérieur à la moyenne. Si une mutation cause une maladie tout en augmentant le succès reproductif net, elle sera sélectionnée positivement. Pareillement, si un gène rend la vie de certains individus plus courte tout en accroissant leur succès reproductif, il sera aussi sélectionné (Williams 1957). Nous connaissons des exemples pour ces deux scénarios et il est probable que beaucoup d'autres seront un jour découverts.

En général la santé et la longévité contribuent au succès reproductif. C'est seulement lorsque ces deux aspects sont en conflit que les choses deviennent intéressantes. Le meilleur exemple nous est donné par la mort prématurée de la moitié de la population humaine, le sexe faible, c'est-à-dire les mâles. Le système immunitaire masculin est affaibli par la testostérone, et son cerveau, sous la même influence, poussé à exécuter de dangereuses démonstrations de machisme. Les hommes se battent et s'entretuent sans aucune raison apparente si ce n'est pour impressionner les femmes ou pour augmenter leur statut social. Ces buts finissent bien sûr par influencer fortement le succès reproductif. En effet, ils influencent à la fois l'accès aux ressources de même qu'ils orientent le choix des partenaires féminins. Chez les femelles le succès reproductif est moins variable que chez les mâles. Chez les espèces où la compétition pour l'accès aux femelles est forte (en particulier chez les espèces polygames), les mâles qui concentrent tôt et intensément leur énergie vont surpasser les autres qui mènent une vie plus tranquille, plus longue et plus saine. La sélection naturelle ne produit pas la santé, elle façonne le succès reproductif maximal.

Un argument analogue permet de comprendre pourquoi le vieillissement est inévitable. Il est théoriquement possible pour un organisme de réparer tous ses tissus organiques et de vivre éternellement. Le problème est que ces mécanismes de réparation des tissus imposent un coût élevé et que ces ressources pourraient aussi être investies au niveau de la reproduction. La sélection façonne la longévité comme les autres traits d'histoire de vie, c'est-à-dire en maximisant la reproduction. Les gènes qui causent le vieillissement perdurent pour une ou deux raisons seulement (Nesse 1987). Premièrement, certains gènes ne sont jamais exposés à la sélection car ils n'ont pas d'effet nuisible durant la vie de l'animal à l'état sauvage. Autrement dit, ce sont habituellement d'autres forces qui causent la mort d'un animal avant que les effets des gènes liés au vieillissement ne se fassent sentir. Par conséquent, ces gènes ne sont pas éliminés par la sélection naturelle à moins que l'espèce ne passe de nombreuses générations dans un milieu moins hostile comme un zoo ou un laboratoire où les animaux vivant plus longtemps bénéficient d'un avantage reproductif. La seconde raison pour laquelle les gènes du vieillissement persistent dans la population est que ces gènes confèrent certains bénéfices très tôt dans la vie d'un individu et que ces bénéfices surpassent les coûts associés aux maladies du vieillissement. Ce genre d'effet pléiotropique peut accroître la fréquence d'un gène même s'il cause des dommages substantiels à la durée de vie d'un animal à l'état sauvage. L'exemple hypothétique développé par George Williams consiste à imaginer un gène qui modifie le métabolisme du calcium de telle sorte que la guérison des os se fait plus rapidement chez les jeunes, mais qui, à l'âge adulte, contribue à calcifier les artères (Williams 1957). Comme il y a davantage d'individus jeunes la sélection est plus forte et son effet s'en trouve augmenté. De ce point de vue, la ménopause est souvent perçue comme étant un problème. Or, chez la plupart des espèces la reproduction ne cesse pas avec l'âge. L'existence de la ménopause chez les humains est peut-être un trait de l'histoire de vie qui maximise la *fitness*, par exemple en assurant des soins parentaux aux enfants existants plutôt qu'en se risquant à prolonger la reproduction.

Il est tentant de penser que certaines maladies de la vieillesse sont normales parce qu'elles sont répandues d'un point de vue statistique. Ce serait pourtant une erreur. En général la capacité d'un organisme à résister aux maladies diminue avec l'âge; par conséquent, la fréquence de presque toutes les maladies augmente. Ces maladies sont souvent communes mais perturbent néanmoins le fonctionnement normal de l'organisme.

La sélection naturelle bénéficie aux gènes, pas aux individus

Nous avons vu que la sélection naturelle façonne les organismes en maximisant le succès reproductif au détriment du bonheur, de la santé et de la longévité de l'individu. Il nous faut encore considérer un facteur supplémentaire – de qui ou de quoi le succès reproductif est-il maximisé? Penchons-nous maintenant sur la sélection de parentèle et les gènes « hors la loi ». Nous avons déjà fait référence à la sélection de parentèle lorsque nous avons évoqué le « succès reproductif inclusif net ». Le terme « net » nous rappelle que le nombre de naissances est pertinent seulement s'il est corrélé aux nombre de descendants qui atteindront l'âge adulte et qui se reproduiront. En fait, ce qui importe vraiment est le nombre de petits-enfants et d'arrière-petits-enfants. Le mot « inclusif » fait référence à l'idée selon laquelle les individus peuvent promouvoir les intérêts de leurs gènes en aidant d'autres individus possédant des gènes identiques en vertu d'une filiation commune. Cette idée dérive du principe de la sélection de parentèle énoncé par Hamilton et permet de rendre compte de plusieurs cas de sacrifices individuels autrement difficiles à expliquer (Hamilton 1964). L'exemple d'un parent protégeant son enfant des loups est si bien connu et prévisible qu'il n'est pas réellement intéressant. En revanche, le principe de Hamilton est mieux illustré, quoique de manière plus subtile, par l'exemple d'une mère qui continue de nourrir son enfant au sein alors que ses propres intérêts reproductifs seraient mieux servis en concevant un nouvel enfant. En effet, en donnant davantage de soins à son enfant déjà existant, la mère augmente sa capacité d'avoir un jour des petits-enfants. La question de l'allaitement devient plus conflictuelle par la suite. De fait, à un certain point, et même en tenant compte des effets de la *fitness* inclusive, les intérêts de la mère sont mieux servis en se détournant de l'enfant qui lui, tente au contraire d'améliorer son propre succès reproductif en continuant d'être allaité (Trivers 1974). La conclusion globale que l'on peut tirer est que la sélection naturelle tend à façonner des mécanismes qui bénéficient aux gènes de la parentèle, et ce, même s'il en résulte un coût au niveau individuel, comme la vulnérabilité à la maladie.

Prenons un exemple qui illustre de manière éclatante l'idée fondamentale que les individus (c'est-à-dire les phénotypes) sont des dispositifs construits par les gènes en vue de la transmission de ces derniers à la génération suivante. En général, les gènes sont impuissants à faire quoi que ce soit qui leur rapporte un bénéfice à moins de contribuer au bien-être de l'organisme individuel ou des individus qui lui sont apparentés. Cependant, il existe des exceptions. Par exemple, les prétendus gènes « hors la loi » favorisent leurs intérêts particuliers aux dépends de ceux de l'individu. En général cela s'explique par le fait que, lors de la formation des gamètes, ces gènes modifient le processus de ségrégation de sorte qu'ils augmentent leurs chances d'être transmis à plus de 50% (Haig 1992). Les moyens par lesquels les gènes accomplissent ce prodige sont plus complexes que l'intrigue d'un film d'espionnage de 4 heures mais en gros, ils se résument comme suit : dans une paire de gènes, l'un des deux détruit ou inhibe tout zygote pour lequel le gène correspondant est manquant et qui protège contre de tels effets. L'exemple du locus T chez la souris est le plus étudié (Franks and Lenington 1986). Il n'existe pas encore d'exemple connu chez l'homme mais il n'est pas impossible d'en découvrir un jour. L'ADN mitochondrial, transmis par l'ovule et donc par la lignée maternelle, n'est pas sujet à la recombinaison mais peut contribuer à limiter les effets de tels gènes sur l'ADN nucléaire. Même si aucun gène hors la loi n'a été identifié jusqu'à ce jour comme posant des problèmes de santé chez l'homme, leur existence doit nous faire prendre conscience que la sélection maximise les bénéfices des gènes et non ceux des individus. Nous pouvons nous considérer chanceux que l'ADN contenue dans nos cellules soit partout le même et que les cellules germinales soient séquestrées dans une lignée cellulaire particulière, faisant ainsi en sorte que les intérêts des gènes et ceux de l'individu coïncident. J'ai pris garde jusqu'ici de ne pas attribuer d'intentions aux gènes mais il n'est pas inutile de répéter qu'aucun type de planification ou de motif n'est impliqué ici. Les gènes n'ont pas d'intérêts à proprement parler ; cependant, comme leurs effets tendent à accroître ou à diminuer leur représentation numérique au sein des générations futures, il est difficile pour l'esprit humain de ne pas penser les gènes comme agissant en vue de leurs intérêts propres.

La normalité

D'une manière ou d'une autre, les tentatives de fournir un critère objectif de la maladie reposent sur la comparaison entre le normal et un état défini comme étant « anormal », un concept délicat qui a donné lieu à beaucoup de difficultés. Premièrement, dans le langage usuel le concept de normal renvoie à la fois et de manière simultanée à la présence de défauts physiques et à la question de l'acceptabilité ou non acceptabilité sociale d'un état. Il se trouve, en outre, que toute tentative de séparer ces deux usages est freinée par des forces sociales puissantes qui insistent sur le recourt au langage de la pathologie médicale pour étiqueter les individus comme les états qu'elles désapprouvent et qu'elles tiennent cependant pour non-responsables et nécessitant un traitement. Ces mêmes forces sociales refusent systématiquement d'apposer l'étiquette de « maladie » aux états pour lesquels elles jugent que les individus devraient être tenus moralement responsables. Aux Etats-Unis par exemple, les invités des « talk shows » à la radio connaissent un grand succès lorsqu'ils affirment que l'homosexualité est un choix, une position plus difficile à critiquer pour les libéraux maintenant que l'homosexualité a été démédicalisée. Comme on l'a noté plus haut, il est particulièrement difficile de définir la normalité sans avoir une connaissance globale et détaillée de la physiologie et de l'histoire évolutive. Du point de vue de l'évolution, si l'on démontre que l'absence d'intérêt pour les membres du sexe opposé résulte d'un dommage auto-immune en un endroit précis du cerveau, alors ce comportement est anormal. Cependant, si l'on démontrait qu'il s'agit d'une adaptation facultative suscitée seulement dans les circonstances telles que l'homosexualité contribue à la survie et à la reproduction de la parentèle, alors ce comportement serait une adaptation. Même si Wilson (1975) a suggéré la seconde hypothèse, il n'existe pas de données qui l'appuient et nous pensons que la question toute entière demeure irrésolue malgré beaucoup de spéculation. Le bronzage est-il normal ou pathologique ? Cela dépend en fait de savoir si la couleur obtenue résulte simplement de dommage au niveau cellulaire ou si elle constitue un processus adaptatif spécifique, et de savoir si la capacité qu'une peau a de bronzer procure un avantage net. Dans ce cas, c'est assurément normal.

C'est ici que la théorie de l'évolution peut contribuer de façon significative à la définition de la maladie. En effet, en connaissant les processus par lesquels la sélection naturelle a façonné l'organisme et son fonctionnement, il devient possible de distinguer avec assurance ce qui est normal de ce qui ne l'est pas, et ce, dans plusieurs cas qui sont autrement difficile à évaluer. La notion clé ici est qu'une maladie survient lorsqu'un mécanisme organique est défectueux, endommagé ou incapable de répondre de manière adéquate au défi actuel. Par exemple, la chorée de Huntington résulte d'un gène défectueux et l'insuffisance cardiaque peut résulter du défaut d'une valvule aurico-ventriculaire mitrale. Les dommages au cerveau suite à un accident vasculaire cérébral sont évidemment anormaux, tout comme l'incapacité à marcher que ce soit en raison d'une cheville foulée ou d'une infection articulaire. La grippe survient lorsque l'organisme est incapable de repousser le virus et le coup de chaleur lorsque la capacité à réguler la température est inadéquate. Toutefois, pour chacun de ces exemples l'identification d'une pathologie repose sur la comparaison entre les mécanismes actuels de l'organisme étudié et ceux d'un organisme sain. Je ne vois pas comment nous pourrions procéder autrement. La maladie est une différence désavantageuse par rapport à l'état normal ; cela nécessite d'être en mesure de reconnaître le normal, une tâche difficile, comme nous l'avons déjà indiqué.

Il est utile de savoir que l'organisme est façonné de manière à maximiser le succès reproductif de ses gènes. La conséquence importante qui résulte de ce savoir est que toute déviation à partir de l'état habituel d'un mécanisme va réduire le succès reproductif, et nous pouvons évaluer si un état est normal ou pathologique en établissant dans quelle mesure il s'écarte de l'état habituel et quelles en sont les effets au niveau du succès reproductif. À ce stade-ci nous n'avons pas à nous préoccuper des individus qui recourent aux méthodes contraceptives. Ce nouveau facteur environnemental fausse les résultats attendus au niveau de la reproduction mais nous n'avons aucune raison de penser que les individus vivant dans leur environnement naturel auraient été façonnés par la sélection naturelle pour chercher à avoir des enfants. Rechercher des relations sexuelles aurait amplement suffi à favoriser le succès reproductif, sauf dans certaines circonstances assez rares. Il serait intéressant de savoir si de telles circonstances auraient été suffisamment fréquentes pour avoir pu façonner le désir d'avoir des enfants indépendamment du désir d'avoir des relations sexuelles. Peut-être que les couples incapables d'avoir des enfants perdent-ils du même coup l'intérêt qu'ils portent à leur relation. Aussi, les investissements massifs des couples infertiles semblent-t-ils témoigner d'un désir primordial d'avoir des enfants, mais il se peut aussi que ce soit tout simplement lié à la perception des plaisirs que procure le fait d'avoir des enfants et de vouloir y prendre part.

Quelques exemples de cas potentiellement difficiles vont nous permettre d'illustrer cette approche. La grossesse peut certainement constituer un ennui de santé [*malady*] (Clouser et al. 1997), tout en étant malgré tout parfaitement normale. En effet, même si la grossesse est associée à une augmentation des risques de développer une pathologie cela ne justifie en rien le fait d'affirmer que la grossesse est anormale ou encore qu'il s'agit d'une maladie. De même, la sénescence implique une diminution graduelle au niveau de la capacité des tissus à se régénérer, ce qui a pour conséquence d'accroître les risques de développer pratiquement tout type de maladies. En elle-même la sénescence est un phénomène normal, non pas parce qu'elle concerne tout individu mais parce qu'elle résulte à la fois d'effets de sélection de gènes pléiotropiques qui procurent un avantage lorsque l'individu est en âge de se reproduire malgré les coûts ultérieurs et les mutations génétiques qui s'accumulent, et ce, même si elles causent des dommages plus tard dans la vie de l'individu, la sélection naturelle étant alors trop faible pour les éliminer. Les maladies associées à la vieillesse demeurent des maladies même si d'une part elles sont pratiquement universelles et d'autre part, les gènes qui sont à l'origine de ces maladies confèrent aussi des bénéfices. Par exemple, les cataractes et la maladie d'Alzheimer interfèrent avec des mécanismes et des fonctions biologiques normales. On pourrait être tenté d'affirmer que ces états survenant à un âge avancé n'influencent pas directement le succès reproductif et par conséquent, ne sont pas des maladies. Cependant, ces états perturbent le fonctionnement normal de l'organisme. Par ailleurs, à tout âge les individus peuvent aider leur parentèle, et ce plus efficacement si ils sont en mesure de voir, de marcher d'entendre et de se souvenir.

Et qu'en est-il de la presbytie qui affecte pratiquement tous les individus dans le milieu de la vie? Elle résulte d'un durcissement universel du cristallin, probablement dû à l'oxydation des tissus. Ce cas est un peu plus ambigu parce qu'il concerne tout le monde. Mais comme la presbytie affecte la vue en perturbant un mécanisme normal, je la considérerais comme étant une maladie universelle résultant d'un compromis qui rend impossible la réparation d'une telle dégradation.

Les nausées et les vomissements durant la grossesse sont d'autres exemples problématiques. Ils surviennent à partir des premières semaines suivant la conception chez la plupart des femmes enceintes mais pas toutes, et ne cessent qu'à la fin du premier trimestre. Il s'agit sans aucun doute d'ennuis de santé mais peut-on parler de maladie? Tout dépend s'il s'agit d'une anomalie ou d'un mécanisme de défense. Marjorie Profet a suggéré que les nausées sont des mécanismes de défense qui permettent aux femmes enceintes d'éviter la consommation d'aliments contenant des toxines susceptibles d'interférer avec la différentiation des tissus de l'embryon (Profet 1992). Si cette hypothèse est vraie, alors les nausées et les vomissements sont des mécanismes de défense. En revanche, si elle est fausse ces ennuis de santé pourraient bien être des maladies. Si la protection contre les toxines pouvait être assurée de façon aussi efficace sans nausée et vomissement, alors il pourrait toujours s'agir d'un mécanisme de défense, mais d'un mécanisme qui est alors associé à un *design* sub-optimal et qui a pour résultat un syndrome désavantageux. Mais plutôt que d'essayer de discerner si ces ennuis de santé sont des maladies ou non, il nous semble plus productif d'interpréter ces exemples comme remettant en cause l'idée selon laquelle les maladies sont des essences séparées et distinctes des états de santé normaux.

États hypothétiques

Dans cette section, je voudrais considérer quelques exemples d'états hypothétiques qui pourraient être éclairants. Le premier état a bien une existence réelle et non pas imaginaire : la maladie bipolaire. On sait que les différences individuelles quant à la susceptibilité de développer cet état dépendent principalement de différences génétiques (Goodwin et Jamison 1990). Pourtant, la maladie bipolaire est associée à un taux de suicide élevé, à des complications sociales liées à la consommation d'alcool et de drogues, ainsi qu'à des comportements maniaques et dépressifs. La question évidente ici, consiste à se demander comment les gènes causant un tel état peuvent persister. Comme d'autres, je suppose que ces mêmes gènes, combinés autrement, apportent certains avantages. Nous savons aujourd'hui que les maniaques ont une capacité créatrice accrue et nous avons quelques données qui suggèrent que les membres de la famille de ces individus sont eux aussi particulièrement créatifs (Jamison 1993). À notre connaissance, personne n'a encore étudié la question de savoir si les individus souffrant de maladie bipolaire sont des partenaires sexuels plus activement recherchés ou encore s'ils ont plus d'enfants que les autres.

Supposons un instant que la présence de gènes liés à la maladie bipolaire confère un avantage faible mais déterminant au niveau du succès reproductif. Si c'était le cas, la fréquence de ces gènes irait en s'accroissant jusqu'à ce que ceux-ci deviennent universels. On peut très bien imaginer une espèce dans laquelle près de l'ensemble des individus seraient sujets à des sautes d'humeur très prononcées, alors que seul un petit nombre d'individus seraient d'humeur égale. Dans cette situation hypothétique, la maladie bipolaire serait-elle toujours une maladie ? Selon ma définition fondée sur une déviation par rapport à l'état normal d'une espèce, la réponse serait négative. Mais si l'on compare la dépression maniaque avec la manière dont les comportements sont régulés dans notre espèce dans son état actuel, cet état nous apparaîtrait alors anormal. Si on le mesure par rapport aux critères objectifs de la longévité et de la capacité à fonctionner, il s'agirait certes d'un état désavantageux ; mais si le succès reproductif est le seul critère, nous devrions alors parler d'état normal. En réalité, si le scénario précédent était vrai, nous pourrions observer des effets de sélection au niveau des gènes modificateurs qui procurent des bénéfices et les coûts de cet état seraient progressivement réduits. Par conséquent, le statut évolutionnaire de cet état serait le même que celui de la goutte, c'est-à-dire une maladie résultant de l'action de certains gènes conférant habituellement un avantage sélectif.

À cela vient s'ajouter le comportement des mâles qui constitue aussi une cause de maladies. Il est difficile de mesurer l'ampleur des effets de la testostérone sur les comportements liés à la santé. Durant l'enfance la mortalité chez les hommes est légèrement supérieure à celle des femmes, alors qu'à la puberté le ratio monte en flèche. Selon des calculs que j'ai menés récemment à partir de données obtenues en 1996 tirées de l'*USA National Center for Health Statistics*, le taux de mortalité au début de la période de maturité sexuelle est trois fois plus élevé chez les hommes que chez les femmes. Ce taux décroit graduellement par la suite mais n'atteint l'équilibre que lorsque les individus ont atteint 100 ans. Ces différences sont en grande partie le résultat d'accidents, de violence et de complications liées à la consommation de drogue et d'alcool de même qu'à des pratiques sexuelles à risques. Cependant, sur les 15 causes principales de maladie, 14 d'entres elles sont plus fréquentes chez les hommes. Dès lors, une mutation diminuant les effets de la testostérone améliorerait de manière significative la santé humaine en général. Selon un calcul approximatif que j'ai fait, un peu plus de 25% des années de vie perdues à cause de décès prématurés pourraient ainsi être évités si le taux de mortalité des hommes égalait celui des femmes. Mais il faut également considérer que toute intervention au niveau de la *fitness* darwinienne peut avoir des effets massifs et négatifs. Être de sexe masculin a donc des effets négatifs sur la santé en augmentant la vulnéra-bilité à de nombreuses causes de maladies et de traumatismes mais cela n'est pas pour autant anormal; il s'agit simplement d'un compromis. Ce sont les résultats de ce compromis qui sont anormaux. En revanche, si les effets de la testostérone perturbaient le fonctionnement d'un mécanisme physio-logique normal, je serais tenté de considérer le sexe masculin comme une anomalie résultant d'un compromis. Tout ceci illustre de quelle façon une approche détaillée révèle le manque de précision de nos termes usuels.

Examinons maintenant un autre exemple portant sur différents effets d'un trait à différents âges de la vie d'un individu. Nous avons déjà commenté l'exemple de la sénescence et la façon dont les gènes qui sont en cause peuvent malgré tout être sélectionnés. Considérons maintenant les résultats d'un gène qui augmenterait la vitesse d'un spermato-zoïde par rapport à celle des autres, mais qui causerait une maladie sévère plus tard dans la vie. Cette hypothèse est particulièrement vraisemblable chez les êtres humains dans la mesure où des découvertes récentes ont montré que les gènes codant pour les protéines des spermatozoïdes évoluent très rapidement (Wyckoff et al. 2000). Ou encore, considérons un gène qui ferait augmenter le taux de fécondation au-delà des 25% habituels mais qui, en retour, engendrerait des coûts important au niveau de la santé plus tard dans la vie de l'individu, comme cela a été suggéré dans le cas de l'allèle DR4 (Rotter and Diamond 1987). Dans chacun des cas décrit l'immense avantage du point de vue reproductif donnerait au gène un avantage sélectif net malgré les coûts en termes de santé. En effet, dans les deux cas il y aurait sélection du gène modificateur qui améliore les effets du gène permettant aux spermatozoïdes de nager plus rapidement ou au zygote de s'implanter plus efficacement. Une telle complexité suggère que le décodage de la signification fonctionnelle de chaque gène est une tâche ardue posant des défis plus importants encore que le séquençage du génome.

Trois perspectives

Il y a un thème récurrent dans tous ces exemples – à quel niveau de sélection devons-nous définir l'anormalité? Un état de santé peut être bénéfique si l'on se place du point de vue du gène tout en causant du tort à l'échelle de l'individu. Devrons-nous alors classer cet état comme pathologique? C'est ce que nous faisons habituellement dans la mesure où c'est l'individu – et non le gène ou encore le groupe – qui demande de l'aide pour soulager ses souffrances ou ses incapacités. Les valeurs qu'on évoque si souvent comme nécessaires pour définir un état donné comme une maladie renvoient la plupart du temps aux coûts ainsi qu'aux bénéfices associés à l'individu, et ce, sans que soient pris en compte les bénéfices du point de vue des gènes. Or, du point de vue du gène, ces états ne sont pas du tout des maladies mais des occasions dans lesquelles le sacrifice du bien-être de l'individu est rendu nécessaire par la recherche d'une stratégie optimale (Dawkins 1976). Le point de vue du gène sur la maladie peut sembler saugrenu mais il nous prépare à faire un parallèle avec un autre niveau moins surprenant, celui des groupes sociaux.

Admettons qu'un individu ait tendance à faire des choses qui lui sont bénéfiques mais qui sont coûteuses du point de vue du groupe, un tel comportement constitue-t-il une maladie? Bien sûr, le plus souvent, les individus perçoivent des bénéfices en ajoutant leur contribution au groupe et les coûts associés à la déviance sociale ou au fait de tirer avantage du groupe à ses dépends sont importants (Franck 1998). Néanmoins, un sociopathe peut parfois semer la panique dans des groupes sociaux, surtout s'ils sont vastes et changeants. Du point de vue du groupe un tel comportement serait décrit comme constituant une maladie alors que du point de vue de l'individu, cela peut

être le cas ou pas. Certains ont suggéré que les comportements sociopathes sont peut-être encodés par des gènes qui
dépendent de la fréquence allélique donnant ainsi un avantage
seulement lorsqu'ils sont rares et maintenant de ce fait une
diversité allélique considérable (Mealey 1995). Je soupçonne
cette hypothèse d'être incorrecte dans la mesure où les sociopathes affichent aussi des pathologies cérébrales et qu'en
général ils réussissent très mal dans la vie. Chez ces individus il
n'y a pas en moyenne de bénéfice reproductif net, même dans
nos sociétés très souples ; chez les groupes ancestraux l'élimination de ces individus a dû être particulièrement féroce.
Néanmoins, cet exemple demeure utile car il nous rappelle que
pour considérer qu'un état constitue ou non une maladie, il faut
se demander si les bénéfices sont considérés du point de vue du
gène, de l'individu ou encore du groupe social.

Les fonctions normales des organismes et des machines

La détermination du pathologique dépend, comme nous
l'avons noté à plusieurs reprises, d'une comparaison avec
l'état normal ; la normalité d'un état, quant à elle, repose sur
l'identification de la fonction que l'état en question doit
remplir, c'est-à-dire le moyen par lequel il contribue au succès
reproductif. Nous en avons suffisamment dit à propos du
succès reproductif comme critère du fonctionnement normal
mais il convient d'illustrer quel est le lien entre cette discussion
et le fonctionnement des machines. Nous employons souvent
de manière tacite la métaphore de la machine lorsque nous
pensons à l'organisme. Ainsi, nous pensons à la planification
de l'ingénieur, à l'idée de projet et à la construction de parties
dotées chacune de fonctions spécifiques qui contribuent au
fonctionnement global de la machine. Mais l'organisme n'est

pas une machine, c'est justement un organisme, c'est-à-dire quelque chose de très différent. Il est différent parce qu'il n'a pas fait l'objet d'un *design*, et que sa fonction n'est pas de servir un but divin ou humain mais seulement de maximiser la reproduction de ses gènes. Et d'autre part, il ne peut être modifié que très progressivement et non par sauts. De plus, alors qu'il existe pour une machine un plan générique, l'organisme n'a pas de génome normal. Pareillement, il n'y a pas de phénotype que l'on pourrait dire parfait. Il n'y a que des phénotypes qui sont le produit des interactions entre les gènes et l'environnement. Par conséquent, il n'existe pas d'idéal type à partir duquel nous pourrions établir une comparaison et ainsi déterminer ce qui est normal et ce qui ne l'est pas. Il n'y a pas de sens à se demander si l'allèle de l'anémie falciforme est un allèle normal ou non ; il s'agit tout simplement d'un allèle qui dans certaines conditions confère un avantage à l'individu, c'est-à-dire lorsqu'il forme une paire avec un allèle d'hémoglobine normale dans un environnement où sévit la malaria. L'anémie falciforme demeure une maladie et ce, même si le gène de l'anémie falciforme a été sélectionné.

Ce genre de variation génétique individuelle porte-t-il un coup fatal aux définitions de la pathologie reposant sur une comparaison avec un prétendu phénotype normal ? Pas du tout. Même s'il y a de la variation génétique et phénotypique la vaste majorité des traits sont les mêmes chez tous les individus normaux. Par exemple, nous avons tous une glande thyroïde, des uretères qui se vident dans la vessie, des glandes salivaires qui sécrètent lorsque nous anticipons un repas ou lorsque nous mangeons. Les écarts qui influencent négativement la capacité de ces mécanismes à remplir leurs tâches usuelles sont pathologiques. Tout cela est objectif et ne dépend d'aucun apport social. Cela étant dit, il convient de répéter qu'il n'existe ni de génome normal, ni de phénotype normal que l'on pourrait comparer à un plan idéal ou à la production d'un modèle parfait. Les organismes ne sont pas des machines.

Les causes évolutives de la maladie

L'approche médicale traditionnelle de l'explication des maladies consiste à chercher les facteurs qui permettent de rendre compte des différences individuelles – pourquoi tel individu développe-t-il une maladie alors que tel autre individu, non. Ces facteurs sont enfoncés dans le crâne de chaque étudiant en médecine : les gènes, les anomalies développementales, l'infection, l'inflammation, les processus dégénératifs, les anomalies nutritionnelles, les traumas, les toxines, le néoplasme, les radiations, les troubles de la reproduction, les troubles psychogéniques et factices ... La liste n'est pas élégante mais elle est utile.

Une approche évolutive pose une question radicalement différente – pourquoi tous les individus d'une espèce sont-ils vulnérables à une maladie (Nesse et Williams 1994) ? Autrement dit, pourquoi la sélection naturelle n'a-t-elle pas façonné l'organisme de façon à ce qu'il soit mieux protégé contre ce type de maladie ? Cette question ne cherche pas à expliquer comment nous sommes tous différents à certains degrés mais plutôt à comprendre pourquoi nous avons tous un même organisme sub-optimal. La réponse traditionnelle et facile consistait à dire que la sélection naturelle relève du hasard et qu'elle n'est donc pas si puissante. Par conséquent, on ne peut pas s'attendre à ce que son résultat soit parfait. En effet, la nature stochastique et la puissance limitée de la sélection naturelle permettent de rendre compte de quelques-unes de nos vulnérabilités à des maladies mais un certain nombre d'autres raisons sont même des explications plus probables. Nous passerons en revue chacune d'entre elles en présentant un ou deux exemples car il est fort possible que notre compréhension de l'origine de la maladie apportera un peu de lumière sur notre façon de comprendre sa nature.

Commençons pour nous orienter par établir une liste d'explications évolutionnaires possibles concernant les raisons pour lesquelles notre organisme n'est pas mieux fait :

1) Les mécanismes de défense peuvent avoir un coût élevé et même constituer un danger tout en conférant en même temps un bénéfice net.

2) La compétition entre différents organismes.

3) De nouveaux facteurs environnementaux par rapport auxquels l'organisme n'a pas évolué pour faire face.

4) Les compromis au niveau des paramètres du *design* de l'organisme.

5) Des contraintes au niveau du processus de la sélection naturelle.

6) L'organisme est façonné en fonction du succès reproductif, non de la santé.

7) L'organisme est façonné pour les gènes, non pour l'individu.

8) Les facteurs de hasard.

Nous avons déjà étudié les mécanismes de défense. Ce ne sont pas des maladies ou des causes de maladies mais des mécanismes latents qui sont activés par des signaux annonçant qu'un problème survient. Généralement répulsifs, ceux-ci conduisent parfois à des états pathologiques ou deviennent pathologiques parce qu'ils sont déréglés. Ainsi, la diarrhée évacue les toxines du grand intestin mais peut aussi être la cause d'une déshydratation fatale et les symptômes peuvent perdurer alors que le danger est passé.

La compétition entre les organismes est cause de maladies parce que le processus de sélection naturelle par lequel ont émergé les défenses de notre organisme ne peut pas conserver un pas d'avance sur les effets de la sélection agissant sur les autres organismes. L'exemple paradigmatique est bien entendu le cas des infections. Les bactéries et les virus évoluent plus rapidement que nous. Ce qui est merveilleux c'est l'existence même des organismes métazoaires ! Nous faisons face à un monde d'une très grande complexité dans lequel la sélection peut accroître ou encore diminuer la virulence de même qu'influencer la course aux armements entre défenses et contre-défenses qui mène droit à l'apparition de mécanismes fragiles, élaborés et coûteux qui sont dangereux en eux-mêmes (Ewald 1994). C'est ainsi que notre système immunitaire a la capacité de causer des dommages au niveau des tissus chez l'ensemble des individus de même que des maladies immunitaires chez certains d'entre nous. La sélection pourrait modifier ces paramètres en vue de faire décroître les coûts mais cela ne serait possible qu'à un coût plus grand, en nous rendant tous plus vulnérables aux infections.

La compétition avec des organismes plus gros comme les prédateurs est un problème que notre espèce a résolu soit en les exterminant soit en les contrôlant. Cependant une autre classe d'organismes représente toujours une menace grave pour notre santé, et il s'agit de nos congénères – les membres de notre propre espèce. On comprend que le problème global de la guerre est trop complexe pour être traité ici mais il est évident que la compétition quotidienne sape nos énergies en plus d'occasionner le stress et ses complications, et ce, sans compter l'anxiété, la colère et un sentiment général d'insatisfaction face à la vie. L'ironie est que cette compétition semble être perpétuelle. En effet, même au sein des communautés où tout un chacun a suffisamment à manger, est à l'abri financièrement et a un conjoint et des enfants en bonne santé, la compétition sociale est souvent brutale et à l'origine de nombreuses pathologies.

À l'heure actuelle, les nouveaux facteurs environnementaux causent beaucoup pour ne pas dire la majorité des maladies (Elton et al. 1998). Notre organisme a été façonné pour fonctionner de manière optimale sur la base d'un régime alimentaire beaucoup plus restreint dans un environnement où chacun devait dépenser en moyenne entre 3000 et 4000 calories par jour uniquement pour se nourrir. Les épidémies actuelles d'athérosclérose, d'accident vasculaire cérébral, d'hypertension, de diabète, d'obésité, d'alcoolisme, de dépendance à la drogue et de troubles alimentaires sont le résultat du décalage temporel [*mismatch*] entre nos organismes et les environnements dans lesquels nous vivons aujourd'hui. Cela n'implique pas que nos ancêtres étaient en meilleure santé, certainement pas ! Il n'en demeure pas moins que la plupart des problèmes de santé contemporains résulte d'une exposition à des environnements nouveaux.

Même nos pulsions sont mal ajustées à notre environnement. Au Paléolithique, un besoin effréné de sucre, de sel, de produits gras et d'oisiveté conféraient un bénéfice net. Aujourd'hui ces envies aboutissent à la construction de structures sociales comme les supermarchés permettant de satisfaire nos besoins qui sont le produit de l'évolution et qui, du même coup, sont la cause de la plupart des maladies. Les gènes contribuant à ces maladies, comme par exemple la plupart des gènes associés avec un taux élevé de cholestérol ne sont pas des défauts mais des « bizarreries » qui, dans notre environnent normal, n'entraînaient aucun désavantage sélectif.

L'effet de restriction de la durabilité et de la performance lié aux compromis vaut aussi bien pour les organismes que pour les machines. Il est impossible de fabriquer une voiture capable de consommer 4,5 litres aux 100 km et qui pourrait en même temps accélérer de 0 à 100 kilomètres à l'heure en 6 secondes. Les compromis font partie intrinsèque de tout type de *design*. Des os plus épais se briseraient moins rapidement mais nous rendraient maladroits. Aussi, nos yeux pourraient être remodelés comme ceux d'un aigle et nous permettre de détecter des petits mouvements à des centaines de mètres de distance ; toutefois, notre vision périphérique et en couleur en souffrirait de manière proportionnelle. Enfin, les niveaux d'acide urique pourraient être plus bas et ainsi prévenir la goutte mais dans ce cas nos tissus seraient plus rapidement endommagés par l'oxydation.

Des contraintes de toutes sortes limitent la perfection à laquelle peut aboutir la sélection naturelle. Les plus sévères d'entre elles proviennent du *design* du système d'information lui-même : le génome. Les erreurs s'y accumulent et certaines deviennent plus fréquentes à cause de la dérive génétique. Comme le génome est essentiellement dédoublé au sens où il contient des allèles présents ou non, cela a pour résultat d'entraîner des effets pléiotropiques au niveau de certains gènes qui comportent à la fois des coûts et des bénéfices. La diploïdie est avantageuse mais la possibilité d'avoir deux copies de chaque gène s'accompagne de la possibilité de l'avantage hétérozygote qui a pour conséquence des maladies comme l'anémie falciforme. Et même si les mécanismes de réparation de l'ADN sont excellents, ils sont loin d'être parfaits et des problèmes surviennent. Ensuite, se pose la question du sexe lui-même. Apparemment essentiel pour la plupart des organismes, il donne lieu à des extravagances résultant de la sélection sexuelle qui rendent l'organisme plus vulnérable à certaines maladies et qui dans certains cas augmentent les risques de mortalité. Comme si ces contraintes n'étaient pas suffisantes, l'ensemble du système de l'organisme dépend du développement ontogénétique de l'individu : il peut évoluer par d'infimes accroissements mais ne peut jamais recommencer à zéro. Enfin, d'autres facteurs liés au hasard ont pour résultat la perte de gènes potentiellement bénéfiques, l'absence de mutations qui ne sont jamais survenues, et l'incorporation par le génome de sections d'ADN nuisibles.

Quelle est la signification de ces principes évolutionnaires pour comprendre ce qu'est la maladie ? Premièrement, ils mettent bien en évidence que la maladie ne peut pas être évitée complètement. Certaines maladies résultent des effets de la compétition entre les organismes. Des défenses qui préviendraient plus complètement les infections ne sont pas possibles parce que les pathogènes évoluent plus vite que nous et parce que de meilleures défenses causeraient davantage de dommages aux tissus qu'ils n'offriraient de bénéfices. Il est possible de prévenir les maladies qui ont émergé dans notre nouvel environnement mais seulement au prix d'efforts énormes pour contrôler nos prédispositions innées et nos préférences pour les nourritures chargées en gras et pour l'oisiveté. D'autres maladies sont la conséquence des compromis au niveau du *design* ou encore des limites de la sélection naturelle. Il n'existe pas seulement une douzaine de maladies, il y en a des milliers. C'est là le résultat de la sélection naturelle. La sélection peut façonner les moyens de défense seulement contre des problèmes qui surviennent, de sorte que presque tout problème de santé qui peut survenir, survient effectivement. À moins d'indication contraire, les problèmes qui sont fréquents et répandus devraient être tenus pour le résultat de la compétition entre les organismes ou d'un décalage temporel entre l'organisme et son milieu.

Une autre implication consiste à reconnaître que la plupart des maladies ont un statut objectif indépendant de nos valeurs. Les états impliquant des défauts, des dommages ou des déficiences affectant des mécanismes qui sont le produit de l'évolution sont des anomalies. Il est possible que nous ne voulions pas parler de ces états en termes de maladie tant que nos valeurs (qui résultent elles-mêmes en partie de l'évolution biologique) ne nous conduisent pas à souhaiter les modifier, mais ils n'en demeurent pas moins anormaux. D'infimes déviations de l'état normal n'influencent pas la *fitness* mais dans la grande majorité des cas nous sommes en mesure d'identifier précisément quel est le mécanisme qui a failli et comment cela s'est produit. Bientôt nous porterons aussi plus d'attention à la question du « pourquoi ».

Alors, qu'est-ce que la maladie ? Il nous semble que les philosophes ont répondu à la question de manière assez satisfaisante, compte tenu des contraintes inhérentes à toute entreprise définitionnelle. Il est indéniable que des désaccords existent mais pour toutes les raisons mentionnées plus haut, aucune définition de la maladie ne parviendra à remplir toutes les fonctions qu'on attend qu'elle remplisse. Un individu est atteint d'une maladie lorsqu'un mécanisme de l'organisme est défectueux, endommagé ou incapable de réaliser sa fonction. Les débats incessants sur la définition de la maladie surviennent d'une part en raison de l'espoir de parvenir à une définition logique qui serait conforme à l'usage commun basé sur des prototypes, d'autre part, en raison des tentatives de mettre à jour l'essence de la maladie sans se référer à la complexité des mécanismes de l'organisme, de leurs origines et de leurs fonctions, et enfin à cause des implications politiques et morales de l'étiquetage d'un état comme étant une maladie. La poursuite de ces débats nous permettra de vérifier s'ils contribuent ou non à l'approfondissement de notre compréhension de ce qui est maladie, et de ce qu'est la maladie.

Références

BOORSE C., 1997. « A rebuttal on health », dans J. M. Humber, R. F. Almeder (éd.), *What is Disease?* Totowa (NJ), Humana Press, p. 1-134.

CLOUSER K.D., CULVER C.M., GERT B., 1997. « Malady », dans J. M. Humber, R. F. Almeder (éd.), *What is Disease?* Totowa (NJ), Humana Press, p. 173-218.

DAWKINS R.C., 1976. *The Selfish Gene*, Oxford, Oxford University Press. *Le gène égoïste*, trad. fr. L. Ovion, Paris, Odile Jacob, 1990.

DUPONT H.L., HORNICK R.B., 1973. « Adverse effect of Lomotil therapy in shigellosis », *Journal of the American Medical Association*, 226, p. 1525-1528.

EATON S.B., KONNER M., *et al.*, 1998. « Stone agers in the fast lane : chronic degenerative diseases in evolutionary perspectives », *The American Journal of Theoretical Medicine*, 84 (4), 739-749.

ENGELHARDT H.T., 1996. *The Foundations of Bioethics*, New York, Oxford University Press.

EWALD P., 1994. *Evolution of Infectious Disease*, New York, Oxford University Press.

FRANK S.A., 1998. *Foundations of Social Evolution*, Princeton (NJ), Princeton University Press.

FRANKS P., LENINGTON S., 1986. « Dominance and reproductive behavior of wild house mice in a seminatural environment correlated with T-locus genotype », *Behavioral Ecology and Sociobiology*, 18, p. 395-404.

GOODWIN F.K., JAMISON K.R., 1990. *Manic-Depressive Illness*, New York, Oxford University Press.

218   RANDOLPH NESSE

HAIG D., 1992. « Intragenomic conflict and the evolution of eusociality », *Journal of Theoretical Biology*, 156, p. 401-403.

HAIG D., 1993. « Genetic conflicts in human pregnancy », *Quarterly Review of Biology*, p. 495-532.

HAMILTON W.D., 1964. « The genetical evolution of social behavior I, and II », *Journal of Theoretical Biology*, 7, p. 1-52.

HUMBER J.M. et ALMEDER R.F. (éd.), 1997.*What is Disease ?*, Totowa (NJ), Humana Press.

JAMISON K.R., 1993. *Touched with Fire : Manic-Depressive Illness and the Artistic Temperament*, New York, Free Press.

KLUGER M.J. (éd.), 1979. *Fever, its Biology, Evolution, and Function*. Princeton (NJ), Princeton University Press.

KOVÁCS J., 1998. « The concept of health and disease », *Medicine, Health Care and Philosophy*, 1, p. 31-39.

MEALEY L., 1995. « Sociopathy », *Behavioral and Brain Sciences*, 18(3), p. 523-599.

MELZACK R., 1973.*The Puzzle of Pain*, New York, Basic Books.

NESSE R.M., 1987. « An evolutionary perspective on senescence », dans S.F. Spicker, S.R. Ingman et I.R. Lawson (éd.), *Ethical Dimensions of Geriatric Care*, 26, Boston, D. Reidel Publishing Co., p. 45-64.

NESSE R., WILLIAMS G. C., 1995. *Why We Get Sick*, New York, Times Books.

NESSE R.M., 1990. « Evolutionary explanations of emotions », *Human Nature*, 1(3), p. 261-289.

NESSE R.M., 2000. « Is depression an adaptation ? », *Archives of General Psychiatry*, 57, p. 14-20.

NESSE R.M., WILLIAMS G.C., 1994.*Why We Get Sick : the New Science of Darwinian Medicine*, New York, Vintage.

PROFET M., 1992. « Pregnancy sickness as an adaptation : A deterrent to maternal injection of pathogens », dans J.H. Barkow, L. Cosmides, J. Tooby (éd.), *The Adapted Mind*, New York, Oxford University Press, p. 327-365.

ROTTER J. I., DIAMOND J.M., 1987. « What maintains the frequencies of human genetic diseases? [news] », *Nature*, 329 (6137), p. 289-290.

TRIVERS R.L., 1974. « Parent-offspring conflict », *American Zoologist*, 14, p. 249-264.

WILLIAMS G.C., 1957. « Pleiotropy, natural selection, and the evolution of senescence », *Evolution*, 11(4), p. 398-411.

WILLIAMS G.C., NESSE R. M., 1991. « The dawn of Darwinian medicine », *Quarterly Review of Biology*, 66(1), p. 1-22.

WILSON E.O., 1975. *Sociobiology*, Cambridge (MA), Harvard University Press.

WULFF H., GØTZSCHE P.C., 2000. *Rational Diagnosis and Treatment*, Oxford, Blackwell.

WYCKOFF G.J., WANG W. *et al.*, 2000. « Rapid evolution of male reproductive genes in the descent of man », *Nature*, 403, p. 304-309.

CONCEPTIONS PRATIQUES :
MÉDECIN ET SOCIÉTÉ

LES CONCEPTS DE SANTÉ ET DE MALADIE

par Élodie GIROUX et Fabrice GZIL

Le médecin et philosophe américain Hugo Tristram Engelhardt (1941-) fut l'un des principaux représentants de la position dite « normativiste » sur les concepts de santé et de maladie et entra plus particulièrement en dialogue avec Christopher Boorse dans une série d'articles publiés entre 1974 et 1981. De manière conséquente, il en vint à s'intéresser ensuite principalement à la bioéthique, et publia un ouvrage devenu classique, *The Foundations of Bioethics* qui connut deux éditions substantiellement différentes (1986, 1996)[1].Un article publié en 1974 et rédigé dans un style de philosophie

1. Dans cet ouvrage, il tente de définir les conditions d'une bioéthique acceptable pour tous dans une société pluraliste, multi-religieuse et multi-culturelle. Converti au Christianisme orthodoxe depuis 1991, il considère qu'un contenu moral ne peut être trouvé que dans chaque religion particulière et l'essentiel de ses travaux consiste désormais à développer une morale fondée sur cette religion. H. T. Engelhardt Jr., *The Foundations of Christian Bioethics*, Lisse Abingdon, Exton (PA) et Tokyo, Swets & Zeitlinger Publishers, 2000.

continentale s'intéressait à la pathologisation de la masturba-
tion aux XVIIIe et XIXe siècles. Cet examen historico-critique le
conduisait à montrer que nos changements de classification à
travers l'histoire ne sont pas dus à des erreurs de la méthode
scientifique, mais au fait que nos représentations et nos
explications de maladie sont fondamentalement liées à des
jugements de valeur.

Toutefois, l'originalité de sa position réside dans la défense
de la dimension essentiellement pragmatique du concept de
maladie. Elle est mieux illustrée dans l'article ici traduit qui
aborde le concept générique de maladie plutôt que telle maladie particulière. Si ce concept est « normatif », c'est avant tout
parce qu'il appelle à l'action. Pour lui, à la différence donc
notamment de Boorse, cette dimension pratique prime sur
toute théorisation ou explication qui viennent toujours secon-
dairement. On retrouve ici une argumentation chère à Georges
Canguilhem. Dans cet article, Engelhardt cherche à se posi-
tionner entre naturalisme et relativisme, et à échapper à un
nominalisme radical qui consisterait à soutenir que la maladie
n'ayant aucune réalité naturelle n'est finalement rien de plus
qu'un nom, qu'un mot. Il semble en effet vouloir montrer que
le concept de maladie échappe à la fois au naturalisme et au
relativisme en proposant une interprétation pragmatique de la
maladie comme « schème explicatif ». Son analyse repose ici
sur un examen des relations entre les notions de santé et de
maladie, d'une part, et des ambiguïtés du concept de maladie
héritées de l'histoire de la médecine, d'autre part.

La première idée de ce texte est que les notions de santé et
de maladie n'ont pas la même fonction. Pour Engelhardt,
interpréter un état de souffrance [*illness*] comme une maladie
[*disease*] plutôt que comme un phénomène d'épuisement ou de

possession démoniaque, c'est appliquer à cet état un schème causal qui permet de l'expliquer, de le prévoir et de le contrôler. Le concept de maladie est donc un schème explicatif qui permet et appelle l'intervention de la médecine. Il rend *épistémologiquement* possible – et par là *moralement* nécessaire – l'intervention du médecin. La fonction de la notion de santé est différente. En tant qu'elle désigne un état de liberté par rapport à des contraintes exercées par des forces physiques ou psychologiques, elle indique le *telos* – au double sens du but et de la limite – de l'activité médicale, et dans le même temps, elle délimite son champ légitime d'intervention. L'idée de santé ainsi définie rappelle aux médecins qu'ils doivent exclusivement s'intéresser à ce qui constitue une déviation par rapport à des lois (physiologiques ou psychologiques), et non à ce qui constitue une infraction par rapport à des règles (politiques ou morales). En lien avec cette différence de fonction, il faut aussi souligner la différence de statut et la relation dissymétrique entre ces deux concepts. C'est parce que la notion de santé n'a pas le même statut que celle de maladie qu'elle ne saurait être le contraire de la maladie (son absence) comme dans la définition médicale traditionnelle. Alors que la maladie est un concept, et même plus précisément, un « schème explicatif », la santé est une idée ou sens d'un « idéal régulateur ». Plus exactement, l'idée de santé règle les usages du concept de maladie.

Ces différences entre la santé et la maladie permettent de comprendre une deuxième idée du texte, à savoir que, bien qu'il y ait une ambiguïté fondamentale de la notion de maladie, il est possible d'en faire un usage réglé. En tant qu'il est un schème explicatif qui permet et appelle l'intervention médicale, le concept de maladie est fondamentalement ambigu car il est à la fois descriptif et évaluatif, explicatif et normatif. Cette ambiguïté ne peut être réduite car la dimension évaluative et normative ne vient pas ici se surajouter ou se superposer à la dimension descriptive et explicative[1] – elle lui est consubstantielle : c'est dans le même temps que le concept de maladie permet et appelle l'intervention médicale. Pour cette raison, il n'est pas étonnant que l'extension du concept de maladie varie en fonction de ce que la science médicale d'une époque est capable d'expliquer, de prévoir et de contrôler. Il est même inévitable qu'il y ait occasionnellement des confusions entre ce qui relève de la médecine et ce qui relève de la morale ; et il est probablement vain d'essayer de définir la maladie, car il est impossible d'en donner des critères nécessaires, objectifs et universels[2]. Pour autant, que certains comportements aient été considérés à tort comme des maladies ; qu'on puisse utiliser la médecine à des fins politiques ; qu'une même maladie puisse être considérée tantôt comme une maladie « médicale », tantôt comme une maladie « sociale », rien de tout cela n'implique que le concept de maladie soit fondamentalement contingent, relatif ou subjectif. Deux éléments viennent régler l'usage du concept de maladie. Le premier a déjà été évoqué : on peut juger de sa légitimité à l'aune de l'idée régulatrice de santé et de la distinction qu'elle implique entre les déviations par rapport à des lois et les infractions par rapport à des règles. Le second est un critère interne au concept de maladie. C'est le fait que dans un contexte donné, il peut être plus ou moins

1. Un chapitre de *Foundations of Bioethics* analysera ces quatre dimensions comme quatre langages de la médicalisation (1996, chapter 5 : « The languages of Medicalization », p. 189-238).

2. Selon Engelhardt, les jugements du type « X est une maladie » comportent une part irréductible de contingence (ils varient historiquement), de relativité (ils expriment ce que la science médicale d'une époque est en mesure de prendre en charge) et de subjectivité (ils indiquent ce qu'une société donnée considère comme des états indésirables).

judicieux, pertinent ou approprié de parler de maladie à propos d'un état[1].

C'est pour comprendre les origines historiques de l'ambiguïté fondamentale de la notion générale de maladie qu'Engelhardt réalise un examen de l'opposition qui a traversé l'histoire de la médecine entre une conception ontologique ou substantielle de la maladie comme chose et une conception physiologique ou relationnelle de la maladie comme processus. Il montre que la conception ontologique des maladies a permis de dépasser l'approche qui se bornait à repérer des groupes désordonnés de signes et de symptômes et ne permettait qu'une manipulation très empirique des phénomènes. Elle a permis de construire des nosographies raisonnées et d'introduire l'idée que chaque maladie devait faire l'objet d'un traitement spécifique. Seulement, concevoir les maladies comme des entités matérielles revient à les réifier et à les confondre avec leur cause. Et concevoir les maladies comme des entités logiques – seconde déclinaison de la conception ontologique – conduit à croire qu'elles ont une réalité indépendamment de leurs instanciations particulières. Surtout, note Engelhardt, la conception substantielle des maladies revient à présupposer que chaque maladie a une étiologie unique, alors que la plupart des maladies sont multifactorielles et peuvent

---

1. Pour Engelhardt, de même qu'il peut être plus ou moins judicieux de considérer la maladie coronarienne comme une maladie « médicale » ou comme une maladie « sociale » (selon les facteurs de risque que l'on considère comme étant les plus accessibles à l'intervention), il peut être plus ou moins judicieux de considérer un état comme une maladie. Engelhardt rappelle à ce propos que, bien que la grossesse soit associée à des taux accrus de morbidité et de mortalité, on ne considère généralement pas cet état comme une maladie.

être appréhendées d'après plusieurs types de causalités (biologique, psychologique, sociale).

De son côté, la conception physiologique ou relationnelle apparaît plus pertinente et semble davantage correspondre aux entités nosologiques contemporaines. On peut distinguer deux variantes : la conception fonctionnelle, où la maladie est conçue comme une déviation par rapport à des lois physiologiques générales et une conception plus « contextuelle » qui rejoint ce que l'épidémiologie des facteurs de risque met en évidence et où une maladie est analysée à différents niveaux, selon la nature des variables causales considérées. Dans l'une et l'autre variantes, les maladies résultent d'une interaction entre l'individu, les lois physiologiques et l'environnement. Toutefois, même cette conception ne saurait aboutir à un nominalisme radical, où les maladies n'existeraient pas et où seuls existeraient des individus malades. La notion de maladie conserve ici aussi une certaine généralité. L'insuffisance ventriculaire n'est ni une chose ni une entité logique avec une cause unique, mais elle a une réalité conceptuelle : c'est une propriété commune à une famille de processus. De même, l'approche épidémiologique n'aboutit pas à un perspectivisme absolu, car les différents modèles étiologiques d'une maladie ne sont pas concurrents mais complémentaires. Se focaliser sur certains facteurs de risque n'implique ni une réduction ni une négation des autres variables causales.

Ainsi, il apparaît que pour la conception ontologique comme pour la conception physiologique, interpréter un état donné comme une maladie, c'est procéder à une généralisation par laquelle on convertit un état de souffrance en syndrome, et par laquelle on introduit au sein des signes et des symptômes une « substructure nomologique » qui permet le diagnostic, le pronostic et le traitement. Par ailleurs, ce qui guide et préside à un « agencement » [*pattern*] donné de causes n'est pas entièrement arbitraire ou relatif. C'est fondamentalement un choix pragmatique, lui-même régulé par le but d'expliquer, prédire et contrôler l'état en question. C'est sur ce pragmatisme du jugement que se fonde la normativité intrinsèque du concept de maladie, qui n'est alors probablement pas autre chose qu'« une tentative de corréler des constellations de signes et de symptômes dans un but d'explication, de prédiction et de contrôle. » Dans un article publié en 1981, Engelhardt proposera de remplacer le terme « maladie » par « problèmes cliniques » afin de lever les ambiguïtés du premier et de souligner que les aspects pratique et clinique de cette notion sont fondamentaux.

LES CONCEPTS DE SANTÉ ET DE MALADIE [*]

La santé et la maladie sont des concepts cardinaux dans les sciences et les technologies biomédicales. Bien que les modèles de la santé et de la maladie puissent varier, ces concepts jouent un rôle définitionnel, ils indiquent ce qui devrait et ne devrait pas être objet de l'attention médicale. Ces concepts sont ambigus, ils interviennent comme des notions à la fois explicatives et évaluatives. Ils décrivent des situations, des états de fait, et dans le même temps ils les qualifient comme bons ou mauvais. Les concepts de santé et de maladie sont à la fois normatifs et descriptifs. Ce double rôle, qui explique leur caractère ambigu, fait l'objet du présent article. J'examinerai d'abord le concept de santé, puis le concept de maladie, et enfin je tirerai quelques conclusions générales concernant l'interaction entre évaluation et explication au sein des concepts de santé et de maladie.

[*] H. Tristram, Jr, Engelhardt « Concepts of Health and Disease », reproduit dans A. Caplan and H. T. Engelhardt, (éd.), Concepts of Health and Disease : Interdisciplinary Perspectives, Reading, MA, Addison-Wesley, 1981, p. 31-45. La présente traduction, établie par Fabrice Gzil, est publiée avec l'autorisation de l'auteur.

I. LA SANTÉ

La santé est un concept normatif mais pas au sens d'une valeur morale. Bien que la santé soit un bien, et quoiqu'il puisse être moralement louable d'essayer d'être en bonne santé ou d'œuvrer pour la santé des autres, c'est quand même – toutes choses égales par ailleurs – un malheur et non un méfait que de ne pas être en bonne santé. La santé est davantage un terme esthétique qu'un terme éthique; elle relève davantage de la beauté que de la vertu. C'est pourquoi on ne condamne pas quelqu'un parce qu'il n'est plus en bonne santé, même si on peut avoir de la compassion pour lui parce qu'il a perdu un bien. De plus, ce qui est perdu quand on perd la santé n'est pas absolument évident.

Il est difficile d'englober toutes les normes de la santé au sein d'un concept homogène, en particulier au sein d'une définition indépendante qui ne définisse pas la santé négativement, comme l'absence de maladie. L'Organisation Mondiale de la Santé a proposé une définition positive, dans laquelle « la santé est un état de complet bien-être physique, mental et social et ne consiste pas simplement en une absence de maladie ou d'infirmité » (World Health Organization, 1958). Mais une telle définition de la santé dissimule l'ambiguïté du concept de santé derrière celle du concept de bien-être. En outre, ce concept de bien-être suggère l'idée d'un style de vie satisfaisant, comprenant une adaptation réussie à l'environnement. Or, même ainsi, les normes sont obscures. En effet, qu'est-ce qu'une bonne adaptation? Dans une société industrielle complexe, une bonne adaptation est-elle possible pour ceux dont le Q.I. est inférieur à 80? Est-ce que ces personnes sont malades? De plus, si la santé est un état de complet bien-être physique, mental et social, est-ce que quiconque peut jamais être en bonne santé?

La santé ne devient-elle pas alors un idéal régulateur, que l'on poursuit mais que l'on ne pourra jamais pleinement atteindre ? D'un autre côté, si personne n'est vraiment en bonne santé, est-ce que tout le monde est malade ? La santé et la maladie sont-ils des concepts qui s'excluent mutuellement ou qui se recoupent ?

Pour l'essentiel, ces difficultés ne naissent pas de la dimension explicative des concepts de santé et de maladie, mais de leur dimension évaluative. La santé pourrait ainsi être définie comme la capacité à réaliser les fonctions qui permettent à l'organisme de se maintenir – toutes choses égales par ailleurs – dans l'éventail des activités accessibles à la plupart des autres membres de son espèce (par exemple en tolérant deux déviations standard par rapport à la norme) et contribuant à la conservation de son espèce. Mais alors, on renoncerait à tenir compte du fait qu'on peut être intéressé par certains types de bien-être (en dehors de ce qui concerne la survie de l'espèce). En outre il n'est pas évident de savoir si, avec un tel concept, les processus dégénératifs qu'on trouve communément dans la population générale et qui apparaissent après les années de fécondité pourraient compter comme des maladies. Enfin, si le concept de santé doit englober les problèmes posés par chaque maladie particulière, il risque de perdre son unité. Les tentatives pour comprendre le concept de santé nous conduisent ainsi au concept de maladie. Cela suggère que le concept de santé comporte peut-être autant de nuances qu'il existe de maladies et qu'il est peut-être un dérivé de ces concepts particuliers de maladie.

II. LE CONCEPT DE MALADIE

Le concept de maladie est utilisé pour rendre compte de troubles physiologiques et psychologiques (ou comporte-

mentaux). Il permet d'opérer des généralisations à partir
d'agencements [*patterns*] de phénomènes que nous trouvons
perturbants et déplaisants. C'est un schème général permettant
d'expliquer, prédire et contrôler des dimensions de la condition humaine. Il empiète sur d'autres concepts qui sont politiques, sociaux, éducatifs et moraux. La différence entre le
concept de maladie et ces autres concepts est complexe et
problématique, tout comme la similitude qui existe entre les
différents modèles de maladie. Il n'est même pas sûr que tous
les modèles de maladie puissent être réunis dans un même
genre. Il se pourrait que le concept de maladie ne renvoie qu'à
une famille de notions conceptuellement consanguines. En
d'autres termes, il s'agit peut-être d'un concept fondamentalement hétérogène, renvoyant à un ensemble de phénomènes
assemblés sur la base de divers intérêts sociaux, et non du fait
de la présence d'un type naturel ou d'une structure conceptuelle commune. La maladie serait alors toute chose que les
médecins traitent dans une société particulière, ce qui rendrait
circulaires les définitions de la maladie et de la médecine.

Il est utile de distinguer de manière un peu formelle la
maladie [*disease*] et le fait d'être malade [*illness*]. On peut être
souffrant, se sentir mal, être indisposé sans pouvoir expliquer
ces phénomènes d'après des modèles de maladie [*disease*]. Le
concept de maladie est en concurrence avec d'autres concepts
qui vont de la possession démoniaque jusqu'au simple épuisement. D'un autre côté, on peut avoir une maladie sans être
souffrant, comme dans le cas des maladies lanthaniques[1],
concept forgé par Alvan Feinstein (Feinstein 1967, p. 145-
148). Par exemple, une personne peut avoir un diagnostic de

---

1. Maladies   découvertes   incidemment   chez   des   individus
asymptomatiques [N.d.T.].

carcinome du poumon avant de se sentir malade. Parler de maladie consiste à faire un choix explicatif, du moins à convertir un état de souffrance en syndrome, à reconnaître dans un ensemble de phénomènes un agencement pathologique [*disease pattern*].

Le concept de maladie ne sert pas seulement à décrire et à expliquer, mais aussi à enjoindre à l'action. Il désigne un état de fait comme indésirable et devant être supprimé. C'est un concept normatif ; il dit ce qui ne doit pas être. En tant que tel, il enveloppe des critères d'évaluation qui conduisent à caractériser certains états de fait comme désirables et d'autres comme ne l'étant pas. Il délimite et établit des rôles sociaux, comme le fait d'être un malade ou d'être un médecin, et il connecte ces rôles à un réseau d'attentes structuré par des droits et des devoirs (Siegler et Osmond 1973). C'est à la fois un concept éthique et esthétique, qui suggère ce qui est beau et ce qui est bon. En qualifiant quelque chose de malade, on signifie à la fois que l'état de cette chose est laid par nature et qu'il impose certaines obligations et décharge d'autres.

Le concept de maladie est par conséquent chargé d'importantes ambiguïtés. Celles-ci sont aussi liées à ce qu'on a appelé les concepts physiologiques et ontologiques de la maladie, aux niveaux d'abstraction impliqués par les modèles de maladie, et à la nature des modèles particuliers de maladie, comme le modèle médical et le modèle psychologique. Je voudrais introduire les concepts physiologiques et ontologiques de la maladie d'un point de vue essentiellement typologique et non historique. Ces deux concepts représentent deux manières générales de parler de la maladie. Historiquement, ils trouvent leur origine dans des débats concernant la question de savoir si la maladie était le résultat d'un déséquilibre des humeurs ou si elle était due à l'intrusion d'une entité pathologique. En gros, le débat portait sur la question de savoir si les maladies étaient de nature essentiellement relationnelle et contextuelle, ou s'il s'agissait en quelque sorte de choses dotées d'une substance. Ces différentes manières de parler des maladies sont encore perceptibles.

Il y a une ambiguïté importante dans la signification des concepts ontologiques de la maladie. L'*ens*, l'être de la maladie, peut être entendu de différentes manières, comme une chose, comme un type logique, ou comme les deux. Au sens fort, l'ontologie médicale renvoie à des conceptions où la maladie est envisagée comme une chose, un parasite (Engelhardt 1974a), alors que dans les conceptions « platoniciennes » des entités pathologiques, les maladies sont comprises comme des structures conceptuelles immuables. Au sens fort, une « entité pathologique » est une chose pathologique, un agent pathologique matériel qui envahit le corps (Sigerist 1932, p. 105-106). Ce sens ontologique fort implique une volonté d'hypostasier la maladie, une tentative de la réifier. Paracelse par exemple, que Pagel décrit comme le prototype même de l'ontologiste, s'opposait aux pathologistes humoraux pour qui « [c'est] l'individu malade [qui] détermine la cause et la nature de la maladie ». Paracelse, lui, était un tenant de « la conception "ontologique", qui considère les maladies comme des entités en soi, susceptibles d'être distinguées d'après leurs modifications et leurs causes spécifiques ». Dans cette conception, c'était « la maladie individuelle qui conditionnait le patient et se manifestait par une image caractéristique » (Pagel 1958, p. 137). Selon cette analyse, il fallait rechercher des thérapies spécifiques pour des maladies spécifiques. Plus fondamentalement, cela accréditait l'idée que les maladies avaient des caractères spécifiques et qu'elles devaient par conséquent répondre à des thérapies spécifiques. Cette conception suggérait en outre une distinction entre les thérapies « sympto-matiques » et les thérapies « étiologiques », entre les thérapies dirigées contre les conséquences de la maladie et les thérapies dirigées contre ses causes. C'est ce concept ontologique et étio-logique de la maladie qui suggéra la possibilité de classer les thérapies à partir des causes spécifiques des maladies. L'idée de maladies spécifiques conduisit de plus à la recherche, par van Helmondt et d'autres, d'altérations organiques ayant une localisation spécifique, et ainsi à la naissance de la pathologie moderne (Pagel 1944, p. 39, 41). Dans cette perspective, la maladie est identifiée à des causes et à des thérapies particulières et, en fin de compte, avec des modifications pathologiques localisées au niveau des organes.

Le concept ontologique de la maladie recouvre la signification de la maladie depuis le concept de la maladie comme parasite chez Paracelse, en passant par les concepts de contagion qu'on trouve chez Harvey (Pagel et Winder 1968), et jusqu'aux concepts bactériologiques modernes dans lesquels la maladie est identifiée à différents agents infectieux. La bactériologie a finalement prouvé que Sydenham avait raison de croire en la possibilité de remèdes spécifiques pour des maladies spécifiques. Comme l'a dit Knud Faber, les maladies « en sont venues à être considérées d'un point de vue étio-logique et les efforts des cliniciens ont été dirigés vers […] une nosographie fondée sur les causes morbifiques » (Faber 1923, p. 98 ; voir aussi 118-119). On s'est alors représenté l'hôte, l'environnement et l'agent pathologique comme étant les éléments de la maladie, avec un accent très fort sur l'agent de la maladie, en particulier comme agent infectieux. Comme l'a noté Rudolf Virchow, cette « idée d'entités pathologiques et parasitiques particulières est sans nul doute clairement ontologique » (Virchow 1895, p. 22/192). Cette conception

ontologique implique également une confusion entre la cause
de la maladie et la maladie elle-même, comme dans le cas de la
tuberculose où la maladie est identifiée au *Mycobacterium
tuberculosis*. Pour Virchow, cela avait commencé avec la
découverte des micro-organismes et « l'amalgame arbitraire
des idées d'être (*ens morbi*) et de cause (*causa morbi*) avait
produit une confusion dont on désespérait de voir la fin »
(*ibid.*). En cela, Virchow avait indéniablement raison. Seulement, ainsi qu'il l'admettait lui-même, lui aussi était « un ontologiste intransigeant », voyant dans les constatations pathologiques l'*ens morbi*, l'entité pathologique elle-même. En
renonçant à une forme de nosologie réifiante, il en embrassait
une autre. Les maladies devenaient des modifications
pathologiques spécifiques au sein de cellules spécifiques.

La tendance à la réification n'est pourtant qu'une des
dimensions de la thèse ontologique sur la maladie. L'autre
dimension est liée à un jugement concernant la nature de
l'agencement pathologique, de la constellation ou de la combinaison de signes et de symptômes qui forment le caractère
d'une maladie. Dans les théories ontologiques, ces agencements pathologiques caractéristiques sont interprétés comme
des types stables de maladie, souvent sans lien direct avec une
théorie particulière des entités pathologiques matérielles.
C'est (au sens philosophique) une position ontologique sur la
réalité des types de maladies, qui affirme qu'ils ont une réalité
par delà leurs instanciations particulières. Cette interprétation
des maladies comme représentant des types pathologiques
naturels ou essentiels suggère une interprétation presque platonicienne des choses. Dans cette conception, le cours des
maladies réalise plus ou moins parfaitement un type naturel.
Les cas classiques sont des instanciations parfaites d'un type
pathologique, tandis que les cas atypiques sont des réalisations

imparfaites d'une réalité pathologique qui existe comme une possibilité naturelle ou logique. En ce sens, «ontologique» renvoie à l'affirmation selon laquelle les maladies ont une réalité et une existence indépendamment de leur incarnation dans des maladies actuelles, ces maladies pouvant d'ailleurs être «atypiques».

Il est difficile de citer un auteur qui défendrait une conception rigoureusement réaliste des maladies, mais c'est un point de vue qui est présupposé dans les discussions ordinaires des services hospitaliers quand on se réfère aux «cas de maladie X» d'une manière parallèle aux énoncés du type «les instances de l'idée X». Dire que les maladies réalisent certains agencements constants et réels, que les cas classiques illustrent et que les cas atypiques obscurcissent, c'est parler un langage réaliste. Dans une certaine mesure on en a une illustration dans les nosologies classiques, comme celle de François Boissier de Sauvages (1706-1767), *Nosologia Methodica* (1768). Même s'il était très attaché aux données empiriques, les constellations de symptômes étaient pour Sauvages des types de maladie. La *Nosographie philosophique* de Pinel (1798) – qui distinguait les différents symptômes des maladies des «fièvres essentielles» – s'est attirée la critique classique de Broussais contre les théories ontologiques des maladies.

> On a rempli le cadre nosographique avec des groupes de symptômes le plus souvent formés arbitrairement […], qui ne représentent pas les affections de différents organes, à savoir les maladies réelles. Ces groupes de symptômes sont dérivés d'entités ou d'êtres abstraits, qui sont le plus souvent des ὄντοι complètement artificiels; ces entités sont fausses et le traité qui en résulte est ontologique (Broussais 1821, p. 646).

Comme l'a indiqué Peter Niebyl, l'objection de Broussais visait le caractère abstrait des entités pathologiques, non leur spécificité (Niebyl 1971). La morale de l'histoire est qu'il y a de fortes tendances platoniciennes ou réalistes dans les discours qui sont tenus sur les maladies et que ces tendances se sont heurtées à des positions anti-réalistes qui gardent une ressemblance, même lointaine, avec les vieilles théoriques humorales. Quand on les compare avec ce genre de théories anti-réalistes, les théories ontologiques de la maladie indiquent davantage « l'appétit insatiable [...] des cliniciens pour [...] les catégories fixes de maladies » (Faber 1923, p. 95) qu'une tentative de réifier les concepts de maladie, ce que j'ai appelé l'ontologie médicale au sens fort. Le sens ontologique de la maladie englobe donc un éventail de significations qui vont du concept d'une entité logique spécifique jusqu'à celui d'une entité matérielle spécifique.

Le point de vue qui s'oppose traditionnellement à la conception ontologiste est le point de vue physiologique ou fonctionnel. Lord Cohen opposait ainsi la vision platonicienne de la maladie, réaliste et rationaliste, à la vision hippocratique, nominaliste et empirique (Cohen 1960, p. 160). Comme l'a montré Wunderlich, l'objection dirigée contre les concepts ontologiques visait la faute logique consistant à assimiler les concepts abstraits à des choses, « à présupposer qu'ils existaient effectivement et à les considérer et les traiter immédiatement comme des entités ». L'objection visait également

> les modèles de maladie qui ne contenaient pas de caractère vraiment essentiel [et] dont nous ne trouvons d'exemple dans la nature que de manière exceptionnelle ou en forçant les choses (Wunderlich 1842, p. IX).

Cependant, cette critique ne niait pas l'existence d'agencements de processus pathologiques. Les types essentiels de maladie ne sont pas la même chose que les lois fondamentales de la physiologie ou de la physiopathologie.

Ceux qui défendaient un concept physiologique de la maladie devaient démontrer au moins trois choses que les nosologistes avaient démontrées de manière plus ou moins complète. Premièrement, ils voulaient conserver au concept de maladie le caractère d'une notion générale, et non d'une notion spécifique. Autrement dit, ils voulaient que les maladies fussent des fonctions des lois générales de la physiologie plutôt que des fonctions des lois plus particulières de la pathologie des maladies spécifiques. Deuxièmement, ils voulaient favoriser une plus grande reconnaissance de l'individualité des maladies, de sorte que chaque état pathologique puisse être compris d'après ses déviations particulières par rapport aux normes physiologiques générales. Heinrich Romberg formula cette idée en ces termes : « Nous ne considérons pas que le but final du diagnostic se réduise à placer la maladie sous telle ou telle rubrique […]. La chose la plus importante consiste toujours à déterminer à quel degré l'individu humain est lésé par son ennui de santé et quelles causes ont produit ce trouble momentané » (Romberg 1909 p. 4). Troisièmement, ils voulaient éviter la confusion métaphysique et logique présente dans les concepts ontologiques de la maladie. Les maladies n'étaient pas des choses, ni des types pathologiques immuables. Pour les nosologistes partisans de l'approche physiologique ou fonctionnelle, les maladies étaient plus contextuelles que substantielles. Elles étaient davantage la résultante des constitutions individuelles, des lois de la physiologie et des particularités de l'environnement, que d'entités pathologiques. Les nosologistes partisans de l'approche physiologique étaient plus près de l'attention hippocratique portée aux relations entre les airs, les eaux et les lieux.

Le débat entre les théories ontologiques et physiologiques de la maladie porte essentiellement sur le statut logique et ontologique des entités pathologiques. Les théoriciens ontologistes ont développé des conceptions dans lesquelles les maladies pouvaient être appréhendées comme des entités spécifiques. Les théoriciens physiologistes ont développé des conceptions dans lesquelles les maladies pouvaient être appréhendées comme des déviations particulières par rapport à des régularités générales. Dans le premier cas, l'accent portait sur la maladie ; dans le second, il portait sur l'individu et sa situation, ce qui incluait les lois de la physiologie. Il est tentant de voir dans ce débat une opposition entre approche réaliste et approche nominaliste de la signification de la maladie. Et de fait, il y a assurément de puissants *leitmotive* nominalistes dans les théories physiologiques et fonctionnelles de la maladie. On y insiste fortement sur le fait que c'est l'individu et non la maladie qui est réel dans le fait d'être malade. Mais bien qu'il y ait ici une sympathie pour le nominalisme, il n'y a pas de véritable engagement nominaliste ; les théoriciens physiologistes ont voulu parler des maladies et leur accorder une réalité conceptuelle. Par exemple, la notion d'« insuffisance ventriculaire » d'Ottomar Rosenbach désignait un état pathologique ayant une universalité réelle, bien qu'il n'eût pas de réalité en dehors des instances dont il était une propriété commune. C'est une similitude entre des processus mais pas une chose, ni une entité pathologique avec une cause unique. C'est une ressemblance commune à une famille de processus, et pas seulement une famille de processus regroupés à partir de diverses ressemblances.

Au bout du compte, c'est à cause du besoin d'universalité que les théoriciens ontologiques et physiologiques de la maladie avaient besoin de plus que d'un nominalisme, même s'ils avaient besoin de moins que d'un réalisme intégral. Passer des syndromes aux entités pathologiques permettait de garantir la possibilité d'un diagnostic, d'un pronostic et d'une thérapie ou, plus généralement, l'explication, la prédiction et le contrôle de la réalité par la médecine. Plus que la simple capacité à nommer des objets similaires, on avait aussi besoin d'indiquer une structure commune dans la réalité, même si cette structure n'était que les normes physiologiques par rapport auxquelles les maladies constituaient des déviations. Les simples syndromes sont, comme leur nom l'indique, la survenue concomitante de signes et de symptômes. Ce sont des constellations de phénomènes sans structure nomologique permettant de lier les signes et les symptômes de manière à fournir un modèle d'explication. Le traitement et le pronostic des simples syndromes sont empiriques au mauvais sens du terme, au sens d'une démarche fondée sur des corrélations, mais sans compréhension de la relation qui existe entre les phénomènes corrélés. Les entités pathologiques offraient un niveau d'abstraction permettant de lier ensemble les signes et les symptômes dans une matrice étiologique. En particulier, les théories ontologiques réifiantes pouvaient traiter les maladies comme des substances, supports de signes et de symptômes considérés comme les accidents d'une réalité essentielle sous-jacente. Ainsi, l'identification de la phtisie avec le *Mycobacterium tuberculosis* ou avec des résultats anatomo-pathologiques donnait une image de la manière dont les phénomènes associés à l'entité clinique – la consumption [pulmonaire] – pouvaient être collectés et organisés. Cette organisation impliquait de lier les phénomènes du syndrome à la matrice étiologique des lois physiopathologiques. Cependant, on l'a montré, il était tentant de réifier la matrice comme un *ens morbi* de manière, comme l'a souligné Virchow, à traiter la maladie comme « une substance (*ens*) réelle » (Virchow 1895, p. 22/191).

De la même manière, les théories ontologiques réalistes impliquaient d'admettre l'existence de types de maladie. Mais la réalité était plus proche de celle décrite par les théoriciens physiologistes, car elle était étiologiquement ouverte, les entités pathologiques n'ayant pas des étiologies uniques. Comme l'a indiqué Virchow, des [agents] pathogènes peuvent être présents chez des hôtes sans changement structurel dans les tissus (*ibid.* p. 38). La causalité des maladies est équivoque. Comme l'ont souligné les nosologistes physiologiques, celles-ci sont beaucoup plus complexes que ne le laisse croire l'extrême simplicité apparente de nombre de nosologies ontologiques. Dans la réalité, les maladies sont non seulement multifactorielles mais aussi multidimensionnelles, avec des composantes génétiques, physiologiques, psychologiques et sociologiques. La présence de ces diverses composantes n'impose pas seulement de superposer des variables changeantes sur des structures pathologiques fondamentales. Elle implique beaucoup plus : que les maladies sont de nature fondamentalement relationnelle au lieu d'être de nature sujet-prédicat ou substance-accident. En d'autres termes, il n'y a pas nécessairement un *porteur* pour chaque maladie; il n'y a pas nécessairement un substrat pour chaque type de maladie.

C'est cette conception de la maladie qui émerge quand on considère la complexité des structures étiologiques impliquées dans les « entités pathologiques » modernes. Les maladies comme l'asthme, le cancer, les maladies coronariennes, *etc.*, sont autant psychologiques que physiopathologiques, dans la mesure où leur probabilité [de survenue] est étroitement liée au stress subi et au soutien dont la personne stressée peut disposer (Holmes et Rahe 1967). Ces maladies sont donc aussi sociologiques. Il en résulte un concept multidimensionnel de la maladie, où chaque dimension (génétique, infectieuse, métabolique, psychologique, sociale) renvoie à un nœud de causes liées par une structure nomologique particulière, généralement spécifique. Les multiples facteurs présents dans des maladies aussi bien établies que la maladie coronarienne suggèrent que la maladie pourrait être interprétée alternativement comme une maladie génétique, métabolique, anatomique, psychologique ou sociologique, selon que l'on est généticien, interniste, chirurgien, psychiatre ou agent de santé publique. L'interprétation dépendra de l'appréciation par un scientifique donné des variables qui sont les plus accessibles à ses manipulations. Par exemple, l'agent de santé publique pourra décider que les variables fondamentales dans la maladie coronarienne, ce sont les éléments d'un style de vie qui comporte peu d'exercice, un excès d'alimentation et du tabagisme. Il pourrait alors s'attacher à ces variables sociales et considérer que ces maladies sont, comme l'a suggéré Stewart Wolf, un style de vie (Wolf 1961).

Le glissement dans la nosologie fait revenir à une notion « hippocratique » de la maladie, au sens d'un concept « physiologique » ou contextuel. On a critiqué les Grecs pour avoir produit « beaucoup d'entités pathologiques séparées, sans jamais [parvenir] au concept d'une étiologie spécifique » (Hudson 1966, p. 598). En un sens, cette critique est justifiée. Les Grecs ont décrit des syndromes mais ils n'ont pas réussi à produire des substructures nomologiques pour les maladies, de manière à rendre possible une explication, une prédiction et un contrôle fiables de la réalité (c'est-à-dire un diagnostic, un pronostic et une thérapie). En simplifiant, on pourrait dire que les nosologies ontologiques constituent une réponse à cette limite ; en opérant un mouvement vers un niveau d'abstraction supérieur, elles ont permis de voir dans les signes et les symptômes présents dans une maladie l'apparition soit d'une entité pathologique (d'un *ens morbi*), soit d'un agencement pathologique spécifique. Mais la complexité actuelle des maladies suggère que même si la médecine hippocratique n'est pas parvenue à produire une explication générale satisfaisante des syndromes qu'elle décrivait, elle avait raison d'être prudente et de ne pas accepter les théories d'étiologies spécifiques.

Dans ce domaine, les conclusions sont au mieux provisoires. Mais les études épidémiologiques de plus en plus fréquentes (comme l'étude de Framingham sur les maladies cardio-vasculaires) suggèrent une analyse qui lie un agencement à un autre, où l'agencement des signes et des symptômes présents dans un syndrome est lié à un agencement de variables causales (U.S. National Heart Institute 1968). Le monde des apparences est lié à une substructure nomologique, les deux niveaux ayant un caractère assez ouvert. De plus, cette ouverture est contrôlée par des intérêts pragmatiques qui peuvent faire adopter sur la maladie un point de vue génétique, métabolique, psychologique ou social, selon les variables qui doivent être manipulées. Cette focalisation n'implique toutefois pas une réduction des autres variables. Autrement dit, dans l'étude des maladies cardiaques, les variables génétiques ne sont pas réduites au point d'être occultées par les variables sociologiques quand on se concentre sur les éléments du style de vie, qui est central pour traiter les maladies cardiaques. Elles sont plutôt traitées comme des variables intermédiaires et mises en relation avec un modèle qui a des variables et des corrélations sociologiques au centre de sa structure. On abandonne l'hypostase ontologique de la maladie et le réalisme nosologique et on interprète la réalité de la maladie comme un assemblage conceptuel mis en place pour comprendre le monde des apparences.

Où cela nous conduit-il pour ce qui concerne les modèles de la maladie ? L'adoption d'un modèle médical ou psychologique est un choix pragmatique consistant à se focaliser sur une combinaison particulière de variables et sur leurs corrélations afin de réaliser des démarches assurées d'explication, de prédiction et de contrôle. Cependant, isoler ces différentes dimensions des maladies conduit à séparer quelque chose qu'on peut distinguer mais qui est en réalité d'une seule pièce. La question du modèle approprié est soit une question pragmatique, soit un malentendu. Toutes les maladies peuvent être interprétées comme étant à la fois médicales et sociologiques ; seul un cartésien invétéré défendrait que ces modèles sont totalement séparables et seul un moniste défendrait qu'on ne peut les distinguer. Affirmer que les événements psychologiques n'ont pas de substrat somatique reviendrait à affirmer que la vie psychologique ne prend place nulle part dans ce monde, que c'est l'œuvre d'un esprit qui est au moins partiellement désincarné. Si l'expérience et l'action humaines doivent être intégrées dans et pour ce monde, elles doivent avoir lieu quelque part dans ce monde. D'un autre côté, les généralisations psychologiques qui coordonnent les événements mentaux en termes de pulsions et d'inclinations peuvent être distinguées en tant que telles des modèles qui ne recourent pas à ces prédicats intentionnels et à ces généralisations (Engelhardt 1973a, p. 148-161). Si, comme cela semble être le cas, l'esprit et le corps ne sont pas deux substances mais deux niveaux distincts de signification humaine, indiquant les généralisations qu'on peut opérer à partir de différents phénomènes, alors les modèles médicaux et psychologiques des maladies devraient être complémentaires et non concurrents. Ils devraient compléter ce qui ne serait sinon que des affirmations partielles concernant un modèle particulier.

Le concept de maladie est une tentative pour corréler des constellations de signes et de symptômes dans un but d'explication, de prédiction et de contrôle. Cela comporte des risques, comme la tentation de réifier les maladies ou de traiter les maladies comme des types rigides et spécifiques avec des étiologiques uniques. Les maladies impliquent des agencements de causes corrélés avec des combinaisons de signes et de symptômes, qui constituent les états de souffrance auxquels on a affaire. Les modèles de maladie, comme agencements nomologiques, peuvent être interprétés dans des configurations plus grandes, d'une manière qui n'est pas immédiatement visible si ces modèles modélisent des réalités pathologiques ou des types pathologiques indépendants. On peut donc avoir dans le même temps des explications médicale et psychologique de l'étiologie de la maladie coronarienne qui ne sont pas incompatibles mais se complètent mutuellement. En d'autres termes, les modèles ne modélisent pas des choses différentes. Ce ne sont pas non plus deux modèles d'une même chose, d'une même réalité pathologique. Ce sont plutôt deux manières de corréler des variables intrinsèques et extrinsèques à une personne malade. Les variables sont choisies dans le but de rendre compte et d'altérer le cours de la maladie de la personne. Ce sont des relations qui sont structurées dans des buts diagnostiques, pronostiques et thérapeutiques particuliers et qui sont fondées sur des distinctions entre les phénomènes physiques et psychologiques, entre des prédicats physiques et psychologiques. L'opposition des modèles médical et psychologique de la maladie réitère donc le problème du corps et de l'esprit.

Elle est en partie liée à l'idée que les maladies sont des choses, ce qui soulève nécessairement la question de savoir si une chose pathologique peut avoir une réalité psychologique. L'identification de l'objectivité avec des descriptions physiques suggère que si les maladies sont des choses, alors elles n'ont rien à voir avec le monde subjectif des valeurs et des relations sociales qui sont souvent importées dans les concepts de la maladie mentale. Dans une telle conception, les maladies mentales ne pourraient être d'authentiques maladies que si elles correspondaient au dysfonctionnement d'une chose mentale (par exemple d'une *res cogitans*).

Les critiques du modèle médical des maladies mentales sont diverses (Macklin 1972; 1973). L'objection énoncée par Szasz repose en partie sur l'idée que les problèmes de la vie ne sont des maladies que s'ils ont une base physique et, de plus, sur le fait que les véritables maladies sont indépendantes des valeurs (Szasz 1960). Selon ce point de vue, toutes les maladies sont des maladies médicales. En conséquence, la psychiatrie devient dans cette perspective une entreprise morale, dans laquelle le blâme et la louange (c'est-à-dire la responsabilité de ses propres actes) sont plus appropriés que le [diagnostic], le pronostic et la thérapie (Szasz 1965). Le mythe de la maladie mentale est celui selon lequel l'autonomie de la vie mentale est intrinsèquement sapée par la maladie. Dans cette approche, la maladie s'identifie à une forme de réductionnisme qui dissimule le jugement social derrière la prétention à l'objectivité scientifique. L'hypothèse est que la médecine a affaire à des choses, tandis que la psychologie a affaire à des enjeux plus larges comme le développement social (Albee 1969). Mais si les maladies sont des moyens de coordonner les phénomènes dans une visée de pronostic, de diagnostic et de thérapie, alors on peut reformuler les questions afin de permettre non seulement la coordination des phénomènes mentaux dans des maladies, mais aussi l'intrusion des valeurs dans les modèles médicaux des maladies. Parler de maladies et d'un rôle intrinsèque des valeurs dans les maladies médicales, c'est abandonner l'analyse nosologique ontologique de la maladie et replacer les maladies dans une perspective contextuelle, plus proche des nosologies physiologiques très ouvertes du passé.

Les maladies comme le cancer, la tuberculose et la schizophrénie existent donc, mais comme des agencements explicatifs, et non comme des choses en soi ou comme des types eidétiques de phénomènes. Owsei Temkin est proche d'une telle reconnaissance de la nature plastique du concept de maladie :

> La question "la maladie existe-t-elle ou n'y a-t-il que des personnes malades?" est abstraite et ne peut recevoir sous cette forme aucune réponse satisfaisante. La maladie n'est pas simplement l'un ou l'autre. Il faut l'envisager en fonction de ce que les circonstances exigent. Les circonstances, ce sont le patient, le médecin, l'agent de santé publique, le chercheur, l'industrie pharmaceutique, la société dans son ensemble, et – enfin mais fondamentalement – la maladie elle-même (Temkin 1961).

Mais la maladie en elle-même, c'est en fin de compte la maladie telle qu'elle existe pour nous qui à la fois en faisons l'expérience et qui l'expliquons. La maladie, comme compte rendu explicatif, est liée aux circonstances de ce compte rendu. Autrement dit, les comptes rendus explicatifs ne sont pas des choses; les choses sont ce que les comptes rendus explicatifs expliquent et la maladie est une manière d'expliquer les choses, en particulier les êtres humains malades.

Le portrait des maladies particulières implique des jugements pragmatiques que les nosologies ontologiques ont réifiés ou stéréotypés. C.S. Peirce défendait que

> pour s'assurer de la signification d'une conception intellectuelle, on devrait considérer quelles sont les conséquences pratiques qui peuvent résulter par nécessité de la vérité de cette conception; c'est la somme de ces conséquences qui constitue la signification entière de cette conception (Pierce 1965).

En d'autres termes, l'évaluation fait partie de l'entreprise d'explication médicale, car les descriptions de maladie portent directement sur le contrôle et l'élimination d'états de choses qui sont dévalorisés. En aucune façon ces jugements ne sont neutres d'un point de vue pragmatique. Choisir d'appeler maladie un ensemble de phénomènes implique un engagement en faveur d'une intervention médicale, l'assignation du rôle de malade et l'incitation des professionnels de santé à agir. Appeler maladies l'alcoolisme, l'homosexualité, la presbytie ou une petite infection par l'ankylostome implique des jugements étroitement liés à des jugements de valeur. Assurément, de la fracture d'un membre au daltonisme, il y a tout un spectre au long duquel l'intérêt qu'il y a à interpréter une constellation de phénomènes comme une maladie varie. La douleur ou l'inconfort d'un membre cassé ou d'une crise de schizophrénie appelle une aide médicale immédiate, tandis que le daltonisme et le comportement asocial se situent à l'autre extrémité du spectre. Mais tout le long du spectre, le concept de maladie est tout autant une manière d'évaluer la réalité que de l'expliquer.

Recourir au concept de maladie, c'est présupposer qu'il y a des phénomènes physiques et mentaux qui peuvent être corrélés avec des événements de douleur et de souffrance, de sorte qu'on puisse expliquer leur agencement, prédire leur cours et influencer favorablement leur issue. De plus, la douleur et la souffrance ne peuvent être le résultat immédiat d'états de choses qui sont directement l'objet d'un libre choix. Elles doivent résulter de lois psychologiques et physiologiques; en d'autres termes, elles doivent pouvoir être décrites par des énoncés ayant la forme de lois et non de règles morales. La médecine est l'application de généralisations scientifiques et non morales. La mélancolie d'involution, l'ulcère duodénal, et le pneumothorax dû à un tir d'arme à feu comptent ainsi comme des maladies, à la différence de l'ignorance, de la cupidité et de la violence politique, car les ignorants sont capables d'apprendre, les cupides capables de vertu, et les violents capables d'action pacifique. C'est pourquoi la déficience mentale, la cleptomanie et les réactions paranoïaques comptent, elles, comme des maladies.

Bien sûr, un concept large de maladie, incluant des modèles à la fois mentaux et physiques, est plus susceptible d'être influencé par des valeurs sociales. Cependant, ce sont des jugements sociaux qui font qu'on ne considère pas des événements tel que l'accouchement comme des maladies, bien qu'ils soient associés à une morbidité, et même à une mortalité considérables. Les buts socialement désirables aident à tracer les limites (King 1954, p. 197). La même chose est vraie avec le vieillissement et ce qui relève alors de la maladie et de la santé. Un état physiquement acceptable pour une personne de 80 ans serait une maladie pour une personne de 20 ans. Mais est-ce que ce sera toujours le cas quand la gériatrie pourra faire davantage? Comme l'a montré Lester King, les maladies sont des agencements que nous structurons en fonction de nos attentes (*ibid.*).

On ne veut pas dire par là qu'il est impossible de confondre les questions médicales et morales, ou qu'une telle confusion est peu probable. Au contraire, ce genre de confusion est très probable, étant donnée la nature de la maladie. Les limites entre le concept de maladie et les concepts moraux sont floues. Au XIXᵉ siècle, par exemple, la masturbation était essentiellement considérée comme une maladie physique, de même qu'on pourrait aujourd'hui considérer la maladie coronarienne comme une maladie physique, même si certaines formes de stress pourraient être une condition nécessaire de la maladie (Engelhardt 1974b). Il y a des exemples plus inquiétants, comme les maladies qui ont été forgées pour modifier le comportement politique, la drapétomanie ou fuite des esclaves, par exemple (Cartwright 1851, p. 707-709). Szasz interprète les concepts de ce genre comme une tentative de réutiliser les modèles de maladie en psychiatrie, plutôt que comme une mise en garde concernant la confusion entre action libre et action compulsive (Szasz 1971). La critique d'un des contemporains de Cartwright était plus pertinente, quand celui-ci remarquait que « si un puissant désir de faire ce qui est interdit devait être une maladie, alors la violation de chacun des Dix Commandements en constituerait une nouvelle » (Smith 1851, p. 233). Bref, l'explication de Cartwright a échoué parce que considérer les esclaves en fuite comme des agents libres était une meilleure approche que de les regarder comme étant sujets à fuir.

Bien sûr, on peut encore utiliser la puissance médicale à des fins politiques. Les ankylostomes peuvent être traités pour éliminer l'anémie et rendre ainsi les citoyens plus alertes. On pourrait aussi concevoir de droguer les citoyens de manière à provoquer une léthargie. La différence est que, dans le premier cas, et non dans le second, on vise aussi l'autonomie de l'individu, sa santé. L'effort de la médecine pour libérer les individus des entraves de forces psychologiques et physiologiques, qui seraient sinon incontrôlables, est au centre du concept de santé. Ce concept aide à définir le concept de maladie en fournissant le *télos* de l'entreprise médicale. Les concepts de maladie [*disease*], comme on l'a montré, sont des concepts pragmatiques dont la vérité se trouve dans l'action visant à éliminer l'état de souffrance [*illness*] et à rétablir la santé.

III. SANTÉ ET MALADIE

Les modèles et les approches de la maladie sont nécessairement divers. Ils portent sur les restrictions diverses et particulières de la vie humaine. Pour autant, la santé représente une direction commune tout au long du continuum qui va des maladies particulières vers le bien-être. Si la santé est un état dans lequel il n'y a pas de contraintes dues à des forces psychologiques et physiologiques, il y a un *leitmotiv* commun aussi bien dans le traitement de la schizophrénie que dans celui de l'insuffisance cardiaque congestive : l'effort pour assurer l'autonomie de l'individu par rapport à une classe particulière de restrictions[1]. L'unité des modèles de maladies se trouve davantage dans le concept de santé que dans le concept de maladie. La santé est le chemin qui part dans le sens opposé à celui des nombreux chemins de la maladie.

Par conséquent, bien que le concept de maladie soit un concept à la fois évaluatif et explicatif, la santé comme concept

---

1. Beaucoup de choses sont contenues implicitement dans la notion d'une « classe particulière de restrictions » qui a seulement été partiellement ébauchée plus haut.

positif est davantage un idéal régulateur. Cela pourrait partiellement expliquer les difficultés qui entourent les tentatives
pour définir la santé de manière opérationnelle, alors que les
définitions opérationnelles de l'absence [*freedom*] de telle ou
telle maladie sont plus accessibles. Finalement, pour souligner
le caractère non moral du concept de santé, il est pertinent de se
rappeler ce que Freud disait : le traitement « ne se propose pas
de rendre les réactions pathologiques impossibles, mais de
donner au patient […] la liberté de décider dans un sens ou dans
un autre » (1961, p. 50, note 1). La médecine, qu'on se situe
dans un modèle médical ou psychologique de la maladie, n'est
pas une entreprise d'éthique appliquée (Engelhardt 1973b),
même si les valeurs influencent les restrictions de l'action
humaine qui seront considérées comme significatives, et
conduisent quelquefois à confondre les vices et les contraintes
de la nature.

En conclusion, la santé et la maladie ne sont pas des
concepts symétriques. Ce ne sont pas non plus des choses,
même si d'importantes confusions sont nées du fait qu'on les
concevait de la sorte. Le concept de maladie est plutôt une
manière d'analyser certains phénomènes, dans une visée de
diagnostic, de pronostic et de thérapie. Ce concept est dans
une certaine mesure pragmatique et il est à bien des égards
influencé par des questions de valeur. Les maladies particulières touchent à des questions de nature morale et politique.
Et bien qu'il y ait beaucoup de maladies, il n'y a en un sens
qu'une seule santé, un idéal régulateur d'autonomie qui guide
le médecin vers le patient considéré comme une personne,
celui qui souffre de la maladie et qui est la raison d'être de toute
cette attention et de toute cette activité.

Références

ALBEE G. W., 1969. « Emerging Concepts of Mental Illness and Models of Treatment : The Psychological Point of View », *American Journal of Psychiatry*, 125 (January), p. 870-876.

BOISSIER DE SAUVAGES DE LA CROIX F., 1768.*Nosologia Methodica, Sistens Morborum Classica. Juxta Sydenhami mentem et Botanicorum Ordinem*, Amsterdam, Fratrum de Tournes.

BROUSSAIS F. J. V., 1821.*Examen des Doctrines Médicales et des Systèmes de Nosologie*, Vol. 2, Paris, Mequignon-Marvis.

CARTWRIGHT S. A., 1851. « Report on the Diseases and Physical Peculiarities of the Negro Race », *The New Orleans Medical and Surgical Journal*, 7, p. 707-709.

COHEN H., 1960. *Concepts of Medicine*, Brandon Lush (ed.), Oxford, Pergamon Press.

ENGELHARDT H. T. Jr., 1973a. *Mind-Body : A Categorial Relation*, The Hague : Martinus Nijhoff.

ENGELHARDT H. T. Jr., 1973b. « Psychotherapy as Meta-ethics », *Psychiatry*, 36, p. 440-445.

ENGELHARDT H. T. Jr., 1974a. « Explanatory Models in Medicine : Facts, Theories, and Values », *Texas Reports on Biology and Medicine*, 32, p. 225-39.

ENGELHARDT H. T. Jr., 1974b. « The Disease of Masturbation : Values and the Concept of Disease », *Bulletin of the History of Medicine*, 48, p. 234-248.

FABER K., 1923. *Nosography in Modern Internal Medicine*, New York, Paul B. Hoeher.

FEINSTEIN A.R., 1967. *Clinical Judgment*, Baltimore, The Williams and Wilkins Company.

FREUD S., 1961. *The Standard Edition of the Complete Psychological Works of Sigmund Freud*, ed, and trans. by James Strachey, London, Hogarth Press and The Institute of Psycho-Analysis, Vol. 19 : *The Ego and the Id and Other Works*, p. 50, n. l.

HOLMES T. H., RAHE, R. H., 1967. « The Social Readjustment Rating Scale », *Journal of Psychosomatic Research*, 11, p. 213-218.

HUDSON R. P., 1966. « The Concept of Disease », *Annals of Internal Medicine*, 65.

KING L. S., 1954. « What Is Disease ? », *Philosophy of Science*, 21, p. 197.

MACKLIN R., 1972. « Mental Health and Mental Illness : Some Problems of Definition and Concept Formation », *Philosophy of Science*, 39, p. 341-365.

MACKLIN R., 1973. « The Medical Model in Psychoanalysis and Psychotherapy », *Comprehensive Psychiatry*, 14 (January-February), p. 49-69.

NIEBYL P. H., 1971. « Sennert, van Helmont, and Medical Ontology », *Bulletin of the History of Medicine*, 45.

PAGEL W., 1941. *The Religious and Philosophical Aspects of van Helmont's Science and Medicine*, Baltimore, the Johns Hopkins Press.

PAGEL W., 1958. *Paracelsus*, Basel, S. Karger.

PAGEL W., WINDER M., 1968. « Harvey and the "Modern" Concept of Disease », *Bulletin of the History of Medicine*, 42, p. 496-509.

PEIRCE C. S., 1965. *Collected Papers*, C. Hartshorne and P. Weis (ed.), Cambridge (Mass.), Belknap Press.

PINEL P., 1798. *Nosographie philosophique, ou la méthode de l'analyse appliquée à la médecine*, Paris, Brosseau.

ROMBERG E., 1909. *Lehrbuch der Krankheiten des Herzens and der Blutgefässe*, Stuttgart, Verlag von Ferdinand Enke.

SIEGLER M., OSMOND H., 1973. « The "Sick Role" Revisited », *The Hastings Center Studies* I, p. 41-58.

SIGERIST H.E., 1932. *Man and Medicine*, translation by Margaret G. Boise, New York, W. W. Norton & Co.

SMITH J. T., 1851. « Review of Dr. Cartwright's Report on the Diseases and Physical Peculiarities of the Negro Race », *The New Orleans Medical and Surgical Journal*, 8, p. 233.

SZASZ T. S., 1960. « The Myth of Mental Illness », *The American Psychologist*, 15 (February), p. 113-118.

SZASZ T. S., 1965. *The Ethics of Psychoanalysis*, New York-London, Basic Books.

SZASZ T. S., 1971. « The Sane Slave », *American Journal of Psychotherapy*, 25, p. 228-239.

TEMKIN O., 1961. « The Scientific Approach to Disease : Specific Entity and Individual Sickness », dans A. C. Crombie (éd.), *Scientific Change*, London, Heinemann, p. 629-647.

U. S. NATIONAL HEART INSTITUTE, 1968. *The Framingham Study : An Epidemiological Investigation of Cardiovascular Disease*, Section 1, p. lb- 6, Washington, D. C., U. S. Government Printing Office.

VIRCHOW R., 1895. *Hundert Jahre allgemeiner Pathologie*, Berlin, Verlag von August Hirschwald. English trans. by L. J. Rather, *Disease, Life, and Man : Selected Essays by Rudolf Virchow*, Stanford, Stanford University Press, 1958.

WOLF S., 1961. « Disease As a Way of Life : Neural Integration in Systematic Pathology », *Perspectives in Biology and Medicine*, 4, p. 288-305.

WORLD HEALTH ORGANIZATION, 1958. Constitution of the World Health Organization (preamble), *The First Ten Years of the World Health Organization*, Geneva, W.H.O.

WUNDERLICH C. A., 1842. « Einleitung », *Archiv für physiologische Heilkunde*, l.

Présentation du texte de Lennart Nordenfelt
ACTION, CAPACITÉ ET SANTÉ
par Marion Le Bidan et Denis Forest

Né en 1945, le philosophe suédois Lennart Nordenfelt a proposé dans une série de travaux ce qu'il appelle lui-même une théorie *holistique* de la santé et de la maladie. Cette théorie est différente, par plusieurs aspects, de ce qu'on entend souvent par philosophie de la médecine. Tout d'abord, son concept premier est bien celui de santé, et non celui de maladie ou de dysfonctionnement : la santé n'est pas définie dans ce cadre comme absence de la maladie. Ensuite, cette primauté du concept de santé s'explique par la perspective et le parcours qui sont ceux de ce philosophe. En effet, le thème à la fois le plus ancien et le plus constant de la réflexion de Nordenfelt est l'action. Sa dissertation doctorale, préparée à la suite d'un séjour à Oxford en 1969, le rattache au domaine de la philosophie de l'action en son sens le plus strict[1]. La distinction, canonique dans ce domaine, entre *circonstances*

---

1. L. Nordenfelt, *Explanation of human actions*, Uppsala, 1974.

(externes) et *conditions* ou *moyens* de la réalisation d'une action l'a mené à approfondir le problème de la santé comme problème d'une condition cruciale du succès de l'action. De ce point de départ, qui concerne l'agir humain, il reste un trait fondamental : son concept de santé n'est pas un concept strictement médical. La médecine analyse certains, mais non tous parmi les facteurs qui peuvent compromettre la santé comme capacité à agir.

La philosophie de l'action offre un cadre, mais son application au problème de la santé exige une analyse spécifique [1]. Nordenfelt demande : de quoi l'individu en bonne santé doit-il être capable ? Comment caractériser les capacités qui permettent de définir le concept de santé ? Une part de la réponse de Nordenfelt consiste à montrer que la santé a à voir avec la réalisation par un individu de ses « buts vitaux ». Il y a sans doute deux manières de caractériser les buts vitaux. L'une en termes d'aspirations fondamentales des individus dans leurs projets de vie. L'autre en termes de conditions d'une vie acceptable, telle que par exemple peut la procurer la vie professionnelle dans des sociétés comme les nôtres. Dans un cas comme dans l'autre, la satisfaction des buts vitaux a des conditions internes qui correspondent intuitivement à ce qui est compris sous le concept de santé. Si divergentes que puissent être les aspirations fondamentales des individus, on peut penser que les conditions minimales de leur réalisation incluent des capacités physiques et mentales qui d'un individu à l'autre sont similaires sinon identiques. Il reste que le contexte peut priver un individu de la capacité à réaliser ses buts vitaux (c'est le cas de l'immigré qui n'a pas les aptitudes

---

1. L. Nordenfelt, *On the nature of health*, Dordrecht, Reidel, 1987, 1995.

requises sur le marché du travail dans le pays où il s'installe).
D'où la distinction entre capacité de premier ordre (savoir
exécuter une tâche socialement valorisée) et capacité de
second ordre ou capacité à acquérir une capacité de premier
ordre. Celui qui a la possibilité de s'adapter à un nouveau
contexte possède la capacité d'atteindre ses buts vitaux (c'est-
à-dire de réaliser son « bonheur minimal »). La santé, comme
capacité générale plutôt que particulière, est donc liée aux
capacités de second ordre.

Comment la théorie proposée par Nordenfelt doit-elle être
située dans le débat contemporain qui porte sur l'objectivité du
concept de santé ? Les concepts de santé et de maladie [*illness*],
tels que Nordenfelt en précise le sens, sont des concepts dont
l'usage suppose toujours la référence à un environnement
particulier. On peut dire que A est malade ou que A est en
bonne santé seulement en référence au contexte général dans
lequel A évolue. Être malade ou être en bonne santé, c'est
toujours l'être dans des « circonstances ordinaires », à une
époque et dans une société donnée. Ainsi, la disponibilité et
l'accessibilité de certains traitements ou dispositifs d'accom-
pagnement, qui relèvent non pas des aptitudes biologiques des
individus mais de l'avancée de la recherche médicale et des
politiques de santé publique en place, conditionnent directement le fait qu'un individu soit malade ou non. Pour que A ait
effectivement la capacité de second ordre de réaliser ses buts
vitaux, il doit exister un « programme » qui permet de transformer certaines de ses capacités de second ordre en capacités
premier ordre. Si Nordenfelt assume pleinement cet aspect de
sa théorie que certains qualifieraient de relativiste, il n'en
conclut pas pour autant que la valeur de vérité des énoncés
portant sur l'état de santé des individus demeure indéterminée.
En définissant la santé comme capacité de second ordre à

réaliser ses buts vitaux, il permet au contraire d'énoncer des jugements fiables concernant la santé des individus. En d'autres termes, si la santé de A dépend du contexte dans lequel A évolue (et des buts vitaux de A), le jugement selon lequel A est malade ou en bonne santé est lui fondé sur des critères universels.

La théorie holistique de la santé de Nordenfelt se démarque explicitement de la théorie biostatistique de Boorse, et plus généralement, de toute tentative de définition des concepts de la philosophie de la médecine dans un cadre exclusivement biologique. Ce n'est pas la normalité biologique, définie par exemple à partir de la biologie de l'évolution, qui est invoquée lorsqu'il s'agit de fonder la distinction entre santé et maladie. La théorie mérite d'être appelée holistique parce que la maladie [*illness*] affecte l'individu pris dans sa capacité à agir même si elle peut par ailleurs s'expliquer par l'état des composants du corps. Nordenfelt prête peu d'attention aux explications physiopathologiques parce qu'elles ne précisent pas des conditions nécessaires de l'état de maladie (voir la fin du texte traduit) et qu'elles ne nous permettent pas d'identifier *en quoi* les individus porteurs sont malades. Ce choix théorique a une conséquence directe sur l'articulation entre philosophie de la médecine et philosophie de la psychiatrie. Pour Nordenfelt, il y aura ainsi une santé mentale comme une santé physique, non pas parce que nous devons penser les facultés de l'esprit comme des aptitudes naturelles susceptibles de dysfonctionner, mais parce que, exactement comme certains états physiques, certains états mentaux (du fait de pathologies, traumatismes, ou déficiences congénitales) peuvent empêcher l'individu de réunir les conditions de son bonheur minimal [1].

Une autre dimension importante de la théorie de Nordenfelt, développée dans *On the nature of health*, est que la définition de la santé par la capacité à réunir les conditions du bonheur minimal vaut avant tout pour la santé de l'adulte humain : d'une part à la différence de l'enfant, l'adulte réunit par son activité les conditions de son bonheur minimal au lieu que ce soit l'activité d'un tiers qui lui procure un tel bonheur ; d'autre part la référence au bonheur minimal n'a pas de sens pour les plantes et certains animaux. Dans cette théorie, il donc faut distinguer des cas paradigmatiques et des cas dérivés où la possession de la santé est définie au moyen d'une analogie incomplète. Ainsi il y aura deux critères de la santé de l'animal ou de la plante : le fait dans un environnement standard d'avoir un type de fonctionnement *similaire* à celui qui chez un homme permettrait l'obtention du bonheur minimal de celui-ci, et d'autre part le fait que leur état soit compatible avec nos fins et notre propre bien-être (voir la santé des animaux domestiques). Ainsi la possession de la santé ne se confond pas avec la simple intégrité d'un organisme, mais avec son intégrité dans sa relation à des fins qui sont les nôtres, ou par analogie avec la réalisation de telles fins. Nordenfelt définit ainsi moins la santé « intrinsèque » des plantes et des animaux, que les conditions sous lesquelles nous leur attribuons de manière justifiée des états de santé et de maladie.

Dans le texte traduit (voir sa bibliographie), Nordenfelt a lui-même énuméré des auteurs qui lui paraissent proches de la position qu'il défend, que ce soit, dans la tradition médicale,

---

1. Voir L. Nordenfelt, Rationality and compulsion – Applying action theory to psychiatry, Oxford, Oxford University Press, 2007.

Galien (dans l'état de santé, nous ne sommes pas empêchés de nous adonner aux activités de la vie courante), ou dans la tradition sociologique, Talcott Parsons (l'étude du « sick role »). Pour le lecteur français, l'accent mis sur l'autonomie de l'agent ne manquera pas de susciter des parallèles avec l'œuvre de Georges Canguilhem (l'incapacité du malade à être normatif). Et c'est une dimension importante de la réflexion de Nordenfelt que sa volonté d'articuler la réflexion sur la santé à une réflexion sur les conditions du bonheur de l'agent (plutôt que sur le sentiment du bonheur), réflexion qui a des accents aristotéliciens. Si l'analyse de ces diverses influences et convergences reste à faire, il reste vrai que, par son aptitude à combiner la patience de l'analyse conceptuelle et la prise en compte des réalités sociales contemporaines, l'œuvre de Nordenfelt se présente comme une contribution significative et originale à la philosophie de la médecine, qui mérite d'être connue et discutée.

ACTION, CAPACITÉ ET SANTÉ *

CHAPITRE 7
CAPACITÉ ET INCAPACITÉ : VERS UNE THÉORIE

Que veut-on dire, plus précisément, quand on dit qu'un être humain peut accomplir une action ? Le terme « peut » est très ambigu ; il admet des interprétations aussi diverses que a) la possibilité logique (neuf peut être divisé par trois) ; b) la possibilité épistémique (pour ce que j'en sais, il peut avoir trente ans) ; c) la possibilité physique (les êtres humains peuvent survivre uniquement en recevant de l'oxygène) ; d) la capacité (John peut parler russe) ; e) l'autorité (cette université peut délivrer des doctorats) ; f) l'opportunité (Pierre peut traverser la route à présent).

Si nous nous limitons uniquement aux êtres humains et à leurs relations aux actions, nous pourrions prendre en compte au moins les trois dernières interprétations ; lorsque nous disons que A peut faire F, nous pouvons vouloir dire soit que A a la capacité de faire F, soit que A a l'autorité qui permet de faire F, soit que A a l'opportunité de faire F – ou quelque

* Extraits de L. Nordenfelt, *Action, ability and health. Essays in the philosophy of action and welfare*, Dordrecht, Kluwer, 2000, trad. fr. M. Le Bidan et Denis Forest, avec l'accord de l'auteur.

combinaison de celles-ci. En vue de la présente discussion il est particulièrement important de distinguer entre la capacité qu'a une personne de faire *F* et l'opportunité qu'elle a de le faire (dans bien des contextes théoriques, l'autorité peut être considérée comme une sorte de circonstance conventionnelle, une sorte d'opportunité).

Lorsqu'une personne possède à la fois la capacité et l'opportunité (incluant l'autorité) d'accomplir une action particulière, alors elle peut l'accomplir au sens le plus fort de ce terme. Ce sens fort nous l'appellerons ici *possibilité pratique*.

[...]

Capacité et incapacité

Longue est la liste des facteurs nécessaires à la réalisation des actions. [...]

Du point de vue du *bien-être humain*, tous ces facteurs ont leur importance. Si une personne trouve important d'accomplir une certaine action pour parvenir au but qu'elle s'est fixé, alors il est important qu'elle connaisse et qu'elle essaie de maîtriser tous les types de facteurs qui peuvent faire obstacle à son action. Par conséquent tous les facteurs susceptibles de faire obstacle à celle-ci sont pertinents dans une théorie générale du bien-être.

Pour cette partie de la théorie du bien-être qui est concernée par la santé, nous pouvons un peu restreindre le champ. Nous pouvons, très schématiquement, écarter l'aspect *opportunité* de la possibilité pratique et nous concentrer sur l'aspect *capacité*. Ceci signifie : les ressources internes de la personne (physiques et mentales) sont-elles suffisantes pour accomplir les actions qui sont constitutives de la santé ?

[...]

Considérons l'exemple suivant. Un écolier est introduit dans le cockpit d'un avion. Le pilote lui indique au moyen d'instructions détaillées comment manipuler les instruments de bord, et l'enfant est même parfois assisté physiquement dans la manipulation de ceux-ci. Par conséquent, étant données les circonstances extraordinaires créées par le pilote, l'écolier est capable de piloter l'avion.

Mais ce type de situation n'est pas ce que nous avons à l'esprit lorsque nous disons qu'un écolier est capable de piloter un avion. Nous ne voulons pas dire qu'il peut y arriver, étant donné des circonstances extrêmement avantageuses, mais plutôt qu'il peut y arriver étant donné des circonstances ordinaires (« normales »).

La distinction entre circonstances extraordinaires et ordinaires est évidemment cruciale pour la théorie des *incapacités médicalement définies et des handicaps*. Nous décririons certainement une personne qui a perdu ses deux jambes comme incapable de se déplacer. Mais si elle est assise dans un fauteuil roulant, ce n'est pas vrai. Par conséquent, pour décrire la personne comme étant dans un état d'incapacité, nous devons mettre tout d'abord de côté la chaise roulante.

[…]

Comment déterminons-nous […] l'ensemble normal de circonstances ? Il n'existe pas d'algorithme permettant de résoudre ce problème. Ce n'est pas une simple question de statistiques, bien que la question de la fréquence à laquelle reparaissent certaines circonstances joue certainement un rôle. Ce qui compte comme une situation soit inhabituellement avantageuse, soit inhabituellement difficile par rapport à une action donnée, est fondamentalement une question normative. Nous suivons une convention adoptée dans notre société lorsque nous disons, par exemple, qu'une personne capable de lire ne devrait pas avoir besoin d'un supplément d'instruction, ou qu'une personne capable de marcher devrait pouvoir résister à un vent modéré de, par exemple, vingt mètres par seconde. Une personne qui ne parvient pas à marcher au milieu d'un ouragan, cependant, bien qu'elle essaie, peut encore être dite capable de marcher.

Je conclus que le concept de capacité, comme il est normalement compris, est relié à un ensemble de circonstances *ordinaires*. Cet ensemble peut être entièrement personnel, c'est-à-dire un ensemble considéré comme raisonnable par l'utilisateur de la notion. Ou bien il peut être un ensemble de circonstances communément acceptées comme ordinaires, ce que j'appelle ici des circonstances *normales*. Un tel ensemble de circonstances normales est relatif à un certain environnement naturel et culturel. Le concept de circonstance normale est de plus un concept normatif. L'acceptation commune de circonstances normales pour un type d'action particulier est en partie influencée par des facteurs statistiques, mais est déterminée principalement par le profil des buts de la société.

Capacité de premier ordre et capacité de second ordre

On peut parler de capacités d'ordre différent. Je distinguerai ici entre capacité de premier ordre et capacité de second ordre. La discussion précédente et les précisions que j'ai apportées concernaient seulement les capacités de premier ordre. La notion de capacité de second ordre sera définie comme suit :

A a une capacité de second ordre, vis-à-vis d'une action *F*, si et seulement si *A* a la capacité de premier ordre de suivre un programme de formation [1] après l'achèvement duquel il aura la capacité de premier ordre de faire *F*.

Une capacité de second ordre est donc compatible avec une incapacité de premier ordre, alors que la réciproque n'est pas vraie. Une personne pourrait ne pas avoir la capacité de premier ordre de gagner sa vie en Suède. Elle pourrait cependant en avoir la capacité de second ordre. Elle pourrait être capable de se former dans le but de bien gagner sa vie dans ce pays.

[…]

La notion de capacité de second ordre peut être rapprochée de celle d'aptitude [*capability*] biologique de l'homme. Cependant, cette notion ne doit pas nous faire perdre de vue la relation de toute action à son environnement. Dire que *A* a la capacité de premier ordre de suivre un programme d'entraînement avec succès présuppose un ensemble de circonstances ordinaires. On peut concevoir que certaines personnes, si elles étaient engagées dans des programmes de formation très poussés et très coûteux, pourraient atteindre la capacité de premier ordre désirée. Mais si de tels programmes ne sont pas disponibles ou s'ils n'ont même pas été conçus, ces personnes ne peuvent pas faire partie de celles auxquelles on attribue la capacité de second ordre correspondante.

[…]

---

1. On pourrait rendre *training program* par *programme d'entraînement* plutôt que *programme de formation*. Néanmoins le passage des capacités de second ordre aux capacités de premier ordre n'est pas seulement affaire d'entraînement en un sens étroitement sportif. L'usage du terme de formation vise à rendre la généralité du propos.

CHAPITRE 8
SUR LA CONCEPTION DE LA SANTÉ COMPRISE
COMME CAPACITÉ

Introduction

Les concepts médicaux comme ceux de santé, de maladie [*illness*] et de pathologie [*disease*] ont été un objet d'étude dans des disciplines comme l'anthropologie, la sociologie et la philosophie depuis un certain nombre de décennies. Le débat a essentiellement porté sur les mérites respectifs d'une part d'une conception médicale de ces concepts, qui met l'accent sur leur fondement biologique, et d'autre part d'une conception sociologique-anthropologique, qui met l'accent sur la dépendance de ces concepts vis-à-vis du contexte culturel et social dans lequel ils sont utilisés. La plupart de ceux qui participent à ce débat, en particulier ceux qui représentent les sciences sociales, ont pris le parti de l'interprétation sociologique de ces concepts. Dans le champ philosophique, d'autre part, des théories bien différentes ont été proposées ; une analyse vigoureuse défendant pour l'essentiel la conception médicale a été offerte par C. Boorse (1975, 1976 et 1977), tandis que de nombreuses critiques non moins vigoureuses de cette conception ont été offertes depuis par un certain nombre de théoriciens (par exemple G. J. Agich 1983, H. T. Engelhardt 1995, K. W. M. Fulford 1989 et moi-même (Nordenfelt 1995) ; pour une réponse récente de Boorse lui-même, voir Boorse 1997).

La question peut à présent être posée : est-ce une discussion importante ? Et quelles sont ses conséquences pour les institutions de santé ou pour d'autres organisations et pratiques sociales ? Afin de permettre la discussion de ces questions, je propose de formuler aussi clairement que possible les principaux points d'ordre conceptuel.

Les deux concepts de santé

J'esquisserai d'abord une version de la théorie médicale (que j'appellerai aussi une théorie biostatistique) de la santé. L'idée fondamentale est ici la suivante. L'évolution biologique a créé de nombreuses espèces, dont l'espèce humaine. Cette évolution a entraîné certains changements, mais elle a aussi entraîné la fixation et la conservation des espèces les plus adaptées et de leurs caractéristiques spécifiques. L'espèce humaine a prouvé qu'elle était une de ces espèces adaptées.

Les humains ont de nombreuses caractéristiques spécifiques, à la fois en termes de structure et de fonction. Nous avons une idée de la manière dont ces caractéristiques ont contribué à la survie des individus et de l'espèce prise comme un tout. On peut grâce à ces connaissances se représenter un modèle de la vie d'un individu capable de survivre. Et selon ce modèle, on a posé les bases d'une théorie d'inspiration bio-logique de la santé et de la maladie. Un être humain est en bonne santé, selon une telle théorie, s'il fonctionne selon le plan (*pattern*) typique de l'espèce humaine. D'autre part, un être humain est en mauvaise santé si l'accomplissement insuffisant d'une ou de plusieurs des fonctions biologiques l'écarte de ce plan de manière sub-normale.

Une théorie claire et cohérente de ce type a été présentée par le philosophe américain Christopher Boorse (1977). Il développe sa théorie en introduisant d'abord le concept de pathologie [*disease*]. Il définit ce concept de la manière suivante : une pathologie est l'état d'un individu qui interfère avec, ou empêche, le fonctionnement normal d'un des organes ou système d'organes de cet individu.

La fonction normale d'un organe est à son tour interprétée comme la contribution typique dans l'espèce de cet organe aux buts biologiques que sont la survie de l'individu et la survie de l'espèce. La santé peut donc être définie simplement de la façon suivante : *A* est complètement en bonne santé si et seulement si *A* n'a aucune pathologie, c'est-à-dire si et seulement si le niveau d'efficacité de ses fonctions physiques et mentales est compris dans les intervalles normaux.

Mais quelle est la procédure, selon Boorse, pour déterminer le niveau normal d'accomplissement des fonctions dans l'espèce humaine ? Selon Boorse, la méthode statistique est la seule raisonnable. Le plan [*pattern*] typique d'une espèce est le plan statistiquement typique. La fréquence cardiaque typique de l'espèce est l'intervalle à l'intérieur duquel on trouvera la fréquence cardiaque de la plupart des gens. La philosophie générale que préconise ici Boorse est de ce fait très proche de celle qu'utilisent les physiologistes et chimistes cliniciens quand ils essaient de déterminer les valeurs normales ou de référence pour diverses fonctions physiologiques humaines.

Le concept de pathologie [*disease*] tel qu'il est défini par Boorse ne couvre pas tous les usages ordinaires du terme de maladie. Il peut y avoir pathologie au sens technique que lui donne Boorse sans que le porteur soit au courant. Une pathologie [*disease*] n'entraîne pas nécessairement une incapacité et ne requiert pas nécessairement de traitement. Dans le but de rendre raison de ces intuitions, Boorse introduit la notion de maladie [*illness*]. Sa définition précise de la maladie est la suivante : une personne est malade [*ill*] si et seulement si elle a une pathologie qui est assez sérieuse pour la priver de certaines capacités, qui est donc indésirable pour cette personne et qui requiert un traitement (Boorse 1975).

Il est important de remarquer, cependant, que la maladie ainsi définie présuppose l'existence d'une pathologie (au sens bio-statistique). Un handicap ou tout autre état physique indésirable qui n'aurait pas pour cause une pathologie ne pourrait pas être appelé maladie dans le système de Boorse. L'ancrage bio-statistique est donc également fondamental pour la notion de maladie chez Boorse. (On peut remarquer ici que cette interprétation du concept de maladie n'est pas universelle parmi les théoriciens de langue anglaise. Pensez par exemple à la caractérisation des notions de pathologie [*disease*], maladie [*illness*] et indisposition [*sickness*] par J.H Marinker (1975)).

La théorie biostatistique est à bien des égards simple et élégante. Elle fait des concepts de santé et de pathologie [*disease*] des concepts scientifiquement opératoires. Selon cette théorie, on peut en principe déterminer numériquement les limites qui définissent les fonctions physiologiques normales et pathologiques. Cette théorie est aussi très générale. Elle ne s'applique pas seulement à l'espèce humaine mais à toutes les espèces biologiques. Pour chaque espèce, qu'elle soit animale ou végétale, on peut calculer statistiquement les intervalles normaux, et sur la base de ceux-ci déterminer si un individu est en bonne santé ou non.

En dépit de ces avantages, de très virulentes critiques se sont élevées contre cette théorie. Permettez-moi les résumer rapidement ici :

Cette théorie ne prend pas en compte la grande variabilité des valeurs normales, valeurs qui dépendent de l'environnement, des activités et du mode de vie de l'individu en général.

Cette théorie ne prend pas en compte les mécanismes de compensation. Une valeur anormalement basse pour une certaine fonction peut être compensée par une valeur anormalement élevée pour une fonction voisine pour un même résultat net.

De nombreux états physiques ou mentaux, qui sont intuitivement considérés comme des pathologies ou comme étant des signes de mauvaise santé, n'impliquent pas nécessairement de niveau de fonctionnement statistiquement anormal. Étant donné un climat extrême, comme par exemple un climat très rude, la réduction de certains niveaux de fonctionnement peut en fait être statistiquement normale. (Pour une version développée de ces arguments, voir Nordenfelt 1995, p 22-23).

Boorse lui-même n'est pas parfaitement cohérent lorsqu'il propose une conception de la santé et de la pathologie qui ne fait pas référence à des valeurs. (Ceci a été discuté en détail dans Fulford 1989, chapitre 3).

Le concept holistique de la santé

Conséquence de cette discussion critique, un type complètement différent de théorie a émergé. Il vise principalement à donner une caractérisation positive de la santé qui ne dépend pas d'une compréhension préalable du pathologique et de la maladie[1]. Ce type de théorie n'est certainement pas neuf. Galien, par exemple, a dit que la santé est un état dans lequel nous ne pouvons ni souffrir de maux ni être empêché d'accomplir les fonctions de la vie quotidienne. Dans une veine similaire, le sociologue Talcott Parsons dit : « La santé peut

---

1. Il faut insister sur le fait que ce livre concerne uniquement la notion de santé humaine. Pour une caractérisation de la santé dans le contexte des animaux non-humains et des plantes, voir la discussion dans Nordenfelt 1995, p. 139-143.

être définie comme l'état de capacité optimale d'un individu pour la réalisation effective des rôles et des tâches pour lesquels il a été socialisé » [1].

Dans la plupart de ces caractérisations holistiques de la santé, deux sortes de phénomènes sont mentionnés : a) comment subjectivement on se sent, état agréable ou bien-être dans le cas de la santé, douleur ou souffrance dans le cas de la maladie ; b) le fait d'être dans un état de capacité ou d'incapacité, le premier indiquant la santé, le dernier la maladie.

Ces deux types de phénomènes sont dans bien des cas liés l'un à l'autre. Il y a tout d'abord une connexion empirique, causale. L'état agréable, le bien-être contribuent causalement à la capacité de celui qui les éprouve. Un sentiment de douleur ou de souffrance peut être incapacitant à quelque degré. À l'inverse, la perception qu'a un sujet de ses capacités et incapacités influence considérablement son état émotionnel.

Certains voudraient soutenir que la relation entre les deux types de phénomènes est même plus forte, c'est-à-dire qu'il y a des liens conceptuels entre, d'un côté, le sentiment de bien-être et l'état de capacité, de l'autre, la souffrance et l'incapacité. Selon cette idée, souffrir beaucoup, par exemple, veut dire pour une part qu'on est dans un état d'incapacité. Un certain degré d'incapacité est ici une condition nécessaire de la présence de la douleur, de sorte que si les capacités de la personne ne sont pas affectées, on ne peut pas dire qu'elle souffre beaucoup.

Dans la présente analyse, on acceptera l'hypothèse selon laquelle il existe une relation conceptuelle entre douleur et incapacité. Une personne ne peut pas faire l'expérience d'une grande douleur ou de la souffrance sans manifester quelque

---

1. La citation de Galien est tirée de Temkin, p. 637. La citation de Parsons vient de 1972, p. 117.

degré d'incapacité. Mais une personne peut avoir une incapacité particulière, ou générale, sans faire l'expérience de la douleur ou de la souffrance. Il y a des cas paradigmatiques de maladie où douleur et souffrance sont absentes. Un cas évident est celui du coma. Un autre cas est celui des déficiences et maladies mentales. Lorsqu'un patient ne peut pas réfléchir sur sa propre situation, alors ses incapacités n'ont pas nécessairement la souffrance pour conséquence. En bref, chaque fois qu'il y a un degré élevé de douleur ou de souffrance, il y a incapacité, mais la réciproque n'est pas vraie.

Ces observations préliminaires indiquent que le concept d'incapacité a une place bien plus centrale dans la caractérisation de la maladie ou de l'absence de santé que les concepts correspondants de douleur et de souffrance. Si c'est seulement l'une de ces caractéristiques qui est essentielle à la notion de maladie, alors le candidat naturel, c'est l'incapacité. Ceci est ma principale raison pour fonder l'analyse qui suit sur les concepts de capacité et d'incapacité [1].

La santé comme capacité

De quoi une personne en bonne santé doit-elle être capable? Quelles sont les incapacités qui conduisent une personne à s'estimer incapable de quelque chose? À la suite de quelles incapacités recherche-t-elle une prise en charge médicale? Et quelles sont les incapacités qui justifient que le système de santé publique prenne en charge cette personne?

---

1. En faisant ce choix d'ordre conceptuel, je ne nie pas l'importance de concepts de douleur et de souffrance pour comprendre la phénoménologie de ce que j'appelle la «maladie subjective». Dans Nordenfelt 1993, p. 103-112, je traite ces problèmes plus longuement.

(Ces questions, à l'évidence, ne sont pas identiques. La dernière question en particulier a une connotation politique. La réponse ne dépend pas seulement de l'analyse conceptuelle mais également d'une politique fondée sur des décisions économiques qui concernent les priorités en matière de médecine. Dans ce livre, je n'entrerai pas dans cette discussion).

Dans mon approche de ces problèmes, je vais d'abord un peu changer ma façon de m'exprimer. Au lieu de parler d'un ensemble d'actions qu'un agent doit être capable d'accomplir, je vais supposer qu'il y a un ensemble de *buts* qu'une personne en bonne santé doit être capable d'atteindre. Ceci n'implique pas un changement radical de philosophie. C'est simplement une simplification dans l'expression. En mettant l'accent sur les buts (ultimes), je peux éviter la longue énumération des actions particulières. De plus, je ne suis pas obligé de prendre des décisions difficiles relatives au niveau auquel les concepts relatifs à l'action doivent être spécifiés.

Il est plausible de croire que, quelle que doive être la réponse adéquate à la question de la nature de la santé, ce sera une réponse à un niveau abstrait, qui peut être résumée selon certains buts généraux. La question devrait donc être formulée dans les termes suivants : quels sont les buts qu'une personne en bonne santé doit être capable de réaliser à travers ses actions ?

[…]

La question suivante est encore plus importante : la santé comprise comme capacité est-elle une *capacité de premier ou de second ordre* ? Je soutiendrai ici que l'alternative la plus plausible est la seconde. Je suggèrerai qu'être en bonne santé, c'est avoir la capacité de second ordre de réaliser ses buts vitaux. Je propose de défendre cette idée.

Comparons les deux personnes suivantes. John est un athlète très entraîné. Il est spécialiste de saut en hauteur et il peut normalement sauter 2 mètres. Cependant, un certain jour, il a mal à la jambe et ne peut sauter qu'1 mètre 50. Peter est un homme qui ne s'est jamais entraîné au saut en hauteur, et lorsqu'il essaie de sauter ce même jour où John est blessé, il saute 1 mètre 50. Nous supposons par ailleurs que Peter a les mêmes aptitudes biologiques que John. Si Peter s'entraînait, il serait lui aussi capable de sauter 2 mètres.

Dans ce cas, les capacités de premier ordre de John et Peter sont, à un certain instant t, identiques. Il semble cependant très peu plausible de dire que tous les deux ont le même degré de santé. Intuitivement, c'est John qui est en mauvaise santé, et Peter peut être en parfaite santé.

Considérons ce nouvel exemple. Un jeune homme sans instruction quitte son pays (un pays en développement) pour la Suède. Dans son pays natal, il avait ses propres terres, qu'il cultivait assez bien pour se nourrir et nourrir sa famille. Quand il arrive en Suède, disons en tant que réfugié politique, il n'est plus capable de mener une telle vie. Alors qu'il vivait relativement bien dans son pays natal, il en est incapable en Suède. Mais dira-t-on que cet homme est en bonne santé dans son pays natal et qu'il tombe malade à son arrivée en Suède ? Non, il semble plus plausible de dire ceci : du moment qu'il a la capacité de second ordre [de gagner sa vie], c'est-à-dire qu'il peut suivre avec succès des cours de langue et d'autres cours nécessaires, alors il peut être complètement en bonne santé, et ce aussi dans le contexte suédois.

Donc en général, une telle incapacité, en tant qu'elle est seulement due à un déficit de formation, n'est pas le signe d'une maladie. On a raison de parler de maladie si et seulement si la formation a été elle-même mise en échec par des facteurs internes, et dans ce cas il y a incapacité de second ordre.

Mais que dire des cas typiques de maladies dues à des pathologies organiques ? Considérons ce qui suit. Soit un agent qui a la capacité de premier ordre d'exercer son activité professionnelle. Il tombe malade, et en conséquence de cela, il perd cette capacité de premier ordre. Cependant, est-il vrai de dire qu'il n'a plus la capacité de second ordre de faire son travail ?

Il est facile d'être ici induit en erreur et de confondre deux paires de concepts qui devraient être distinguées ; l'une des paires est capacité de premier ordre/ capacité de second ordre, l'autre est pouvoir d'exercer une compétence de base/ avoir une compétence de base. Normalement, nous attribuons une compétence de base à quelqu'un quand il sait comment faire quelque chose. Selon nos précédentes définitions, ceci est loin d'être nécessairement vrai pour les capacités de second ordre. L'immigré (de l'exemple précédent) ne sait rien de la Suède quand il arrive dans ce pays, et en ce sens il n'a pas les compétences de base requises pour y gagner sa vie. Il pourrait cependant en avoir capacité de second ordre.

Une compétence de base est compatible à la fois avec une capacité de premier ordre et une capacité de second ordre. Mais il est important pour notre propos de voir qu'une personne, qui a une compétence de base vis-à-vis d'une certaine action F, n'a même pas nécessairement la capacité de second ordre correspondant à F. Considérons un cas d'affection de longe durée (*long term illness*) : un footballeur professionnel se casse les deux jambes. Il est évident que pendant la période qui suit, il n'a pas la capacité de premier ordre de jouer au football. On dira cependant qu'il a, pendant cette même période, la compétence de base de jouer au football. Il sait toujours comment jouer au football. Mais ce footballeur a-t-il la capacité de second ordre de jouer au football alors qu'il est alité? Non, car avoir la capacité de second ordre de faire F signifie avoir la capacité de suivre un programme qui conduit à la capacité de premier ordre de faire F. Or ce footballeur, qui est obligé de garder le lit, n'est clairement pas en position de suivre un tel programme; et par conséquent nous pouvons dire de lui qu'il est malade.

Le même raisonnement peut être appliqué à tous les cas paradigmatiques de maladie dus à une pathologie ou à une déficience [*impairment*]. Pendant une phase aiguë de maladie, si courte soit-elle, le sujet perd non seulement la capacité de premier ordre mais aussi la capacité de second ordre de réaliser l'action dont il est incapable.

Cette intuition au sujet de la relation entre santé et capacité de second ordre est-elle tout à fait acceptable? Considérons le cas typique de la rééducation. Soit une personne qui a été malade mais qui s'est finalement rétablie. Elle reste cependant assez affaiblie et ne peut toujours pas faire grand-chose. Elle commence donc un programme de rééducation. Après sa période de rééducation, elle est à nouveau en mesure de faire tout ce qu'elle pouvait faire avant, à la fois dans sa vie professionnelle et sa vie privée. Comment doit-on alors décrire ce processus de rééducation? La meilleure façon de le décrire semble être la suivante: elle est passée d'un état dans lequel elle avait des capacités de second ordre à un état dans lequel elle a des capacités de premier ordre. Mais étant donné notre appareil conceptuel, sa santé ne s'est pas pour autant améliorée. Or selon nos intuitions, ce processus de rééducation n'entraîne-t-il pas une amélioration de sa santé?

Je pense qu'il y a une solution à cette énigme à l'intérieur de ma théorie. Le suivi du programme de rééducation n'entraîne pas seulement la transition des capacités de second ordre à des capacités de premier ordre. Il conduit normalement aussi à une considérable amélioration des capacités de second ordre. En exerçant certains muscles dans le but d'être capable de courir, nous améliorons simultanément nos aptitudes pour d'autres exercices dans lesquels ces mêmes muscles sont impliqués. C'est un changement de ce second type qui à proprement parler, selon mon analyse, constitue une amélioration de la santé. En rééduquant une personne affaiblie dans le cadre d'un programme approprié, on ne lui apprend pas seulement à faire de nouvelles choses, on lui apprend aussi à *apprendre à* faire de nouvelles choses.

CHAPITRE 9
SUR LES CONCEPTS DE BUT VITAL ET DE BONHEUR

Je vais à présent affronter le problème de la philosophie de la santé qui est le plus crucial. Une personne en bonne santé, que devrait-elle être capable de faire? Quels sont les buts *vitaux* de l'homme?

[…]

Je vais supposer qu'il est possible de trouver une caractérisation de l'ensemble des buts vitaux qui soit universellement applicable, et qui pourrait servir d'assise à la définition de la santé. Je vais tout d'abord tester cette supposition en considérant deux candidats naturels pour de tels buts, candidats qui ont été suggérés par la littérature philosophique sur la santé. La première suggestion est que les buts vitaux d'une personne devraient se confondre avec les *besoins* humains fondamentaux. L'autre est que les buts vitaux devraient simplement être considérés comme ce que le sujet *veut* à un certain moment.

J'ai discuté ailleurs ces deux suggestions en grand détail et soutenu qu'au mieux elles ne nous font guère avancer et qu'au pire elles sont entièrement inadéquates[1]. Mes conclusions peuvent être brièvement résumées ainsi :

Concernant les besoins. « Besoin » est fondamentalement un terme relationnel, plus précisément un prédicat avec quatre emplacements [pour des variables], où les termes sont un sujet, une situation, un objet et un but. Par exemple, considérons le cas où John est placé dans une situation où il a besoin d'un marteau pour réparer sa maison. Plus formellement, A a besoin de y en S pour obtenir G. Une formulation alternative, dans laquelle « besoin » est un nom, est : le besoin qu'a A de y dans S concerne l'obtention de G.

Il est très peu informatif, voire dénué de sens, de dire simplement que John a besoin d'un marteau. Une telle locution a besoin d'être complétée et clarifiée en répondant aux questions suivantes. Quels sont les buts vis-à-vis desquels nous avons identifié ce besoin ? Comment ces buts sont-ils déterminés ? Quelle est la situation d'arrière-plan vis-à-vis de laquelle les buts sont identifiés ?

Cette analyse est aussi pertinente pour le discours qui porte sur les *besoins humains fondamentaux*. À quel but un besoin fondamental est-il relié ? Dans la conception des besoins humains fondamentaux qui est peut-être la plus connue, celle d'Abraham Maslow (1954), on peut (non sans difficulté) parvenir à la réponse suivante à la première des questions du paragraphe précédent :

---

1. Ma discussion précédente au sujet des concepts de besoin et de santé se trouve dans Nordenfelt 1995, p. 57-65, et 1993, p. 137-145.

La satisfaction des besoins vitaux est une condition nécessaire à la survie de l'individu (ou de l'espèce) ou pour la *santé* de l'individu[1].

Seule la première partie de cette disjonction peut être utilisée pour la clarification de ce que sont les buts vitaux dans l'analyse de la notion de santé. Si la dernière partie de cette disjonction est mise à contribution, nous aboutissons à un cercle : *A* est en bonne santé signifie que *A* a la capacité de réaliser tous les buts qui sont nécessaires pour sa santé. En conséquence (en utilisant le système de Maslow et un certain nombre d'autres systèmes similaires), les besoins fondamentaux peuvent être reliés à la seule survie. Ceci est cependant tout à fait insuffisant pour notre objectif. La personne en bonne santé doit être capable de faire bien plus que de simplement assurer sa propre survie.

Sur les buts propres du sujet. Est-ce que les buts vitaux d'une personne pourraient être identiques à ceux qu'elle définit pour elle-même, c'est-à-dire ceux qu'elle a l'intention ou le désir de réaliser ? Cette suggestion initiale a une certaine plausibilité à première vue puisque ce que le sujet veut ou a l'intention de faire est par définition important pour lui (ceci est également un aspect sur lequel je fonderai *in fine* mes propres considérations).

Cette proposition ne peut cependant pas convenir sans restriction, principalement pour les raisons suivantes. (i) Le sujet peut se fixer des buts déraisonnablement élevés. Devons-nous dire que tous ceux dont les ambitions sont trop élevées sont malades ? Ceci ne semble pas être une conclusion plausible. (ii) Il peut se fixer des buts déraisonnablement

1. Voir Maslow (1954), p. 21, pour un développement relatif à cette idée qu'il existe une connexion entre les concepts de besoin et de santé.

modestes. Une personne avec des ambitions très limitées et très peu de buts – qu'elle peut atteindre aisément – jouit-elle automatiquement d'un niveau de santé très élevé? Est-ce que l'adéquation des ressources pour des buts que l'on se fixe ou qu'on veut atteindre peut être un indicateur fiable de la santé dans le cas de la personne en question? Ceci semble contre-intuitif. (iii) La personne peut se fixer des buts qui sont en conflit les uns avec les autres et contre-productifs. Parfois les gens forment des intentions qui sont contraires à ce à quoi ils accordent le plus de valeur, ou même qui leur portent préjudice. Lorsqu'un homme décide de boire de l'alcool en grande quantité, il est vraisemblable que sa décision est en conflit avec un autre de ses buts importants, par exemple celui de remplir correctement ses obligations professionnelles. Il semble contre-intuitif de dire que toutes sortes de buts irrationnels et contreproductifs, simplement parce qu'ils sont l'objet d'intentions, devraient avoir le statut de buts vitaux.

Les buts vitaux en tant que buts reliés au bonheur sur le long terme

Ma propre solution au problème de la caractérisation [des buts liés à la santé] repose sur la notion de bonheur. Je dirai que les buts vitaux d'une personne sont *les états de chose qui sont tels qu'ils sont nécessaires et conjointement suffisants pour un bonheur minimal du sujet sur le long terme*.

Cette proposition présuppose de fait une analyse détaillée de la notion de bonheur. Qu'il me soit permis de résumer les éléments fondamentaux de ma propre analyse, lesquels ont été inspirés par E. Telfer (1980), J. Griffin (1986) et W. Tatarkiewicz (1976). Tout d'abord, une définition intuitive:

A est entièrement heureux, si et seulement si *A* veut que chaque chose du monde soit exactement comme il découvre qu'elle est.

Le bonheur, comme je le comprends, est relié conceptuellement aux volitions et buts des êtres humains. Quelqu'un est heureux du fait que ses souhaits et ses buts se réalisent, ou sont sur le point de se réaliser. Quelqu'un peut être heureux au sujet d'un succès dans sa carrière universitaire ou d'un succès en sport; ou bien quelqu'un peut être heureux au sujet de quelque événement externe qui contribue à la réalisation d'une chose qu'il souhaite. Si notre vie, prise comme un tout, est caractérisée par le fait que nos buts les plus importants sont atteints ou sont en train de l'être, alors cette vie est selon toute probabilité une vie de bonheur ou d'harmonie. Il est important de souligner que les buts dont il est ici question, l'individu n'a pas besoin d'en être conscient, le fait d'atteindre de tels buts n'a pas besoin d'être la conséquence de la réussite de sa propre activité, ni même de constituer un changement. Il appartient à nos buts les plus importants de maintenir le *statu quo*; de conserver ce que nous avons de plus proche de nous et de plus cher; de conserver nos emplois et en général de maintenir tout ce qui conditionne essentiellement nos vies.

On peut exprimer cette idée fondamentale, plus formellement et plus précisément, de la façon suivante :

A est entièrement heureux à *t* si et seulement si

A veut à *t* que ce soit le cas à *t* que $(x_1 \dots x_n)$

$(x_1 \dots x_n)$ constitue la totalité des volitions de *A* à *t*

A est persuadé à *t* que c'est le cas que $(x_1 \dots x_n)$

Selon cette définition, on peut dire du bonheur qu'il est un équilibre entre les volitions d'un sujet et le monde tel qu'il découvre qu'il est. Dans la plupart des cas, il y un écart entre les volitions d'une personne et sa façon de voir le monde. Cet écart peut être plus ou moins grand. Par conséquent, le bonheur doit être situé sur une échelle qui s'étend du bonheur complet au malheur complet. Ce dernier est l'état dans lequel rien dans le monde n'est comme le sujet voudrait que cela soit.

À partir de cette conception du bonheur, on peut tirer les importantes conclusions suivantes :

i) *Le bonheur est un concept en partie cognitif.* Ceci vient d'une part du lien conceptuel entre bonheur et volition, et d'autre part du lien conceptuel entre bonheur et perception. Pour être capable de vouloir quelque chose, il est nécessaire d'être un être minimalement intelligent. Si *A* veut avoir une voiture, *A* doit croire (ou au moins envisager) qu'il existe des choses comme les voitures et qu'il est possible de s'en procurer une. Vouloir quelque chose et percevoir quelque chose entraînent un état cognitif, connaissance, conviction, croyance, ou au moins imagination que certaines choses se trouvent être.

ii) *Le bonheur est distinct du plaisir.* Si le bonheur est un concept en partie cognitif, le plaisir, lui, ne l'est pas. « Plaisir » est un terme qui renvoie à un ensemble de sensations positives, comme par exemple certaines expériences gustatives et olfactives, ou encore celles occasionnées par l'exercice physique. Or puisque nous sommes nombreux à vouloir avoir des sensations de plaisir, le fait de ressentir du plaisir nous rend normalement heureux. Par conséquent, le plaisir est typiquement l'objet du bonheur. Le bonheur est un état mental de second ordre qui peut avoir pour objet le plaisir ou d'autres sensations, humeurs, et émotions positives.

Cette distinction entre bonheur et plaisir permet de comprendre plus facilement le fait qu'il existe des cas dans lesquels on peut être soit malheureux de ressentir du plaisir soit heureux de ressentir de la douleur ou de souffrir. Pour illustrer le premier de ces deux cas, considérons le cas d'un homme qui ne goûte pas le plaisir qu'il prend à s'enivrer la veille d'un examen. Dans ce cas, son plaisir fait signe vers un état futur indésirable qui aura des conséquences négatives à plus long terme. De la même façon, une personne qui souffre pourrait se rendre compte que sa douleur est une condition nécessaire pour atteindre une fin à laquelle elle accorde une grande importance. Un cas typique est la situation dans laquelle un patient comprend qu'il doit subir une opération douloureuse dans le but de retrouver la santé.

iii) *Le bonheur en tant qu'émotion. Une analyse dispositionnelle des émotions.* Selon ma précédente analyse des sentiments, le bonheur doit tomber sous la catégorie des émotions. Contrairement au plaisir, le bonheur a des *objets*, ce qui est la forme caractéristique des émotions. L'objet du bonheur compris comme une émotion peut être grossièrement et génériquement décrit comme un état de choses que A croit réel et que A estime constitutif de la réalisation d'une de ses volitions.

Le fait qu'un sujet soit heureux n'a cependant pas pour condition nécessaire qu'il ait un sentiment de bonheur au sens d'expérience continue, tout au long de la période durant laquelle il est vrai de dire qu'il est heureux. Comme de nombreuses autres émotions, le bonheur est compatible avec l'absence d'un quelconque sentiment. Considérons le cas extrême d'une personne endormie. Il pourrait être vrai de dire de A qu'elle est heureuse même pendant qu'elle dort.

Par ailleurs, le bonheur et les sentiments de bonheur sont reliés analytiquement. Le bonheur est une disposition à vivre certaines expériences. Et normalement, une personne heureuse ressent qu'elle est heureuse à certains moments pendant qu'elle est heureuse.

Les degrés de bonheur

J'ai dit que l'on pouvait être plus ou moins heureux dans sa vie. Selon le concept de bonheur que j'ai proposé, compris en termes d'équilibre des volitions [et des états de choses], on peut être complètement heureux dans sa vie dans le cas où toutes les conditions qui affectent notre vie sont exactement telles qu'on voudrait qu'elles soient. On est moins heureux dans le cas où certaines de ces conditions ne sont pas telles qu'on voudrait qu'elles soient, et on est complètement malheureux dans le cas où rien n'est tel que l'on voudrait que cela soit.

Comment alors évaluer et mesurer ce niveau de bonheur ? Peut-on se contenter de la procédure arithmétique suivante ?

$$\frac{\text{nombre de volitions satisfaites}}{\text{nombre de volitions}}$$

Je défendrai ici que cette proposition est complètement insatisfaisante, et ce pour deux raisons :

i) Que les volitions puissent être comptées aussi strictement que le suggère cette formule mathématique est une idée douteuse[1].

ii) Les volitions ne sont pas toutes de même *poids*. Une volition peut être bien plus importante qu'une autre. Par exemple, avoir des enfants et avoir un emploi convenable ont une plus haute importance pour *A* que le fait de faire un bon repas ou de partir en vacances en Ecosse. Par conséquent, *A* est plus heureux quand ce sont ses volontés les plus importantes qui sont réalisées que quand ce sont ses volontés d'importance seconde.

---

1. Dans Nordenfelt 1993, p. 55-61, je discute cette idée de compter les volitions et émets des doutes.

Considérons l'idée de « plus haute importance ». Qu'est-ce que cela signifie de dire que la volonté qu'a A de X a plus d'importance que sa volonté de Y ? Cela ne peut pas simplement vouloir dire que la satisfaction de sa volonté de X lui procure plus de bonheur que la satisfaction de sa volonté de Y, sinon nous tournerions en rond. Mon explication serait plutôt la suivante : la volonté qu'a A de X a plus d'importance que sa volonté de Y si et seulement si dans une situation de choix à t, dans laquelle A peut choisir soit X soit Y mais pas les deux, A choisirait X à moins qu'il n'en soit empêché par des facteurs internes ou externes. (Notons ici qu'il n'est pas nécessaire que X et Y soient des actions effectivement réalisables par A. La situation de choix doit avoir le caractère d'une expérience de pensée dans laquelle les items parmi lesquels A choisit peuvent être des états de chose de tous genres).

Avec cette formulation, je conserve un lien avec l'esprit de mon analyse du concept de bonheur, à savoir que A est heureux si et seulement si A veut que ses conditions de vie soient exactement comme A découvre qu'elles sont. Maintenant je peux dire que A est plus heureux dans une situation qui contient X que dans une situation qui contient Y, et expliquer cela en disant que A préfère la situation où X à la situation où Y.

Cette analyse nous permet-elle de faire des comparaisons entre différentes personnes ? Peut-on dire avec certitude que A est plus heureux que B ? Ceci peut être fait seulement étant donné certains présupposés que l'on peut clarifier dans les termes de notre analyse.

i) Supposons que A et B ont des volitions respectives qui ont exactement le même profil ; A et B ont exactement les mêmes volitions, et leurs volitions respectives observent la même hiérarchie. Par conséquent, nous savons que tous les deux préféreront X à Y (X et Y étant des situations totales).

Supposons maintenant que A est dans la situation X et B dans la situation Y. Il s'ensuit que A est plus heureux que B.

ii) Les critères peuvent être quelque peu assouplis. A et B peuvent avoir des profils de volition différents, mais pour autant, pour chacun d'entre eux, X sera préférable à Y. Donc si A est dans la situation X et B dans la situation Y (X et Y étant des situations totales), A doit être plus heureux que B.

Si ce raisonnement n'est pas concluant, ou si X et Y ne sont pas des situations totales, de sorte que les vies respectives de A et B contiennent des éléments supplémentaires qui ne sont pas pris en compte, alors on ne peut faire aucune comparaison sur la base des analyses précédemment présentées.

Par conséquent, qu'une comparaison entre différents niveaux de bonheur concerne une seule et même personne (dans des situations différentes) ou plusieurs personnes, il est nécessaire – à l'exception du cas discuté dans la section suivante – de vérifier que les profils de volitions sont identiques, au moins en ce qui concerne l'ensemble des situations totales mises en balance. Si de telles conditions de la comparaison ne sont pas remplies, je dirai alors que les différents états de bonheur sont *incommensurables* entre eux.

La notion d'acceptabilité et de bonheur minimal

Il y a cependant une situation qui doit attirer notre attention, une situation qui n'est pas rare et qui fait exception à cette incommensurabilité. Il s'agit du cas d'une comparaison entre une personne A, qui trouve que sa situation de vie est *inacceptable*, avec une personne B, qui trouve la sienne *acceptable*. Dans ce cas, B est manifestement plus heureuse que A. Et par là j'indique où passe la frontière si importante entre bonheur et malheur sur l'échelle des degrés du bonheur. Je suppose qu'il y a un niveau sur l'échelle du bonheur où on passe du bonheur au malheur. En-dessous de ce niveau, la situation est si peu satisfaisante qu'elle en est inacceptable ; la personne est malheureuse. Et juste à ce niveau, ou juste au-dessus, la situation est acceptable ; la personne est minimalement heureuse.

En ce sens, pour qu'une personne soit minimalement heureuse, certaines de ses volitions doivent être satisfaites. J'appellerai ces dernières volitions l'ensemble des volitions qui ont une *priorité haute* en un sens absolu.

La relation entre santé et bonheur

Rappelons à présent quelle est la place du bonheur dans le cadre théorique qui associe santé et buts vitaux.

La notion de bonheur a été introduite pour caractériser la notion de but vital. Cette dernière est un composant central de ma notion de santé. Je peux donc reformuler ma définition de la santé de la manière suivante :

A est pleinement en bonne santé, si et seulement si

A est dans un état physique et mental tel que

A a la capacité de second ordre, dans des circonstances ordinaires, de réaliser les états de choses qui sont nécessaires et conjointement suffisants au bonheur minimal de *A* sur le long terme.

Ceci peut apparaître comme une connexion très forte entre les concepts de santé et de bonheur. Cependant, il est important d'observer exactement quelles sont les implications. Cette relation entre les concepts rend compte, par exemple, des cas suivants. Une personne peut être dans un état de parfaite santé et en même temps être très malheureuse. Les circonstances dans lesquelles vit une personne en bonne santé peuvent être extrêmement défavorables. La personne en bonne santé qui vit dans le contexte d'une guerre ou qui a perdu un parent proche est rarement une personne heureuse. De plus, une personne en bonne santé peut s'abstenir d'utiliser ses capacités pour atteindre ses buts vitaux.

Mais cette caractérisation permet aussi qu'une personne avec un degré très bas de santé puisse être très heureuse. Une personne qui possède un degré de santé très bas et des capacités très réduites peut voir son état d'incapacité compensé, de sorte que les buts vitaux peuvent encore être atteints. Ceci est de fait ce à quoi les médecins et les infirmières essaient de parvenir lorsqu'ils procurent au patient ou client ce dont il a besoin. La compensation peut, par exemple, impliquer que le patient ou client soit assisté d'appareils qui le rendent capable de faire ce qu'il estime important.

CHAPITRE 10
SUR LA MULTIPLICITÉ DES CONCEPTS DE SANTÉ

[…]

La multiplicité des concepts de santé dans le cadre de la théorie des buts vitaux. Apparences et réalité.

Notons à nouveau la structure formelle du concept de santé que j'ai introduit dans cet ouvrage :

A est dans un état physique et mental tel que *A* a la capacité de second ordre, étant donné des circonstances ordinaires, de réaliser ses buts vitaux.

Selon cette définition, la santé indique une relation d'équilibre, étant donné des circonstances ordinaires, entre les capacités d'une personne et ses buts vitaux. En outre, cet équilibre peut se réaliser concrètement de façons très diverses. Premièrement, le choix des circonstances ordinaires est crucial. Gérer un foyer nécessite, dans un pays comme la

Suède, l'exécution de tâches plutôt simples d'un point de vue bio-mécanique (aller au magasin près de chez soi, poser les casseroles sur la cuisinière et tourner les boutons de la cuisinière), mais cela nécessite quelques connaissances plus poussées, notamment sur la façon dont on fait marcher son équipement de cuisine. Étant donné un environnement normal en Suède, être capable de gérer son foyer signifie être capable de se servir de tout ce matériel. Gérer son foyer pour un Esquimau du Groenland nécessite des choses complètement différentes. Les connaissances théoriques requises sont différentes, et les connaissances pratiques requises sont bien plus importantes et variées. Pour survivre, il est nécessaire, entre autres choses, de chasser et de tuer des animaux sauvages, ainsi que de préparer à manger à partir d'un animal qui vient d'être tué.

Deuxièmement, la nature des buts vitaux est bien évidemment cruciale. Si participer aux Jeux Olympiques constitue un but vital pour Smith, cela nécessitera des capacités athlétiques significatives. Si, dans un tout autre cas, devenir une figure du parti conservateur est un but vital pour Jones, cela nécessitera des aptitudes bien différentes.

Nous voyons donc que la santé d'un suédois ou d'un esquimau et la santé de Smith ou de Jones peuvent nécessiter des familles de capacités très différentes, qui dépendent des circonstances et des buts de chacun. Cette simple conclusion découle logiquement du fait que le concept expliqué, à savoir le concept de santé, est un concept relationnel.

Cette variété, qui est celle des diverses formes de santé, n'implique cependant pas que le terme « santé » soit ambigu, ou encore qu'il y ait deux concepts de santé en jeu. La variété des termes d'une relation n'implique pas l'ambiguïté de la relation elle-même.

[…]

Variété des concepts de santé en tant qu'ils dépendent de l'arrière-plan causal de la santé

Mon concept de santé est en un sens un concept très général. Notons-le : ce n'est *pas* un concept exclusivement médical. Je n'ai jusqu'ici rien dit de la relation entre la santé et les concepts plus nettement médicaux de pathologie [*disease*], de traumatisme [*injury*] et de déficience.

Dire que *A* est malade, dans notre conception telle qu'elle a été jusqu'ici exposée, c'est dire que la capacité de *A* à réaliser ses buts vitaux est compromise par *quelque* cause interne, pour l'instant non spécifiée.

Il est possible à présent de construire des concepts plus spécifiques et étroits de mauvaise santé ou maladie avec l'arrière-plan causal de la maladie comme fondement de la division. Certains cas de maladie (peut-être la majorité) sont causés par une pathologie [*disease*], c'est-à-dire un processus interne physique ou mental qui de manière typique a pour résultat l'état de maladie. D'autres cas sont causés par des *traumatismes* ou des *déficiences*. Les deux peuvent être vus comme des états internes, les premiers étant acquis, les derniers congénitaux, qui résultent typiquement en un état de maladie.

Pris ensemble, ces trois concepts forment la famille de ce qu'on appelle souvent les ennuis de santé [*maladies*][1]. La maladie causée par toute entité tombant sous l'un de ces trois concepts pourrait être appelée une forme de maladie causée par un ennui de santé, ou plus simplement, une forme *médicale* de maladie.

---

1. Sur l'usage de ce terme, voir K. D. Clouser, C. M. Culver, B. Gert, « Malady » *in* J. M. Humber R. F. Almeder, éds. *What is disease ?* Totowa, NJ : Humana, 1997, p. 175–217.

Étant donné l'adjectif *médical*, nous pouvons aussi construire de nouvelles variantes positives de la santé. Nous pouvons dire qu'une personne est en bonne santé d'un point de vue médical, si et seulement si sa santé n'a été compromise par aucune des formes d'ennuis de santé : soit pathologie, soit traumatisme – ou atteinte [*impairment*], soit déficience. De même nous pouvons faire une sous-catégorisation supplémentaire et dire qu'une personne est physiquement en bonne santé si sa santé n'a pas été compromise par des pathologies, des traumatismes ou des déficiences physiques, et qu'elle jouit d'une bonne santé mentale si sa santé mentale n'a pas été compromise par des pathologies, des traumatismes ou des déficiences mentales. De plus, la santé du point de vue médical est compatible en général avec une mauvaise santé due à d'autres causes. Une personne peut être médicalement en bonne santé mais être pourtant malade à cause, par exemple, de problèmes existentiels.

Références

AGICH G.H., 1983. « Disease and value : a rejection of the value-neutrality thesis, *Theorical medicine*, 4, p. 27-41.

BOORSE C., 1975. « On the distinction between disease and illness », *Philosophy and public affairs*, 5, p. 49-68.

BOORSE C., 1976. « What a theory of mental health should be ? », *Journal for the theory of social behavior*, 6, p. 61-84.

BOORSE C., 1977. « Health as a theorical concept », dans ce volume, p. 61-119.

BOORSE C., 1997. « A rebuttal on health », dans J. M. Humber, R. F. Almeder (éd.), *What is Disease ?* Totowa (NJ), Humana Press, p. 1-134.

ENGELHARDT H.T. Jr., 1995. *The foundations of bioethics*, Second, revised edition, Oxford, Oxford University Press.

FULFORD K. W. M., 1989. *Moral theory and medical practice*, Cambridge, Cambridge University Press.

GRIFFIN J., 1986. *Well-being : its meaning, measurement, and moral importance*, Oxford, Clarendon Press.

KÓVACS J., 1998. « The concept of health and disease », *Medicine, health care and philosophy*, 1, p. 31-39.

MARINKER J. H., 1975. « Why make people patients ? », *Journal of medical ethics*, I, p. 81-84.

MASLOW A., 1954. *Motivation and personality*, New-York, Harper & Row.

MASLOW A., 1968. *Toward a psychology of being*, New York, D. von Nostrand Company.

NORDENFELT L., 1993. *Quality of life, health and happiness*, Avebury, Aldershot.

NORDENFELT L., 1995. *On the nature of health*, Second, revised edition, Dordrecht, Kluwer Academic Publishers.

PARSONS T., 1972. « Definitions of health and illness in the light of American values », *in* Jaco, E.G. (éd.) : *Patients, physicians and illness*, New York, The free press, p. 107-127.

TATARKIEWIZ W., 1976. *Analysis of happiness*, The Hague, Martinus Nijhoff.

TELFER E., 1980. *Happiness*, London, Macmillan.

TEMKIN O., 1963. « The scientific approach to disease : specific entity and individual sickness », dans Crombie, A.C. (éd.) : *Scientific change, historical studies in the intellectual, social and technical conditions for scientific dicovery and technical invention from Antiquity to the present*, New-York, Basic Books, Inc., p. 629-647.

LA DÉFINITION DE LA SANTÉ
ET DE LA MALADIE EN QUESTION

Présentation du texte de Germund Hesslow

AVONS-NOUS BESOIN D'UN CONCEPT DE MALADIE ?

par Maël Lemoine et Élodie Giroux

Germund Hesslow, philosophe, médecin et chercheur dans le champ des neurosciences, enseigne et conduit ses recherches à l'Université de Lund en Suède. Il est l'auteur de plusieurs articles sur diverses questions philosophiques. En philosophie des sciences médicales, il est connu pour ses travaux sur la question de la sélection causale[1], et pour « Avons-nous besoin du concept de maladie ? » paru en 1993 dans *Theoretical Medicine*. C'est la seule contribution de Hesslow à la question de la définition des concepts liés à la santé, ce qui est cohérent avec la position défendue par l'auteur. En effet, celui-ci donne ici sa forme expresse à un scepticisme répandu sur l'intérêt d'une telle question.

1. « The Problem of Causal Selection », *in* D. Hilton (éd.) *Contemporary Science and Natural Explanation : Commonsense Conceptions of Causality*, Brighton, Harvester Press, 1988.

Le présent article est le premier à remettre directement en question le point qui semble faire consensus entre normativismes et naturalistes : l'utilité d'une analyse conceptuelle de la santé et de la maladie. Dans « On defining disease » (1985), Brown avait précédemment questionné la possibilité même de la démarche : pour ce dernier, définir n'est pas ici possible car les concepts en médecine sont particulièrement vagues et complexes du fait même du statut non théorique de la médecine, essentiellement pratique et technique. Définir la santé et la maladie comme on définit l'électron, la masse ou le gène n'aurait de sens que si la médecine était une discipline de statut théorique au même titre que la physique et la biologie. Par ailleurs, des critiques de l'analyse conceptuelle en général avaient été développées à partir des années 1970 et 1980, notamment par les courants « naturaliste » et « cognitiviste »[1]. Toutefois, le champ de la philosophie de la médecine semble être resté à l'écart de ces débats[2].

Hesslow n'élabore par une méthode alternative à l'analyse conceptuelle pour « élucider » le concept de maladie. Son originalité est bien ici de mettre en question l'utilité même de l'analyse conceptuelle de la santé et de la maladie en démontant un à un les arguments généralement utilisés pour défendre les enjeux pratiques et sociaux de la définition du normal et du pathologique.

---

1. « Naturaliste » désigne ici une démarche de « naturalisation » de l'épistémologie et plus largement de la philosophie des sciences. Voir par exemple le livre de R. Giere, *Explaining Science. A Cognitive Approach*, Chicago, The University of Chicago Press, 1988.

2. Il faut ici excepter les travaux de Paul Thagard, *How Scientists Explain Disease*, Princeton University Press, Princeton, 1999, et Dominic Murphy, *Psychiatry in the Scientific Image*, Cambridge (Mass.), Massachusetts Institute of Technology Press, 2006.

La raison de cette abstention, ou abstinence, tient à un mot dans le titre de l'article : « avons-nous *besoin* d'un concept de maladie ? » Il ne s'agit pas en effet de demander si ce concept *peut* être établi : c'est possible, puisque, selon Hesslow, Boorse y est parvenu. Pour autant, cette forme de pragmatisme n'implique pas de faire du concept de pathologie un concept « pragmatique » et normativiste. Même si une telle définition est certainement possible, elle est tout aussi inutile qu'une définition naturaliste. Cela n'enlève rien, du reste, à l'utilité du mot lui-même (il est utilisé tous les jours, et on serait bien embarrassé de ne plus y recourir).

En effet, nombre d'articles sur la définition des concepts liés à la santé commencent par en rappeler l'intérêt fonda-mental pour diagnostiquer, prendre une décision thérapeu-tique, rembourser les frais occasionnés, décharger le patient de ses obligations, déterminer le degré de responsabilité juridique relatif à un état de santé. C'est presque un rituel sans produire de justification réelle de ce que l'on avance, tant on est convaincu de l'intérêt de l'entreprise. Pour Hesslow toutefois, cette définition n'est pas utile à la pratique médicale, pour laquelle ce qui est déterminant est la demande (et l'offre) d'assistance plutôt que la délimitation des cas où « il devrait » y avoir assistance. Elle n'est pas utile non plus à la science médicale qui fait du mot un usage purement conventionnel. La *qualification* de maladie n'y a pas de conséquence opéra-tionnelle et ne définit pas *a priori* le champ d'investigation, et on peut parfaitement se dispenser de comprendre ce que « maladie » signifie (alors que ce n'est pas le cas, par exemple, de termes comme « énergie » ou « masse » pour le physicien).

Dans leurs réponses à cet article de Hesslow, Boorse et Nordenfelt ont tenté d'argumenter à nouveau en faveur de l'utilité d'une telle analyse. Boorse acquiesce aux principaux résultats de l'analyse de Hesslow, mais en précisant qu'ils concernent davantage le concept pratique que le concept théorique. Il considère qu'il suffit que le concept de pathologie [*disease*] joue un rôle dans l'organisation de la connaissance médicale pour qu'une analyse en soit utile. Selon Nordenfelt, les critiques de Hesslow se concentreraient de manière erronée sur le seul concept de pathologie [*disease*], alors qu'il faut s'intéresser à l'ensemble des concepts liés à la santé. De plus, la confusion effective dans laquelle se trouvent le concept de pathologie et tous les concepts afférents – handicap, incapacité, santé –, associée aux controverses qu'ils suscitent dans le débat public, justifie à elle seule qu'ils soient clarifiés par l'analyse conceptuelle. Enfin, les conséquences sociales de l'usage par le corps médical des concepts de santé et de pathologie sont telles qu'il semble difficile de leur laisser un monopole non élucidé de l'usage de ces concepts.

Le pragmatisme « philistin » de Hesslow comporte plusieurs conséquences remarquables, à commencer par une neutralité indifférente, une ignorance délibérée des sophistications que requiert une définition des concepts liés à la santé. Les usages de ces concepts n'ont plus alors qu'un statut de variable flottante au gré des besoins du patient, des engagements et des possibilités du médecin, des normes juridiques et des objectifs de santé d'un pays. La conséquence de cette position est alors de favoriser curieusement le normativisme.

En cherchant à détourner les philosophes de l'entreprise de définir « santé » et « maladie », Hesslow les invite à s'intéresser directement aux problèmes sous-jacents pour lesquels ils prétendent que l'analyse conceptuelle de ces termes sont déterminants : les questions éthiques, économiques, juridiques posées par les situations rencontrées. Cette position a trouvé un écho récent dans un article de Marc Ereshefsky (« Defining "health" and "disease" »), enjoignant de distinguer les problèmes de description d'états de santé d'une part, où il est préférable de bannir les termes normatifs, et les problèmes de jugement normatif de l'autre, où la posture naturaliste apporte peu. Une telle distinction disqualifie la question générale de la définition de la maladie et de la santé, et nous dispense de chercher une réponse.

AVONS-NOUS BESOIN D'UN CONCEPT DE MALADIE ? [*]

1. INTRODUCTION

Je souhaite introduire le thème de cet article par une simple analogie. Un conducteur qui n'est pas satisfait de l'accélération de sa voiture (CO) contacte un mécanicien automobile (MA) pour corriger la défaillance. S'ensuit le dialogue suivant :

> MA : J'ai soigneusement testé votre voiture et je ne vois rien qui n'aille pas. L'accélération n'est pas censée être plus rapide.
> CO : Mais un ami a une voiture du même modèle et quand je la conduis, l'accélération est nettement meilleure. Ma voiture doit avoir une défaillance mécanique.
> MA : Je peux vous l'assurer, il n'y a pas de défaillance. Toutefois, il y aura toujours des variations individuelles mineures entre les voitures du même modèle. Les valves de la voiture de votre ami sont probablement réglées de manière différente.

[*] « Do we need a concept of disease ? ». Paru dans *Theoretical Medicine*, 14, p. 1-14, 1993. Kluwer Academic Publishers, trad. fr. M. Lemoine, avec l'accord de l'auteur.

CO : Mais cela veut donc bien dire que ma voiture est
défectueuse !

GM : Non ! Il n'y a ni défaillance, ni défaut. Les valves sont
simplement réglées *différemment*. Cela ne veut pas dire que
quelque chose *ne va pas*.

CO : Je ne sais pas comment vous définissez « ne va pas » ou
« défaillant », mais pour moi, ces mots ne font qu'indiquer que
les choses ne sont pas aussi bonnes qu'elles le pourraient.

À ce stade, nous pouvons envisager deux scénarios
différents. Dans la première version un philosophe s'interpose.

P : Manifestement, dit-il, à l'origine de cette controverse il y a
une confusion au sujet du concept de défaillance mécanique
et d'autres concepts apparentés tels que "défectueux" et
"mauvais fonctionnement". Les attitudes et les activités des
mécaniciens automobile dépendent de la manière dont ces
termes sont compris. Pour résoudre le problème, nous devons
nous atteler à une analyse conceptuelle rigoureuse. Alors,
laissez-moi réfléchir… (Le philosophe se perd dans ses
pensées et y reste perdu pendant un an environ.)

Dans l'autre scénario, GH, ami de CO et philistin de son
état, entre et s'adresse au mécanicien.

GH : maintenant, arrêtons de divaguer ! Y a-t-il quelque chose
que vous pouvez faire pour améliorer l'accélération, et si c'est
le cas, y a-t-il des raisons de ne pas le faire ?

MA : Oui, bien sûr ! C'est facile pour moi de régler les valves.
Cela va accroître légèrement la consommation d'essence de la
voiture, cela reviendra donc plus cher de la conduire, mais
cela améliorera l'accélération. Mais, comme je l'ai dit, cela ne
veut pas dire que quelque chose ne va pas dans cette voiture…

GH : Peu m'importe de savoir si quelque chose ne va pas dans
cette voiture, s'il y a une défaillance, un défaut ou une erreur.
Peu m'importe aussi de savoir si la voiture est conforme aux

spécifications du concepteur. CO veut qu'on fasse quelque chose pour la voiture et vous pouvez le faire. Peut-être faut-il discuter des arguments pour et contre, et vous devez bien sûr vous mettre d'accord sur un prix, mais ce débat pour savoir si le point faible que CO veut voir changer doit être appelé une défaillance ou non est complètement stérile.

Beaucoup pensent que la distinction entre santé et maladie a des conséquences importantes. Des questions comme celle de savoir si une personne psychotique devrait être tenue pour responsable de ses actions, ou si un certain état de santé devrait être traité, semblent exiger que nous nous décidions d'abord sur le fait de savoir si l'individu est malade ou en bonne santé. Si c'est le cas, il peut sembler que ces décisions cliniques importantes dépendent de la manière dont nous traçons la ligne entre santé et maladie. Par suite, il n'est pas étonnant que l'on ait dépensé beaucoup d'énergie à essayer d'atteindre des définitions incontestables de ces termes. [1]

L'objectif de cet article est de montrer que ces tentatives vont dans la mauvaise direction. À l'opposé, je soutiendrai que nous devrions tirer les leçons de la position du philistin ci-dessus. La question de la santé et de la maladie n'est pas pertinente – à aucun moment nous n'avons vraiment besoin de savoir si quelqu'un a une maladie ou pas, et par conséquent, nous n'avons pas besoin d'une définition de « la maladie ». Mon propos est à la fois descriptif et normatif. Je soutiens que le concept de maladie ne joue pas en fait le rôle, crucial dans le processus de décision clinique, auquel beaucoup semblent

---

1. Voir p. ex. Boorse 1975, 1976, 1977 ; Engelhardt 1975 ; King 1954 ; Margolis 1976 ; Nordenfelt 1987. Pour des références plus approfondies, voir p. ex. la monographie exhaustive de Nordenfelt (1987).

croire. Mais je pense aussi que le rôle qu'il joue effectivement devrait être réduit.

Je défendrai cette position en discutant certaines des fonctions que le concept de maladie est censé avoir. J'argumenterai que ces fonctions sont mieux remplies sans référence à la santé et à la maladie, notamment parce que cette distinction ne coïncide avec aucune des catégories cliniquement importantes et moralement pertinentes. Je soutiendrai aussi que les concepts de pathologie [*disease*], de santé, de maladie [*illness*], ne jouent aucun rôle important dans la science médicale. La conclusion à tirer de ces thèses est que le concept de maladie est superflu. Il se peut qu'il soit utile dans la vie de tous les jours, où une grande précision serait déplacée, mais dans des contextes plus sérieux il est trompeur et constitue un obstacle plutôt qu'une clarification de la pensée. Ainsi, on fait fausse route en soulignant l'importance de la distinction entre santé et maladie en philosophie médicale.

Ces formules un peu provocatrices ont pour but de clarifier la position de cet article en soulignant l'opposition nette de la thèse principale à d'autres conceptions. Cependant, quelques nuances sont nécessaires. En disant que le concept de maladie n'a pas de fonction, je ne suis pas en train de suggérer qu'on abandonne l'usage du mot ou que tout ce que les philosophes ont écrit à ce propos est inutile. Mon propos est plutôt que la discussion de certaines questions importantes sur le plan moral ou social, telles que le traitement ou la punition de certains types de comportement antisocial ou la couverture par l'assurance médicale de telle ou telle affection, s'est trop focalisée sur la définition des mots « maladie » et « santé » et pas assez sur les questions elles-mêmes.

Et je ne suggère pas non plus que le concept de maladie ne peut pas être approfondi. Tout au contraire, je pense qu'une certaine version de ce que l'on appelle parfois le « modèle mécanique » de la maladie, à savoir l'idée que la maladie est une déviation par rapport à un certain type de *design* idéal, est correcte pour l'essentiel et restitue assez bien ce que les chercheurs et les praticiens de la médecine entendent de fait par « maladie ». On trouvera en Boorse (1975, 1976, 1977) un défenseur éloquent de cette conception de la maladie. Dans sa version de cette conception, une maladie est un état de l'organisme qui « interfère avec l'accomplissement d'une fonction naturelle donnée – c'est-à-dire une contribution donnée, typique d'une espèce, à sa survie et à sa reproduction » (1976, p. 62). La santé est l'absence de maladie, c'est-à-dire, le fonctionnement conforme au « *design* de l'espèce » [1].

Les concepts fondamentaux de la science, sont souvent l'objet de discussions approfondies entre scientifiques dans le but d'établir les interprétations et les définitions appropriées. Il est vrai que ces discussions sont parfois tellement approfondies qu'elles ne laissent qu'une place marginale aux philosophes des sciences. Mais c'est tout de même frappant que les concepts de pathologie, [*disease*], de maladie [*illness*] ou de santé attirent bien peu l'intérêt des cliniciens ou des chercheurs en médecine et sont principalement discutés par les philosophes, les spécialistes en sciences sociales et les

---

1. C'est un jugement grossièrement simplifié sur la théorie de Boorse, bien sûr. Sa définition est basée sur une analyse sophistiquée de la fonction biologique et inclut des conditions qui la rendent capable de traiter la plupart des cas difficiles avec succès. Le lecteur devrait en particulier consulter Boorse 1977. La théorie de Boorse a été critiquée par plusieurs auteurs, p. ex. Margolis 1976, Nordenfelt 1987, Bunzl 1980, Goosens 1980. Ces auteurs ont trouvé des difficultés sérieuses dans sa position. Ma vision des choses est que la théorie de Boorse est très proche d'une élucidation [*explication*] correcte de ce concept et je doute qu'on puisse trouver mieux.

responsables en santé publique[1]. Je pense que cela indique le manque de pertinence de ces concepts en médecine[2].

2. POURQUOI UNE ANALYSE CONCEPTUELLE ?

Il y a plusieurs bonnes raisons de chercher des définitions des termes scientifiques et il n'est pas facile de les distinguer. L'une d'elles est que certains concepts ont un rôle si central dans les théories scientifiques, qu'ils sont nécessaires à la dérivation des énoncés empiriques et appliqués (lois de niveau inférieur, énoncés individuels, etc.) que la théorie est censée couvrir. Des termes comme « force », « adaptation », « masse monétaire », etc., requièrent des définitions précises parce que les définitions de ces termes ont d'importantes conséquences intellectuelles et pratiques. La définition de la « masse monétaire », par exemple, détermine le contenu empirique de certaines théories économiques et orientera les prédictions d'inflation future aussi bien que le choix d'une politique économique appropriée. Pour chaque définition possible de « masse monétaire » il y aura un ensemble (isolable) de

1. Bien que cela soit vrai du concept *général* de maladie et de la distinction entre santé et maladie, cela ne signifie pas que les médecins ne trouvent pas d'intérêt à définir les maladies ou les entités nosologiques particulières. À vrai dire, ce dernier point est le sujet de conversations quotidiennes.

2. Quand Caplan, dans un article récent, se plaint de ce qu'il y a très peu de problèmes qui déterminent les frontières du champ de la philosophie de la médecine, il fait référence au débat à propos des concepts de santé et de maladie comme au « seul vrai prétendant à ce titre [de problème déterminant] » (1992, p. 73). Si j'ai raison, et si ce problème de la définition des concepts de santé et de maladie doit effectivement cesser d'occuper les philosophes, il pourrait sembler qu'il ne reste rien pour la philosophie de la médecine. Mais, comme il apparaîtra clairement plus loin, certains des problèmes vraiment importants réapparaîtront sous un jour nouveau, principalement sous la forme de problèmes d'éthique appliquée.

conséquences empiriques de la théorie dans laquelle le terme apparaît. Certaines de ces conséquences seront vraies, d'autres fausses. La définition est par conséquent une étape nécessaire dans la formulation du contenu de la théorie et dans sa détermination. Bien qu'importantes, de telles définitions ne sont généralement pas d'un grand intérêt philosophique.

Des définitions claires de tels termes peuvent aussi être nécessaires à la compréhension des théories scientifiques. Afin de comprendre une théorie donnée, il n'est généralement pas suffisant de maîtriser un certain formalisme et d'être en mesure de calculer certaines quantités à l'aide des équations de la théorie. Il faut aussi saisir le caractère ontologique et épistémologique des entités qui figurent dans la théorie. Comprendre la physique moderne, par exemple, ne demande pas seulement la connaissance de l'équation de l'énergie d'Einstein ou des équations de la théorie des quanta. Il est également nécessaire de comprendre les concepts d'espace, de temps et de mouvement qui sont à l'arrière-plan de la théorie de la relativité, de même qu'il est nécessaire de se libérer de certaines conceptions traditionnelles du lieu, de la causalité et de l'observation pour comprendre la physique quantique. Dans ces cas-là, des analyses philosophiques des concepts centraux sont probablement utiles.

Un autre genre de raison de se soucier des définitions est le rôle de certains concepts dans l'organisation intellectuelle d'un corps de connaissances donné. « Apprentissage » et « mémoire » sont des exemples en psychologie et en neurobiologie. Faut-il dire, par exemple, que le chien qui a appris à saliver en réponse au tintement d'une cloche a aussi mémorisé quelque chose, ou bien faut-il réserver ce terme à des formes « plus élevées » d'apprentissage ? Faut-il appeler apprentissage un changement dans l'excitabilité et la force de cellules musculaires induit par l'entraînement? D'un point de vue théorique, cela n'a pas grande importance de savoir quels processus sont appelés apprentissage, mais cela peut être utile pour la communication scientifique de disposer d'une terminologie commune. Toutefois, les discussions de ce genre visent à établir des conventions terminologiques. C'est naturel et légitime, mais en général, ce n'est pas considéré comme important d'un point de vue philosophique, et ce n'est pas la même chose qu'une analyse conceptuelle.

Les définitions peuvent aussi être importantes pour des raisons purement pratiques, même quand elles n'ont pas d'importance théorique. Un bon exemple est l'intelligence. Parce que l'intelligence ne figure dans aucune théorie psychologique importante, il est inutile de comprendre le sens profond du mot « intelligence ». Il n'y a pas de théorie dans laquelle l'intelligence est une variable centrale qui détermine la valeur d'autres variables et qu'on utilise pour dériver des énoncés empiriques. Le public, y compris les psychologues, emploie le terme en des sens différents, mais c'est sans conséquence et il n'y a pas eu nécessité de s'entendre sur un usage unique. Il n'y a pas non plus la moindre raison de penser qu'il existe un « vrai » sens caché de l'intelligence que seule l'analyse philosophique peut mettre en évidence. Il y a néanmoins une forte raison pratique de définir le terme précisément dans les débats scientifiques sur l'intelligence. Afin d'évaluer et d'interpréter un énoncé sur l'intelligence, nous avons besoin de savoir exactement ce que celui qui écrit ou qui parle entend par ce terme. D'où l'usage de définitions opérationnelles.

Toutefois, le simple fait qu'un terme est utilisé fréquemment dans une discipline scientifique ne signifie pas qu'il est aussi important d'un point de vue théorique ou pratique, ou que les philosophes ou les scientifiques devraient consacrer du temps à clarifier sa signification. Les écologues parlent souvent des forêts et des déserts, les biologistes des animaux et des plantes, les physiologistes des cellules et des hormones et les économistes des marchés monétaires et des industries. Tous ces termes sont vagues. Pourtant, ni les scientifiques ni les philosophes ne considèrent que c'est important de s'enquérir du sens de « industrie », « hormone », « plante » ou « forêt » (sauf peut-être quand le besoin de définitions opérationnelles se fait sentir).

Je soutiens qu'aucun des motifs mentionnés d'entreprendre une analyse conceptuelle ne s'applique aux concepts de pathologie [*disease*] et de maladie [*illness*]. Il n'y a pas de théorie biomédicale dans laquelle la pathologie apparaît comme une entité théorique et il n'y a pas de lois ou de généralisations qui relient la pathologie à d'autres variables importantes. Par conséquent, il n'y a pas besoin d'analyse qui rende la théorie plus déterminée ou plus compréhensible et il n'y a pas besoin de définitions opérationnelles.

Toutefois on pourrait défendre que, bien que le concept de maladie ne soit un terme théorique dans aucune théorie scientifique, il a (malgré tout) d'une certaine façon un rôle similaire dans le discours social et moral. Il se peut bien qu'il n'y ait pas de lois scientifiques pour les maladies, mais il y a certainement de nombreuses *règles*, morales et légales, portant sur l'intervention médicale et la responsabilité des actions, qui sont logiquement liées aux concepts de santé et de maladie. Une analyse conceptuelle sera par conséquent nécessaire pour déterminer ce système de règles.

La ligne de partage entre santé et maladie est tenue pour importante tout particulièrement dans les contextes suivants :

1. Avant que le médecin puisse légitimement s'engager dans une investigation diagnostique ou commencer un

traitement médical, il faut que le patient ait vraiment une
maladie. La classification des patients entre malades et sains
déterminerait ainsi quels patients reçoivent un traitement
médical.

2. Dans les cas particuliers où le coût de l'intervention
médicale ne revient pas au patient, mais par exemple à une
compagnie d'assurance ou à l'État, une classification des
maladies est généralement requise. Les régimes d'assurance
ou les conventions sociales prennent en charge généralement
aussi les malades pour les pertes économiques. Dans ce cas
également, il faut que le bénéficiaire d'une telle compensation
soit vraiment malade.

3. Avoir une maladie libère de certaines obligations
morales normales, par exemple l'obligation de travailler. Ces
conventions peuvent varier d'un pays à l'autre. Dans les pays
pauvres, cela se fera principalement par une volonté accrue, de
la part des bien-portants, d'aider le malade. Certains pays ont
un régime d'assurance obligatoire, qui ne paie pas seulement
pour le traitement médical, mais ouvre également droit, pour
l'individu, à une compensation économique durant la période
de maladie [*illness*]. Dans ces cas-là, le droit moral est également un droit légal. Il est normal de reconnaître aussi d'autres
droits moraux, tels que le droit de ne pas prendre part aux
tâches domestiques, le droit de se plaindre, d'être de mauvaise
humeur, de s'attendre à ce que l'on vous rende certains
services, etc.

4. Certaines maladies, en particulier les maladies mentales,
exemptent celui qui en est atteint de la responsabilité morale et
de l'imputabilité légale.

Il semble que dans beaucoup d'écrits sur la maladie,
on suppose tacitement que, dans ces quatre contextes, le
même concept de maladie permet d'établir les distinctions

pertinentes. Boorse fait exception, qui insiste sur la différence entre pathologie [*disease*] et maladie [*illness*]. Pour Boorse, une pathologie [*disease*] est « en gros, un état de l'organisme qui compromet une fonction physiologique donnée, alors qu'une maladie [*illness*] est une pathologie [*disease*] qui est (a) indésirable pour celui qui la subit, (b) un droit à un traitement spécial [voir 2 et 3 plus haut], et (c) une excuse valide pour un comportement normalement critiquable » (Boorse 1976, p. 61). Ainsi, il est implicite dans cette conception qu'avoir une maladie [*disease*] n'est ni suffisant, ni nécessaire pour avoir droit à un traitement spécial ou pour avoir une excuse valide pour un comportement normalement critiquable.

Toutefois, cette complication n'a pas d'effet direct sur ma thèse principale et sera tenue pour négligeable.

Il peut sembler que la distinction entre santé et maladie est cruciale dans les quatre contextes ci-dessus. Dans la section qui suit, je vais montrer que c'est une illusion.

3. L'ABSENCE DE PERTINENCE DE LA MALADIE

3.1. *La maladie comme fondement du traitement médical*

Que la profession et la science médicales doivent leur existence aux maladies et que le combat contre la maladie soit traditionnellement considéré comme le but de la médecine, c'est indiscutable. Il peut par conséquent sembler raisonnable de soutenir que « choisir d'appeler maladie un ensemble de phénomènes implique un engagement en faveur d'une intervention médicale » (Engelhardt 1975, *supra* p. 251). Toutefois, cela n'est vrai qu'approximativement. Il peut sembler que le traitement médical est motivé par la présence de la maladie, mais ce n'est pas la véritable raison. Même si en général le traitement est dirigé contre ces états que nous appelons maladies, il y a de nombreuses exceptions et celles-ci sont probablement destinées à devenir moins exceptionnelles en vertu du développement économique et de la croissance du savoir médical. Il y a plusieurs états, normalement classés parmi les maladies, qui ne sont pas traités, parce qu'ils ne sont associés à aucun inconfort ni danger pour le patient. En général, on ne fait rien contre des tumeurs bénignes comme par exemple des taches de naissance ou de petits fibromes. Certains états clairement pathologiques, comme la stérilité, sont même produits intentionnellement.

Il est également facile de trouver des exemples d'états sains qui relèvent néanmoins de la pratique médicale. La chirurgie esthétique prend une importance croissante et continuera probablement sur cette lancée. Les opérations chirurgicales destinées à changer de sexe ne sont pas motivées par la conviction qu'être une femme ou un homme peut être une maladie. Si on trouve un jour des « remèdes » pour la calvitie masculine par exemple, ou encore pour l'intelligence normale, ils deviendront des marchandises médicales de premier plan. De nombreux médecins cherchent à doter les gens de fonctions ou d'aptitudes au-dessus de la norme, comme le montrent la médecine du sport et les recherches sur la longévité.

On aurait tort de rejeter de tels exemples comme du simple ergotage. Il est vrai que la maladie est si fréquemment associée à une demande de traitement, en général à cause de la souffrance, réelle ou potentielle, qu'il est souvent pratique d'utiliser l'étiquette « maladie » comme justificatif d'une intervention médicale. Je n'ai rien contre l'usage courant du terme « maladie », mais nous ne devons pas le laisser nous conduire à penser à tort que c'est le fait même d'avoir une maladie qui est crucial plutôt que les bénéfices potentiels du traitement. Il est peut-être vrai, au moins approximativement, que « l'objet de la théorie et de la pratique médicale est le traitement de la maladie » (Boorse 1975, p. 69). Toutefois, il est aussi approximativement vrai que l'objet du travail d'un mécanicien automobile est de réparer les défaillances mécaniques des voitures. Mais cela ne veut pas dire que le mécanicien a besoin d'une définition précise de la « défaillance mécanique » pour savoir ce qu'il doit faire, ou que l'existence d'une défaillance est le critère de base pour décider s'il faudrait faire quelque chose sur une voiture. Comme on l'a noté plus haut, ce que je veux qu'on fasse n'a pas du tout besoin d'être motivé par une quelconque défaillance. Ce qui compte, en dernier ressort, c'est ce que je souhaite pour cette voiture et si le mécanicien a le pouvoir de m'aider. De manière analogue, bien qu'il arrive parfois que nous manquions de précision en nous exprimant comme si le fait d'avoir une maladie était une raison suffisante pour solliciter un traitement médical, ce n'est pas en réalité la présence d'une maladie qui est cruciale, mais le fait qu'une certaine intervention médicale peut être bénéfique et que le médecin a le pouvoir d'aider le patient.

On se plaint souvent à propos de ce que l'on appelle « le modèle mécaniste de la maladie », c'est-à-dire l'idée que la maladie est une déviation d'un « *design* » idéal, qu'il conduirait les médecins à concentrer toute leur attention et tous leurs efforts sur la correction des « défaillances mécaniques » sans prendre en compte le fait que ce n'est pas toujours dans le meilleur intérêt du patient.

Dans un traitement intensif du cancer, par exemple, la souffrance causée par le traitement (l'hospitalisation, la défiguration, l'inquiétude, la perte de temps) l'emporte souvent sur les bénéfices pour le patient. Ce n'est pas seulement une question d'effets secondaires au sens traditionnel, mais aussi le fait que l'intervention médicale peut gêner plutôt qu'aider le patient dans la réalisation de ses buts ultimes dans la vie. De telles considérations sont souvent présentées comme une critique d'une théorie particulière de la maladie, le modèle mécaniste, et non comme une critique du concept de maladie comme tel (par exemple, Wulff, et al. 1986). Comme je l'ai dit plus haut, je pense que le modèle mécaniste, en particulier la version que Boorse a formulée, est aussi proche qu'il est possible d'expliquer correctement ce que les médecins entendent par « maladie ». En même temps, je penche fortement en faveur de la vision générale des buts ultimes de la médecine clinique exprimée par Wulff et al. (1986). Toutefois, la réaction qui convient n'est pas de rejeter cette analyse particulière de « maladie », mais plutôt de réaliser que ce concept est trop étriqué et qu'on devrait l'abandonner au lieu de le remplacer par un autre.

3.2. L'assurance médicale

La frontière entre santé et maladie déterminerait si le coût de l'intervention médicale et le coût de l'arrêt de travail doivent être supportés par l'individu ou par une compagnie d'assurance (ou, ce qui revient au même en Suède, par l'État). Ici aussi, mettre l'accent sur la distinction entre santé et maladie est trompeur. La raison d'être de l'assurance médicale, comme tous les autres régimes d'assurance, est de répartir les risques de manière plus égale pour les événements qui sont coûteux, difficiles ou impossibles à prévoir, qui échappent au contrôle de l'individu et sont indésirables pour presque tout le monde. C'est la considération de ces critères qui est pertinente pour décider si une certaine situation doit être couverte par l'assurance médicale ou non.

Des erreurs de réfraction de la lumière dans l'œil sont des cas évidents de maladie, or dans la plupart des pays, les lunettes ne sont pas couvertes par l'assurance médicale. Une raison à cela est que les erreurs de réfraction ne sont pas chères à diagnostiquer et corriger, ce qui veut dire que les coûts administratifs du système dépasseraient les bénéfices économiques pour le patient. Une autre raison est que la condition d'imprévisibilité n'est que partiellement remplie. Tant de personnes – et au final tout le monde – ont besoin de lunettes que cela n'a pas de sens de répartir les risques davantage.

Bien qu'une apparence déplaisante ne soit pas une maladie, le coût de la chirurgie esthétique est parfois pris en charge par l'État en Suède. Cela s'explique par le fait qu'être tenu pour laid induit souvent une grande détresse et échappe en outre au contrôle de l'individu. Quand on remet en cause le caractère approprié de cette prise en charge, en général, l'objection ne consiste pas à nier que l'apparence déplaisante soit une maladie, mais plutôt que cette pratique met en danger le système. Il pourrait s'avérer difficile de résister à la demande potentiellement illimitée de chirurgie esthétique que cela déclencherait de la part des gens qui n'ont que des plaintes mineures et très limitées sur leur apparence.

Il est nécessaire pour une assurance, qu'elle soit médicale ou d'un autre type, de poser des garde-fous contre les abus. Le système doit dissuader l'assuré de se comporter d'une manière qui augmente le risque des événements qui sont couverts par l'assurance. En Suède, on a proposé que des états qui surviennent à cause d'une prise de risque anormale (par exemple, des fractures causées par des accidents de ski ou des maladies liées à la consommation de tabac) soient exclus de l'assurance médicale, ou qu'un tel comportement justifie des cotisations plus élevées.

Dans aucun de ces cas, la définition de « maladie » n'est cruciale, sauf au sens où, quelle que soit l'extension qu'on décide de donner à l'assurance, cette définition doit être appliquée de manière cohérente. Les situations complexes sont généralement traitées par des clauses spéciales qui, comme le montre l'exemple des lunettes, ne coïncident par toujours avec la distinction entre santé et maladie. Elles ne sont certainement pas traitées par des discussions philosophiques sur la véritable signification du terme « maladie ».

3.3. *La maladie comme fondement de droits spéciaux*

Les droits spéciaux que nous accordons au malade sont justifiés par la maladie [*illness*] ou la pathologie [*disease*] seulement dans un sens superficiel. Si nous considérons le droit de ne pas travailler, comme c'est par exemple le cas dans le droit lié au statut de malade [*sickness*] ou dans le droit moral d'être dispensé des tâches ménagères, ce droit n'est pas justifié par la maladie [*illness*] *en elle-même*, mais plutôt par l'inconfort, les douleurs ou l'anxiété, ou par le risque d'inconforts futurs qui pourraient résulter du travail. Quand il y a des difficultés dans le fait de tracer la frontière, comme lorsqu'un médecin réfléchit à la question de savoir si un patient peut travailler ou non, ou quand les parents trouvent difficile de décider s'il faut ou non forcer un enfant à aller à l'école, ce n'est pas en faisant appel à une définition de la « maladie » que ces difficultés sont résolues. La solution réside dans les faits qui concernent la nature du travail en question et la nature de l'inconfort.

Ce sont exactement les mêmes considérations qui expliquent pourquoi beaucoup d'entre nous pensent qu'il convient d'accorder aux personnages âgées des privilèges spéciaux et de les dispenser de certaines formes de travail. Bien que le grand âge ne soit pas une maladie, les inconforts et les risques sont les mêmes.

3.4. *Maladie mentale et responsabilité*

Le cas le plus important de maladie [*illness*] comme excuse morale est l'exemption de la responsabilité morale et de l'imputabilité légale (qui est) généralement accordée aux malades mentaux. Si un comportement criminel ou morale-ment condamnable est causé par une maladie ou une maladie mentale, nous ne considérons pas que la personne en question est moralement responsable de ses actions ni que ces dernières lui soit légalement imputables. Ainsi, on pourrait penser que la ligne de partage entre santé et maladie [*illness*] a d'importantes conséquences sur la manière dont nous traitons les gens qui enfreignent les règles de la conduite sociale.

Pour comprendre cela, nous devons considérer les raisons qui ont conduit à ce que la maladie mentale soit tenue pour pertinente sur le plan moral. La fonction sociale de la punition, qu'il s'agisse de la prison ou de formes plus modérées de sanctions sociales, telles que la condamnation par le regard ou la critique verbale, est d'influencer le contrevenant. La puni-tion sert à décourager les criminels potentiels et à alourdir, chez ceux qui ont déjà commis des crimes, les conséquences de leurs actions. Bien que nous n'y pensions (probablement) pas beaucoup au quotidien quand nous en venons à être indignés moralement à propos de quelque chose, c'est sûrement la source sociale et biologique de nos émotions morales à cet égard.

À l'évidence, la punition n'a d'efficacité qu'en influençant les personnes qui sont capables de calculer les conséquences futures de leurs actions - évaluer les effets probables d'une action donnée, soupeser les plaisirs et les déplaisirs de ces conséquences et laisser ces jugements influencer leur comportement dans la situation en question. Apparemment, la plupart d'entre nous réalisent aussi, même si nous trouvons parfois difficile de contrôler nos émotions, que les malades mentaux n'ont pas cette capacité et que la punition est par conséquent inefficace. Dans leur cas, la punition peut seulement conduire à une souffrance dépourvue de signification, qu'il est impossible aux malades mentaux d'éviter en choisissant une autre ligne d'action.

Cette manière de justifier l'exemption de responsabilité ne nécessite en aucune manière que nous tracions une ligne de partage entre l'homme sain et le malade mental. La ligne de partage décisive se trouve entre ceux qui sont en mesure d'être influencés par les conséquences de la responsabilité et ceux qui ne le sont pas. Remarquons que cette ligne de partage explique aussi qu'on traite de manière comparable ceux qui n'ont pourtant pas de maladie mentale. Selon ce critère, on exemptera aussi de leur responsabilité les enfants et les animaux, et même des personnes complètement rationnelles dont les actions ont eu des conséquences négatives qui, à cause de leur caractère imprévisible, n'auraient pas pu être évitées par un calcul rationnel. Il est vrai que les malades mentaux ont des fonctions mentales inférieures à la norme, mais ce n'est pas ce qui prime. La considération la plus importante est l'incapacité de l'individu à être influencé par les conséquences de ses actions, non les raisons de cette incapacité.

4. LA MALADIE COMME CONCEPT THÉORIQUE

Pour finir, considérons l'idée d'après laquelle le concept de maladie joue un rôle comme terme théorique en physiologie. Comme nous l'avons observé plus haut, ce n'est pas un terme théorique au même sens que, par exemple, «électron», «force» ou «gène». On pourrait cependant soutenir que le concept de maladie joue un rôle dans la pensée médicale et biologique, parce qu'il aide à définir un domaine d'intérêt. Une telle idée semble se trouver en arrière plan de la conception «physiologique» de la pathologie de Boorse. Selon Boorse,

> le sujet de la physiologie comparative est une série de types idéaux d'organismes : la grenouille, l'hydre, le verre de terre [...]. Pour chaque type, un manuel offre un portrait composite de ce que j'appellerai le *design* de l'espèce (1977, *supra* p. 81).

Il semble en découler que la physiologie cherche à comprendre les mécanismes du fonctionnement de l'organisme sain. Par analogie, on pourrait défendre l'idée que l'objet de la théorie évolutionnaire est l'organisme sain. Le pouvoir explicatif de la théorie est limité aux organismes sains qui se conforment au *design* de l'espèce. L'évolution par la sélection naturelle peut seulement expliquer ce qui contribue à la survie et à la reproduction, non pas ce qui dévie de ces buts. Bien qu'il y ait du vrai dans le jugement selon lequel l'organisme sain est l'objet de certaines parties de la science, je pense aussi que c'est trompeur et que cela serait dangereusement restrictif si les scientifiques se sentaient limités par ce jugement.

Les physiologistes considèrent que leur affaire principale est d'étudier tout ce qui est important sur le plan physiologique. Le but de cette recherche est de produire un corps de connaissances qui puisse expliquer, prévoir et contrôler les phénomè-

nes physiologiques importants, indépendamment des raisons
de cette importance. En général, ces phénomènes sont ceux qui
sont normaux ou du moins habituels, mais c'est seulement
parce que l'importance scientifique dépend en partie de
l'éventail des applications possibles d'une certaine
découverte.

Par exemple, dans l'investigation des connexions du
système nerveux d'une espèce donnée, un scientifique pourra à
l'occasion tomber sur un animal doté de connexions nerveuses
atypiques. En général, il négligera l'anomalie, non pas parce
que cela viole le *design* de l'espèce et ainsi tombe en dehors du
champ de la physiologie, mais plutôt parce que l'anomalie, en
étant justement inhabituelle, ne peut pas être nécessaire à la
compréhension de la manière dont fonctionne le système
nerveux chez la plupart des animaux. Cependant, le critère à
l'œuvre est l'éventail des applications possibles, pas la santé.
Si l'anomalie pouvait aider à expliquer un trait psychologique
excessif, par exemple, une disposition à la violence, elle serait
intéressante parce que la violence est un fait social important,
tout-à-fait indépendamment de la question de savoir si elle
devrait être considérée comme relevant ou non de la mauvaise
santé.

L'une des tâches les plus importantes des physiologistes
est d'étudier comment un organisme se défend lui-même
contre diverses menaces à sa santé ou comment le corps réagit
quand il a effectivement une maladie. Le fonctionnement du
système immunitaire, des réflexes nociceptifs ou des mécanismes de réparation de l'ADN sont d'une importance
centrale. On pourrait objecter que ce sont là des exemples de
fonctions normales et que cela fait partie de l'organisme sain
de disposer de ces mécanismes. Pourtant, il est parfois d'une
grande importance d'étudier comment l'organisme réagit

quand il ne possède aucun mécanisme de défense spécialement organisé [*designed*]. La réaction du corps à des substances toxiques, à l'absence de pesanteur dans l'espace, à l'échange d'air avec des fluides oxygénants et à la plongée sous-marine constituent tous des exemples de projets physiologiques qui vont bien au-delà de l'idée de fonctionnement de l'organisme en accord avec le *design* de l'espèce.

Un aspect essentiel de toutes les théories de la maladie est que le concept s'applique à l'organisme tout entier. Toutefois, l'organisme perd son rôle théoriquement central dans la théorie moderne de l'évolution et l'idée d'un *design* de l'espèce devient par conséquent elle aussi obsolète. Cela devient manifeste quand on considère les propriétés qui constituent à la fois des avantages et des désavantages pour l'organisme. Prenons par exemple le gène qui cause l'anémie falciforme (voir p. ex. Andreoli et al. 1990). Un porteur hétérozygote de ce gène (c'est-à-dire quelqu'un qui a une copie unique du gène) dispose d'une résistance accrue à la malaria. On pourrait considérer que c'est la fonction du gène. Mais un homozygote (qui porte le gène sur les deux chromosomes) développera une anémie falciforme, qui est une maladie grave, quelle que soit la définition qu'on donne de « maladie ». Le gène survit dans la population s'il y a un équilibre déterminé de la fréquence génotypique. Si plus de gens le portent, le risque qu'un enfant l'hérite de ses deux parents s'accroît. Si moins de gens portent le gène, le risque devient plus faible et l'avantage relatif de la résistance à la malaria augmente.

Mais il devient tout à fait impossible de répondre à la question de savoir si le gène constitue une partie du *design* de l'espèce ou non et le concept fonctionnaliste de la maladie perd de ce fait tout son sens. Le gène a évolué par la sélection naturelle à cause de sa valeur pour la survie, mais il n'a une telle valeur que si la plupart des organismes ne le portent pas. C'est à cause de difficultés de ce genre que la théorie moderne de l'évolution tend à considérer que les unités de l'évolution sont plutôt les gènes que les organismes (Dawkins 1986a et 1986b). L'argument principal ici n'est pas que, parce que la notion de *design* de l'espèce ne tient pas, le concept de maladie tombe lui aussi. L'argument est plutôt que le *design* de l'espèce n'a pas d'importance. L'idée d'organisme sain, un organisme qui se conforme à un *design* qu'on peut spécifier, n'est pas nécessaire pour identifier les problèmes importants sur le plan théorique. L'exemple montre vraiment que nous devons dépasser cette idée afin de comprendre le rôle physiologique du gène de l'anémie falciforme.

L'exemple n'est probablement pas unique. La théorie de l'évolution implique qu'un gène qui a survécu dans la population doit avoir échappé aux pressions de la sélection naturelle. Un gène qui réduit la valeur de survie constitue donc un problème qu'on peut résoudre si l'on peut mettre un avantage en évidence. Cela signifie qu'on peut s'attendre à ce que la science médicale future identifie des bénéfices de certains des gènes qui augmentent la probabilité des maladies héritables comme les désordres affectifs, les maladies rhumatismales, le diabète et de nombreux autres états pathologiques.

5. Conclusion

J'ai essayé de démontrer qu'une définition plus précise de la « maladie » n'aidera pas à identifier plus clairement les gens qui ont besoin d'un traitement, ont un droit au « congé maladie », ou devraient être exemptés de responsabilité morale, et j'ai aussi défendu l'idée qu'il n'y a pas besoin d'un concept théorique de maladie en physiologie. La raison n'est pas que les concepts de « santé », « maladie » et « maladie » sont vagues, ou qu'il y a en réalité de nombreux concepts de maladie. La raison est que mettre trop l'accent sur ces concepts tend à focaliser l'attention sur des problèmes secondaires plutôt que sur ceux qui sont vraiment importants.

Les maladies sont aux cliniciens ce que les jardins sont aux jardiniers ou les voitures aux mécaniciens automobiles. Ces termes sont pratiques pour indiquer une certaine zone de compétence, mais le jardinier n'a pas besoin d'une définition du « jardin » pour l'aider à décider ce qu'il convient de faire des plantes sur un balcon et le mécanicien n'a pas besoin d'une définition de la « voiture » pour être en mesure de décider s'il devrait essayer de réparer une tondeuse à gazon. « Maladie » est un terme utile parce que, comme « voiture », il fournit une référence simple et courte à une classe de choses déterminée qui coïncide *dans une certaine mesure* avec une zone de compétence. Toutefois, il n'est pas identique à cette zone et une compréhension plus approfondie de ce en quoi elle consiste requiert de connaître la compétence elle-même et la manière dont elle peut être utilisée, plutôt que les objets sur lesquels elle est normalement utilisée.

Dans une certaine mesure, il est vrai que le concept de maladie joue un certain rôle dans la pensée médicale, mais ce rôle est beaucoup plus réduit que beaucoup semblent le penser, et il est particulièrement négligeable dans la pensée médicale contemporaine. Je veux dire par là qu'en médecine, comme dans les autres disciplines orientées vers la pratique, nous faisons usage de certains concepts mal dégrossis et de règles générales que nous abandonnons au fur et à mesure que nos connaissances augmentent et que notre compréhension prend de la maturité. Les jeunes étudiants en médecine qui commencent leurs études avec l'idée que les maladies sont des états anormaux déplaisants qui devraient être traités et qui donnent au patient droit à l'assurance médicale, ne se trompent pas totalement. Statistiquement parlant, ils auront plus souvent raison que tort mais comme nous l'avons vu, il y a de nombreuses exceptions à ces règles que les étudiants apprendront progressivement à reconnaître à mesure qu'ils prendront de la maturité. Toutefois, la maturité ne consiste pas dans le fait d'avoir acquis une conception plus sophistiquée de la santé et de la maladie, mais dans le fait de remplacer « santé » et « maladie » par d'autres concepts qui conviennent mieux à leur objectif.

Références

BOORSE C., 1975. « On the distinction between *disease* and *illness* », *Philosophy and Public Affairs*, 5, p. 49-68.

BOORSE C., 1976. « What a theory of mental health should be », *Journal for the Theory of Social Behaviour*, 6, p. 61-84.

BOORSE C., 1977. « La santé comme concept théorique », dans ce volume, p. 61-119.

ENGELHARDT H.T. Jr. 1975. « Les concepts de santé et de maladie », dans ce volume, p. 231-258.

KING L. S., 1954. « What Is Disease ? », *Philosophy of Science*, 21, p. 197.

MARGOLIS J., 1976. « The Concept of Disease », *The Journal of Medicine and Philosophy*, 1, p. 239-255.

NORDENFELT L., 1987. *On the Nature of Health : An Action-Theoretic Approach*, Dordrecht, D Reidel.

BUNZL M., « Comment on "Health as a theoretical concept" », *Philosophy of Science*, 47, 1980, p. 116-118.

GOOSENS W. K., 1980. « Values, Health, and Medicine », *Philosophy of Science*, 47, p. 100-115.

CAPLAN A., 1992. « Does the philosophy of medicine exist? », *Theoretical Medicine*, 13, p. 67-77.

WARTOFSKY M.W., 1975. « Organs, organisms and disease : human ontology and medical practice », dans Engelhardt H.T. Jr, Spicker S.F. (éd.), *Evaluation and Explanation in the Biomedical Sciences*, Dordrecht, Reidel, p. 67-68.

WULFF H.R., ANDURPEDERSEN S., ROSENBERG, R., 1986. *Philosophy of Medicine : An Introduction*, Oxford, Blackwell Scientific Publications.

ANDREOLI T. E., CARPENTER C. C. J., PLUM F., SMITH L.H., (éd.), 1990. *Cecil Essentials of Medicine*, Philadelphia, Saunders.

DAWKINS R., 1986. *The Extended Phenotype*, Oxford, Oxford university Press.

DAWKINS R., 1986. *The Blind Watchmaker*, London, Longman.

PRÉSENTATION DU TEXTE DE DAVID MAGNUS
LE CONCEPT DE MALADIE GÉNÉTIQUE
Pierre-Olivier MÉTHOT

Les travaux du philosophe David Magnus se situent à l'intersection de questionnements éthiques et épistémologiques et portent notamment sur l'utilisation de cellules souches, l'eugénisme, le clonage reproductif et la propriété intellectuelle dans le contexte des sciences du vivant[1]. L'article traduit dans ce volume a été rédigé avant le séquençage complet du génome humain en 2003.

L'originalité de cet article, et son intérêt pour l'entreprise définitionnelle en philosophie de la médecine, consiste à interroger directement la validité du concept de maladie génétique. Magnus veut montrer que les théories philosophiques de la causalité échouent à fonder le concept de maladie génétique sur la notion de gène comme facteur causal. Cet échec n'est pas seulement le résultat des limites de l'analyse conceptuelle mais

---

1. D. Magnus, A. Caplan, M. McGee (éd.), *Who owns life?*, New York, Prometheus Press, 2002.

reflète aussi les transformations historiques du concept de gène ainsi que les usages multiples du concept de maladie génétique. En d'autres termes, le concept de maladie génétique ne représente pas un état de fait objectif. Que signifie alors l'expression « maladie génétique »? Elle désigne essentiellement la conviction que la recherche au niveau génétique va favoriser le développement du traitement et de l'explication causale d'une pathologie donnée. Toutefois, Magnus rappelle que ce programme à tendance « réductionniste » (dans la mesure où il repose sur l'identification de variations génétiques pour expliquer les maladies) ne saurait faire l'économie des facteurs environnementaux dans l'étiologie des maladies dites génétiques. C'est en ce sens que, selon l'auteur, toute maladie génétique est aussi « épigénétique ».

Comme Magnus l'indique, le concept de maladie génétique est problématique à un double point de vue. Outre les questions définitionnelles qu'il soulève, le concept de maladie *génétique* consiste en plus à identifier parmi les états tenus pour « maladies » ceux du type « génétique ». Il s'agit donc en partie d'un problème nosologique dans la mesure où la sélection causale permet d'identifier des types de maladies distincts. Les philosophes et les médecins s'entendent pour dire que la nosologie médicale doit idéalement reposer sur une théorie causale[1]. En ce sens, affirmer qu'une maladie est génétique revient à présupposer l'existence d'un rapport de causalité significatif entre un ou plusieurs gènes et le développement d'une pathologie. Or, on sait que tout trait

---

1. H.R. Wulff, « The Causal Basis of the Current Medical Classification », *in* L. Nordenfelt et al. (éd.), *Health, Disease and Causal Explanations in Medicine*, Dordrecht, Reidel, 1984, p. 169-177.

phénotypique (normal ou pathologique) résulte d'une série d'interactions complexes entre des facteurs génétiques et environnementaux. La question philosophique centrale consiste alors à se demander si les gènes constituent les causes les plus importantes.

Plusieurs approches de ce problème ont été défendues mais deux d'entre elles ont retenu l'attention de Magnus : l'approche statistique et la thèse de la manipulabilité. L'approche statistique consiste à établir des corrélations entre la variation génétique et la variation phénotypique dans une population donnée. Suivant ce raisonnement, on conclura que la cause d'une maladie est génétique si la covariance entre les facteurs génétiques et la pathologie est supérieure à la covariance entre les facteurs non-génétiques (environnementaux) pour la même pathologie. En d'autres termes, dans un environnement stable et contrôlé, cette approche permettrait de vérifier si des différences au niveau génétique ont des répercussions significatives au niveau phénotypique chez les individus au sein d'une population, tout en identifiant les gènes comme étant les facteurs qui *font une différence* pour un trait X. Cependant, cette approche présuppose que le lien causal identifié dépend souvent d'une classe de contraste : comme Hesslow le soulignait l'intolérance au lactose sera considérée comme une maladie génétique dans les pays d'Europe du nord où la consommation de lait est courante et où les individus possèdent en général les enzymes capables de dégrader la molécule de lactose. En revanche, en Afrique, la consommation de lait est beaucoup moins fréquente et les individus ne possèdent pas de gène codant pour cette enzyme. L'intolérance au lactose est-elle alors une maladie génétique ? Pour Magnus, identifier les classes de contraste ne fait que repousser le problème de la sélection causale d'un niveau.

L'autre voie explorée dans ce texte est la thèse de la manipulabilité. Cette approche instrumentale de la causalité consiste à dire que les causes les plus importantes varient en fonction des facteurs que nous pouvons contrôler afin d'obtenir (ou empêcher) un effet de se produire. Cette approche cadre bien avec l'orientation *pratique* de la médecine. On dira alors qu'une maladie est génétique si les médecins sont en mesure de guérir ou de prévenir (dépistage génétique) l'apparition d'une pathologie en intervenant au niveau des gènes[1]. Cependant, la plupart des cas paradigmatiques de maladie génétique ne sont pas traités à ce niveau. Par exemple, la phénylcétonurie est depuis longtemps considérée comme une maladie génétique mais son traitement consiste à modifier le régime alimentaire de l'individu, non à recourir à la thérapie génique. Selon Magnus il s'agit là d'un problème fondamental de l'approche instrumentale.

L'histoire fournit un autre argument en faveur de la discontinuité du concept de maladie génétique. Après les travaux d'Archibald Garrod sur les «erreurs innées du métabolisme» au début du XXᵉ siècle, la définition du concept de maladie génétique a connu des changements des sens importants. L'un d'eux renvoie à la dissolution récente du lien entre héritabilité et maladie génétique qui prévalait depuis le milieu du XIXᵉ siècle et qui se trouva renforcé par le développement de la génétique mendélienne. Aujourd'hui une maladie peut être génétique sans pour autant être héréditaire; sa cause peut même être environnementale (par exemple: le cancer). L'autre changement notable est la prise en compte du rôle des gènes

---

1. L. Gannett, « What's in a cause? The pragmatic dimensions of genetic explanations », *Biology and Philosophy*, 14, 1999, p. 349-374.

dans un nombre croissant de pathologies. En retour, cela permet d'évaluer à nouveau frais les maladies génétiques paradigmatiques (mucoviscidose, phénylcétonurie, maladie de Huntington) et de démontrer une complexité ignorée jusque-là, tout en permettant de mieux comprendre le rôle clé des facteurs épigénétiques dans le développement de ces maladies.

L'impossibilité de fonder le concept de maladie génétique sur une analyse causale et l'histoire complexe de ce concept ont des conséquences sur son statut épistémique. Selon Magnus, cela nous conduit à admettre que le concept de maladie génétique est normatif. En effet, l'auteur soutient d'une part que les théories causales concurrentes du concept de maladie génétique impliquent un « relativisme » (population-nel, technoscientifique, historique) qui serait, d'autre part, incompatible avec une approche ontologique et objective de la maladie. Par conséquent, Magnus défend l'idée que le concept de maladie génétique est « construit » et « normatif ». Dès l'ouverture, Magnus propose de distinguer deux approches du concept de maladie :

> 1) l'approche ontologique selon laquelle les maladies sont des « entités réelles » indépendantes de nos valeurs (par exemple : les pathogènes).
> 2) l'approche normative, selon laquelle le concept de maladie est « intrinsèquement » normatif. Les maladies sont sociale-ment construites et reflètent nos valeurs (culturelles, sociales, etc.).

Or, cette alternative établit un contraste à deux niveaux d'analyse différents. En effet, Magnus oppose une thèse sur la *nature* des maladies (« entités ») à une autre portant sur le *concept* de maladie (« normatif »). En histoire de la médecine on oppose habituellement la conception ontologique selon laquelle les maladies sont des « entités » à la conception physiologique selon laquelle la maladie est un déséquilibre (humoral, nerveux, etc.) de l'organisme (Engelhardt, ce volume). Cependant, en philosophie de la médecine le débat ne se situe pas à ce niveau-là ; il porte plutôt sur le statut épistémique des *concepts* de santé et de maladie. Or, il n'y a pas d'implication logique directe entre la nature de la maladie et le statut du concept qu'on utilise pour désigner ces états. Par exemple, on peut défendre un concept de maladie non normatif qui pourtant n'implique pas une conception ontologique de la maladie. Par conséquent, si le *concept* de maladie génétique est normatif cela ne dépend pas tant de la *nature* de ce type de maladie que de l'adhésion de la communauté médicale à un certain nombre de valeurs épistémiques relatives à l'explication et au traitement de ces pathologies d'une part, mais aussi aux conséquences sociales des classifications médicales sur les individus concernés, d'autre part. Même si Magnus ne distingue pas bien ces deux niveaux d'analyse l'originalité de sa démarche consiste à défendre un normativisme qui n'est pas fondé sur l'idée que certains états sont indésirables mais qui renvoie plutôt aux stratégies de recherche mises en œuvre depuis une quarantaine d'année. Autrement dit, le normativisme de Magnus fait appel à des valeurs qui ne sont pas celles d'un individu malade ou d'un groupe social (les médecins) mais bien celles d'une communauté scientifique cherchant à justifier au moyen de techniques d'intervention et de principes explicatifs parfois réductionnistes pourquoi certains états doivent être tenus pour des maladies génétiques.

LE CONCEPT DE MALADIE GÉNÉTIQUE *

À un niveau très élémentaire les concepts de maladie (et de santé) sont importants car ils nous informent sur ce que nous estimons devoir traiter, sur les buts de la médecine ainsi que sur les valeurs que nous défendons face à des situations ou des états particuliers. Comme nous le verrons, ces concepts peuvent aussi véhiculer des idées importantes qui ont des implications au niveau politique. Comme le soulignait Caplan,

> il peut paraître naïf de penser que l'analyse de concepts tels que ceux de "santé", "maladie" ou "normalité" puissent éclairer les enjeux éthiques et politiques associés à la masse des données générées par le Projet Génome Humain et par d'autres enquêtes similaires en biomédecine. Cependant, cette naïveté doit être poussée jusqu'au bout. L'attention philosophique s'est surtout concentrée sur des problèmes comme la propriété du génome ou encore la possibilité que des compagnies d'assurances rejettent des clients qui risquent de succomber à une maladie coûteuse. Or, ce n'est pas réellement là que l'action éthique et philosophique se situe par

* D. Magnus, « The Concept of Genetic Disease », *in* L. Arthur L. Caplan, James J. McCartney, Dominic A. Sisti, (éd.), *Health, Disease, and Illness : Concepts in Medicine*, Washington DC, Georgetown University Press, 2004, p. 233-242, trad. fr. P.-O. Méthot avec l'autorisation de l'auteur.

rapport à la révolution en cours en génétique (Caplan 1992,
p. 128).

Le concept de maladie génétique renferme une double
difficulté. En effet, outre le problème inhérent à toute tentative de décider ce que cela signifie d'étiqueter quelque chose
comme « maladie », il comporte la difficulté supplémentaire
qui consiste à sélectionner quelles sont, parmi l'ensemble des
maladies, celles qui sont « génétiques ». À la lumière des différentes significations des concepts de « gène » et de « génétique » qui ont été produites, il n'est pas étonnant que celle du
concept de « maladie génétique » soit particulièrement
complexe.

Avant d'aborder la signification de la maladie génétique, il
est utile de revoir brièvement les points de vue dominants sur le
sens de « maladie », qu'on peut définir de deux façons. Selon
une première approche, les maladies sont des entités ontologiques réelles qu'on peut identifier sans faire appel à un
jugement de valeur. Les exemples paradigmatiques sont ici les
maladies infectieuses qu'on identifie à un agent pathogène
spécifique. Au contraire, l'autre approche soutient que le
concept de maladie est intrinsèquement normatif. Selon cette
dernière, les maladies sont des entités socialement construites
et reflètent nos valeurs sociales. Le concept de maladie génétique ouvre sur ces questions et sur bien d'autres. Le statut de
maladie génétique (réelle ou construite) va donc dépendre de la
signification du concept et de son utilisation.

Les concepts de maladie génétique en concurrence

Que veut-on dire lorsqu'on dit que quelque chose est une
maladie « génétique » ? Il est évident que ce jugement repose au

moins en partie sur une sorte d'attribution causale. Si une maladie est génétique, c'est qu'elle est causée par un ou plusieurs gènes de l'organisme. En outre, cela semble correspondre à un concept de maladie plus général pour lequel le fondement causal des maladies est intégré aux nosologies. Comme Richard Hull l'a expliqué,

> de par ses efforts visant à comprendre, contrôler et éviter la maladie, la médecine moderne a fini par associer l'identification d'une maladie à la cause d'un syndrome. Cela permet d'individuer des syndromes similaires ayant des causes différentes sous la forme de maladies distinctes (1979, p. 61).

Cette façon de distinguer les maladies génétiques des maladies épigénétiques comporte un problème évident. En effet, comme le reconnaissent probablement l'ensemble des commentateurs qui se sont penchés sur le concept de maladie génétique, tout trait d'un organisme résulte d'une combinaison de facteurs causaux génétiques et non-génétiques (Gifford 1990; Hull 1979). Par conséquent, le vrai problème, pour décider si quelque chose est une maladie génétique, est de décider si les facteurs génétiques constituent les causes les plus importantes. J'appellerai ce problème le « problème de la sélection ». Or, comment décidons-nous si les facteurs causaux les plus importants sont génétiques ou environnementaux ? Les solutions proposées pour résoudre ce problème se regroupent en quelques catégories majeures.

Une première approche consiste à mettre au jour un concept de gène comme cause « directe » de la maladie. Gifford (1990) présente cette idée dans l'une des deux définitions qu'il propose :

> Le trait doit être l'effet spécifique d'une cause génétique de telle sorte que le trait doit être décrit ou individué de façon à

correspondre adéquatement à ce que les gènes causent de manière spécifique (1990, p. 329).

Or, cette approche semble sans espoir face à la complexité de fait du développement [d'une maladie]. Pour dire les choses simplement, cette définition ne permet probablement d'identifier aucune maladie ni aucun trait comme étant « génétique » en tant que tel. Comme Smith l'a souligné « les gènes ne causent jamais d'effets phénotypiques significatifs de manière directe » (1990, p. 38). Même si nous abandonnons cette approche – à laquelle je consacre peu d'espace car il me semble impossible de développer un concept utilisable du gène en tant que cause directe de ses effets – il existe d'autres possibilités permettant de résoudre le problème de la sélection.

L'approche statistique est sans doute la plus évidente et la plus prometteuse. Plusieurs versions de cette approche ont été proposées. La définition la plus directe de l'approche statistique permet de bien montrer ses vertus. Ici aussi, Gifford (1990) en donne une explication claire :

> La première et la plus centrale des significations du mot "génétique" est celle-ci : un trait est génétique si les *différences* au niveau génétique dans une population donnée rendent compte des *différences* phénotypiques dans la variable-trait parmi les membres de cette population.

Cette définition éclaire un aspect important du concept de maladie génétique. On peut le préciser davantage en l'exprimant en termes de covariance. Ainsi, en qualifiant un trait de génétique nous voulons dire que dans une population donnée la covariance entre ce trait et certains facteurs génétiques est plus grande que la covariance entre ce trait et d'autres facteurs (non-génétiques). La thèse de la covariance résout de manière élégante le problème de la sélection des causes en donnant la possibilité d'identifier les facteurs causaux significatifs (qui font une différence) et ceux qui ne sont pas pertinents (qui demeurent fixes). Pour prendre un exemple canonique sur la causalité, nous sommes enclins à penser que la cause du feu est le frottement d'une allumette (sous des conditions normales), non la présence d'oxygène (même s'il s'agit aussi d'un facteur causal). Toutefois, dans un environnement où les étincelles sont présentes de manière régulière mais non l'oxygène, nous pourrions aussi dire que la présence (inhabituelle) de l'oxygène est la cause du feu.

Cette approche comporte plusieurs avantages pour résoudre le problème de la sélection. Premièrement, elle correspond à l'analyse de la variance utilisée en biologie qui permet de mesurer la contribution causale respective des facteurs héréditaires et environnementaux dans une population. Deuxièmement, on peut en donner une explication claire. Troisièmement, l'approche statistique est au moins intuitivement plausible. Néanmoins, outre le fait d'être inadéquate comme analyse de l'usage commun du concept de maladie génétique, cette approche pose plusieurs problèmes.

Tout d'abord, comme Sober (1988) l'a souligné, l'analyse de la variance ne s'applique qu'aux populations, jamais aux individus. Or, dans le cas des maladies, c'est généralement à l'individu qu'on s'intéresse. En effet, selon une position nominaliste parfois défendue, il n'y a pas de maladies, seulement des malades. En plus de poser un problème d'ordre général au concept de maladie génétique, le nominalisme est particulièrement problématique pour l'approche statistique de la définition de la maladie génétique.

L'exemple suivant permettra d'illustrer un problème peut-être plus sérieux. Imaginons qu'une fraction significative de la population d'un village (disons 50%) tombe subitement très malade et que les individus soient aux prises avec des crampes, de la diarrhée suivie de problèmes de déshydratation. Une équipe composée de scientifiques et d'experts de la santé est dépêchée sur les lieux pour identifier la cause de cette maladie. À la fin de l'enquête on découvre que le réservoir d'eau potable a été contaminé. Dans ce scénario, nous sommes naturellement portés à identifier le réservoir d'eau (ou l'agent contaminant) comme la cause de la maladie. Cependant, il faut noter que même si 100 % des habitants du village ont été exposés à l'eau contaminée, seulement 50% d'entre eux sont tombés malades. Si la résistance au pathogène s'explique par des facteurs génétiques, alors l'analyse statistique n'apporte pas la bonne solution au problème de la sélection des causes. La covariance entre les facteurs génétiques et la maladie dans le village est peut-être proche de 1, alors que la covariance entre la maladie et la présence du pathogène est de 0.5.

Néanmoins, nous pourrions défendre cette analyse en soutenant qu'il est incorrect d'identifier la population sur laquelle porte l'analyse statistique avec les villageois. En effet, si le concept de population renvoyait à la planète entière ou aux villages situés à proximité, l'analyse en termes de variance pourrait être pertinente. Selon Hesslow (1983, 1984) toute tentative visant à identifier la cause « la plus importante » parmi la diversité des causes possibles doit toujours faire référence de manière implicite à une classe de contraste. Ces causes opposées peuvent varier de manière importante, mais nous pouvons toujours identifier la population au sein de laquelle le facteur causal le plus important est celui qui « fait la différence ».

Or, cette défense est tout à fait inadéquate. Au départ, le problème de la sélection consistait à établir sur quelles bases une cause parmi beaucoup d'autres peut être tenue pour la plus importante. Au mieux, cette nouvelle approche ne fait que reculer le problème d'un niveau; au lieu de devoir choisir parmi différentes causes, nous devons maintenant sélectionner la population ou la classe de contraste. Si l'on considère que la population pertinente est celle du village alors l'approche statistique conclut que notre maladie hypothétique est une maladie génétique. Par contre, si la classe de contraste est la population composée d'individus sains qui n'ont pas été exposés au pathogène, on va tenir ce dernier pour responsable de la maladie. En fait, cette analyse laisse dans l'ombre un aspect fondamental du problème. En effet, notre équipe hypothétique de scientifiques et d'experts de la santé n'était pas en mesure d'identifier à l'avance la population pertinente à considérer pour que l'analyse statistique soit juste. On peut présumer que dans un cas comme celui-ci où, en gros, la moitié de la population du village est tombée malade, tenter de cerner les différences entre les individus sains et les individus malades constitue une approche initiale plausible. Cependant, ce n'est qu'après avoir découvert que l'eau contient un pathogène (que l'on tient pour la cause de la maladie) que les défenseurs de l'approche statistique pourraient faire appel à un concept de population plus large qui permettrait de fonder l'analyse statistique.

Les limites rencontrées par l'approche statistique nous conduisent à examiner une autre solution qui a été proposée. Selon cette autre approche, c'est parce que le pathogène transmis par l'eau constitue le lieu d'intervention privilégié pour remédier au problème que nous sommes enclins à le considérer comme étant la cause la plus importante de la maladie dans le village. Collingwood (1940) a proposé de façon très générale que la cause la plus importante soit identifiée sur la base d'un critère de *manipulabilité* des différents facteurs causaux. Peu importent les vertus générales de cette approche, elle est prometteuse dans le cas de la médecine. De fait, on pourrait soutenir que les sciences de la nature s'intéressent davantage à la prédiction et à l'explication des phénomènes alors que la médecine se préoccupe plutôt de la prévention et du traitement des maladies que de l'explication (Engelhardt 1984; Wulf 1984). Autrement dit, les intérêts instrumentaux semblent jouer un rôle beaucoup plus central dans la pratique médicale qu'en science. Dès lors, le problème de la sélection des causes peut être formulé en termes de manipulabilité. La cause la plus importante est alors celle qu'on juge la plus commode à manipuler pour prévenir ou traiter une maladie donnée. Une maladie est génétique si ce sont les gènes qui jouent ce rôle. Au contraire, elle est épigénétique si les facteurs non-génétiques sont les plus facilement manipulables.

Comme l'approche statistique, le critère de la manipulabilité rend compte d'un aspect important de notre usage du terme de maladie génétique. En outre, cet aspect demeure souvent une justification implicite à l'élargissement du concept à de nouveaux cas (voir Engelhardt 1981, p. 14). Cependant, cette approche est également problématique. Le problème le plus évident est que selon cette analyse, il n'existe aucune maladie qui soit génétique. De fait, les succès de la thérapie génique sont incertains et plusieurs cas paradigmatiques de maladies génétiques ne sont pas traités par thérapie génique (par ex., la maladie de Huntington).

Cette critique est peut-être injuste. En effet, même si la thérapie génique ne marche pas, le dépistage génétique constitue la technologie qui illustre le mieux la généticisation de la médecine. Les grands débats au sujet des droits des brevets tout comme la course au développement de nouvelles procédures de dépistage ont déjà un impact sur la façon dont on pratique la médecine. En outre, les tests de dépistage génétique *peuvent* contribuer à la prévention de certaines maladies. Il est du moins possible pour un individu à risque d'éviter de mettre au monde un enfant porteur de la maladie de Huntington. Même si le dépistage et l'avortement peuvent sembler être des méthodes préventives grossières, elles continuent de gagner en importance aux yeux de nombreux futurs parents. De plus, comme on le verra, il existe un lien historique très important entre le dépistage génétique et la sélection embryonnaire comme approche thérapeutique, et le développement du concept de maladie génétique.

Toutefois, même si l'on accepte cette réponse, l'approche de la manipulabilité demeure insatisfaisante. Plusieurs exemples paradigmatiques de maladies génétiques (phénylcétonurie, mucoviscidose) sont traités par des formes de thérapies non moléculaires. De fait, le traitement de la phénylcétonurie consiste à modifier le régime alimentaire de l'individu. De surcroit, les tests de dépistage de la phénylcétonurie ont été développés avant l'identification de la mutation responsable de la maladie. Il n'est donc pas possible de souscrire à la thèse de la manipulabilité tout en maintenant que la phénylcétonurie est une maladie génétique. Cela nous semble constituer un défaut rédhibitoire pour la définition par la manipulabilité. Nous pourrions ajouter qu'il est faux que les sciences biomédicales soient toujours gouvernées par des intérêts instrumentaux. Au contraire, beaucoup d'efforts sont investis non seulement au niveau du traitement et de la prévention des maladies mais aussi au niveau de leur compréhension. Cela peut conduire à un conflit quant à la détermination du facteur causal le plus important – le facteur le plus aisément manipulable pour traiter ou prévenir une maladie n'est pas nécessairement celui qui enrichit notre compréhension de la maladie.

Il est intéressant de noter qu'aussi bien les approches statistiques que les approches par la manipulabilité semblent impliquer que le concept de maladie génétique est un concept relatif. Dans le cas de l'approche statistique un état sera considéré ou non comme une maladie génétique sur la base de la population à laquelle il appartient. La définition par la manipulabilité, quant à elle, implique que les avancées technologiques modifient ce qui constitue une maladie génétique au fur et à mesure que s'accroît l'étendue de nos applications technologiques. Or, ces conclusions semblent incompatibles avec une conception ontologique de la maladie. Si les maladies sont des entités réelles (et indépendantes de nos valeurs) la solution au problème de la sélection ne devrait pas dépendre de facteurs externes à l'organisme (Boorse 1981). Par conséquent, les analyses précédentes (peu importe si elles sont inadéquates en tant que conception générale de la maladie) semblent être en faveur d'une approche normative ou constructiviste de la maladie.

En définitive, toutes les analyses échouent. Il n'existe pas de solution générale au problème de la sélection. Ce n'est pas seulement lié aux limites de l'analyse conceptuelle mais cela reflète aussi le fait que l'usage du concept de maladie génétique renferme des aspects conflictuels importants. De plus, toutes ces approches sont essentiellement statiques. Elles ne sont pas adéquates car le concept de maladie génétique change avec le temps et il est utilisé de manière différente par différents acteurs – ce qui ne serait pas possible si l'une des analyses précédentes s'avérait être correcte.

Le développement historique du concept de maladie génétique

Tout comme le concept de gène, le concept de maladie génétique est passé par plusieurs stades de développement. Avant le vingtième siècle, l'idée que certaines maladies courent dans une famille était bien connue ; à la fin du dix-neuvième siècle plusieurs d'entre elles étaient identifiées et nommées (ex : la maladie de Huntington). Durant les premières décennies du vingtième siècle le mendélisme donna un sens nouveau au concept de maladie génétique. Une maladie est alors génétique si elle est héritable et si sa transmission est conforme à un schéma mendélien. Plusieurs maladies génétiques de cette époque comme par exemple la maladie de Huntington, la mucoviscidose et la phénylcétonurie sont devenues des exemples canoniques et le sont encore aujourd'hui. Plusieurs travaux tentèrent d'inclure au sein de la structure mendélienne assez simple composée de deux allèles situés sur un même locus, des traits beaucoup plus complexes – les travaux les plus flagrants de cette approche sont ceux des chercheurs eugénistes ; cependant, les résultats de ces travaux n'ont pas résisté à l'épreuve du temps. Au début des années 1930, les premiers travaux sur la génétique – comme ceux de C. B. Davenport – faisaient déjà l'objet de critiques importantes, même si les travaux sur les maladies modèles ont survécu (Paul 1999, Kevles 1998, Allen 1986). Au milieu du vingtième siècle le mouvement de molécularisation générale de la biologie qui avait commencé a permis d'établir un lien entre le concept mendélien de maladie génétique et une approche moléculaire du développement de ces traits. L'anémie falciforme en est devenue le fer de lance (Strasser 1999, Conley 1980). En effet, les historiens ont argumenté que l'article de Pauling et al.

(1949) (« Sickle-Cell Disease : a Molecular Disease ») constitue la première occurrence claire d'une maladie génétique au
sens moderne du terme. Cet article a ouvert la voie au second
concept de maladie génétique. Ce dernier permit de rattacher le
concept mendélien à une meilleure compréhension des bases
moléculaires de la maladie tout en faisant espérer l'identification éventuelle d'une structure sous-jacente (qui fut connue
plus tard sous le nom de séquence d'ADN), associée à la
maladie. Cette nouvelle conception de la maladie génétique
recourra aux mêmes exemples canoniques que la conception
mendélienne précédente. On s'efforça cette fois d'identifier les
mécanismes sous-jacents, de même que les séquences d'ADN
responsables de la maladie de Huntington, la phénylcétonurie
et la mucoviscidose ainsi que celles d'autres maladies « men-
déliennes » aisément repérables, et ce, même si ces projets ne
furent menés à terme que plusieurs décennies plus tard. Au
même moment, Pauling *et al.* (1949) montrèrent comment
l'approche génétique des maladies pouvait être utile d'un point
de vue préventif et thérapeutique. Cela impliquait d'imaginer
un futur où le savoir génétique conduirait à des thérapies direc-
tes. Or, il s'agissait principalement de faire appel à des méthodes eugéniques (ou, dans un langage moins connoté, à des
méthodes de dépistage génétique) visant à prévenir l'apparition de maladies. Ainsi, le dépistage génétique constitua le
résultat thérapeutique premier, du moins initialement[1].

---

1. Il est important de noter que pris en ce sens le dépistage génétique
n'aurait pas pu reposer sur l'identification de la séquence d'ADN. L'ambiguïté
du concept de dépistage génétique reflète celle qu'on retrouve au niveau des
concepts de maladie génétique et de gène. Dans le cas du dépistage génétique
cette ambiguïté est particulièrement dérangeante pour les législateurs qui
cherchent à éviter que les compagnies d'assurance discriminent sur la base de

Dans les années 1960 plusieurs choses ont changé. On commença par exemple à réduire l'importance culturelle généralement attribuée à la génétique en tant que déterminant de l'identité des individus comme de leurs actions (Keller 2000, Lindee 1995). Cela permit de renforcer les exemples paradigmatiques au sein d'une conception plus étroite des maladies génétiques. Au même moment, d'autres développements étaient mis en œuvre dans le domaine clinique, préparant ainsi le concept à une expansion théorique subséquente. La mise sur le marché de tests permettant de détecter les anomalies chromosomiques était souvent assurée par des généticiens, ce qui contribua à mettre en place une nouvelle discipline médicale en génétique clinique (Coventry et Pickstone 1999). Cependant, il faut noter que ces maladies et ces troubles étaient la plupart du temps congénitaux plutôt qu'héritables. Il s'agit là du premier indice d'une expansion considérable du concept même si à l'époque la seule implication notable se résume à un dédoublement de la notion de maladie génétique – c'est-à-dire les exemples canoniques en plus des anomalies chromosomiques identifiées par les tests de dépistages des généticiens.

Durant les années 1970-1980, le gène est redevenu l'unité par excellence permettant d'expliquer qui nous sommes et ce que nous faisons. Le génome devient alors l'équivalent du « Saint Graal » aux yeux de notre culture (Keller 2000, Nelkin et Lindee 1995). En tant que partie intégrante de ce processus, le concept de maladie génétique commença à se modifier. Même si les contextes sociaux et culturels plus larges constituent une part importante de l'histoire, on doit aussi tenir

ces tests. Notons que le concept de dépistage varie considérablement entre les différents États et il est souvent vaguement défini.

compte de l'accumulation d'information concernant la part d'héritabilité de traits et de maladies bien plus complexes que les exemples clés, somme toute assez simples, des maladies génétiques. Cette expansion a d'abord inclus des traits comme la goute et le diabète (Edin 1984). Il était assez clair que ces maladies avaient une composante génétique significative mais on se doutait également qu'elles étaient sous l'influence de plusieurs gènes et que le degré de pénétrance était bien en-dessous de 100% (en plus d'inclure une composante environnementale forte). Finalement, l'enthousiasme croissant en faveur des explications génétiques donna lieu à une expansion du concept de maladie génétique, et ce, même lorsque l'héritabilité de la maladie n'était pas pleinement démontrée. Tout comme l'intelligence, l'alcoolisme, la schizophrénie et d'autres « maladies » (Edlin 1984) comportementales finirent par être interprétées comme des traits génétiques. La médicalisation de nombreux traits phénotypiques contribua aussi à cette expansion (Caplan, Engelhardt, McCaartney 1981).

Plus récemment, quelques autres développements ont donné lieu à une nouvelle expansion du concept de maladie génétique. Premièrement, selon une idée de plus en plus largement admise, les gènes jouent toujours un rôle important pour ce qui arrive à l'organisme. Lorsqu'ils sont exposés aux mêmes pathogènes certains individus tombent malades et d'autres non. Ce résultat est en partie fonction de leur patrimoine génétique. Dans un sens, comme on l'a souligné dans la dernière section, les gènes sont en un sens *toujours* significatifs d'un point de vue causal. Cet aspect conceptuel est devenu très significatif aux yeux des scientifiques, des cliniciens et du public en général. Dans la foulée de la perspective réductionniste qui est devenue prédominante tant sur le plan culturel que scientifique, l'idée que la causalité par les gènes est significative s'est transformée en affirmation selon laquelle les gènes sont dotés d'un pouvoir explicatif central (Juengst 2000). Deuxièmement, notre compréhension du rôle de différents gènes concernant des maladies *non-héritables* s'est accrue. Ce second aspect fut surtout mis en évidence par les chercheurs travaillant sur le cancer où nous avons appris énormément quant au rôle de divers gènes dans le développement (souvent induit par l'environnement) de certaines maladies. Troisièmement, les espoirs et les promesses de la thérapie génique influencent notre façon de concevoir la maladie génétique. Les thérapies géniques les plus prometteuses en termes d'impact médical sont celles qui visent les maladies non héréditaires (pour la plupart les cancers). Ces thérapies mettent en œuvre des approches génétiques qui permettent de manipuler les cellules cancéreuses afin que celles-ci soient prises pour cible par le système immunitaire ou par d'autres drogues complémentaires. Beaucoup de scientifiques et de cliniciens font appel à la définition par la manipulabilité lorsqu'ils discutent des implications liées au développement de ce genre de thérapie [1]. Ils affirment que la thérapie génique démontre que ces maladies-là sont génétiques. Après tout, si la clé permettant de guérir une maladie est la thérapie génique alors cette maladie est génétique.

Ces trois développements ont permis l'expansion du concept de maladie génétique de manière notable.

---

1. Parfois la référence à la manipulabilité est explicite. Par exemple, Khoury (2003) soutient que l'ampleur de l'impact des technologies génétiques va modifier notre conception des maladies génétiques. Il arrive aussi que la référence à la thèse de la manipulabilité soit plus subtile. Dans ces cas-là on insiste à la fois sur le rôle central des gènes et sur les conséquences qui en découlent (celle-ci sont souvent non précisées) au niveau du traitement des maladies.

Premièrement, le concept de maladie génétique s'est progressivement délié de la question de l'hérédité. Désormais, une maladie n'a plus besoin d'être héritable pour être génétique. De nombreuses références attestent que des maladies génétiques sont causées par l'environnement. Le cancer, notamment, est maintenant considéré comme une maladie génétique (même si on reconnaît qu'il est souvent causé par des facteurs environnementaux ou comportementaux). Deuxièmement, le concept de maladie génétique a connu une expansion importante. Le divorce entre la composante héréditaire et les maladies génétiques d'une part, ainsi que l'approche réductionniste consistant à interpréter toute pertinence causale comme suffisante pour identifier une maladie comme génétique d'autre part, a complètement bouleversé nos catégories. Virtuellement, toutes les maladies sont devenues génétiques. En effet, un très grand nombre de scientifiques de premier plan, de cliniciens et de journalistes ont conclu que « toute maladie est génétique » (Magnus 2001, Juengst 2000). Cette expansion du concept de maladie génétique lie ensemble de manière explicite les questions de compréhension et de traitement des maladies. Francis Collins, le directeur du Projet Génome Humain a déclaré

> au-delà du développement de nouveaux tests génétiques et de nouvelles stratégies thérapeutiques, mon rêve à long terme est que les scientifiques parviennent à comprendre comment les maladies surviennent et à les guérir à l'avance. D'ici deux à trois décennies nous espérons être en mesure de découvrir quel type de maladie génétique une personne est susceptible de développer et de corriger ce risque en insérant un gène qui comporte la séquence adéquate (voir aussi Juengst 2000, Caskey 1992, Baird 1990).

Une nouvelle analyse des exemples paradigmatiques

Alors que le rôle des gènes dans les maladies non-héréditaires est progressivement mieux compris nous disposons aussi de bien plus d'informations sur les exemples clés ou paradigmatiques [*exemplars*] des maladies génétiques. Les résultats sont assez surprenants. L'avantage de ces exemples canoniques est leur simplicité. Ils nous sont apparus comme des maladies bien définies dont la pénétrance était de 100%. Or, les études sur la mucoviscidose et sur la maladie de Huntington ont révélé une surprenante complexité. Dans le cas de la mucoviscidose, plutôt qu'une seule mutation, on sait maintenant qu'il existe des centaines de mutations pouvant conduire à la maladie. De plus, certaines mutations semblent avoir des effets beaucoup moins sévères que d'autres. En outre, une part des mutations « bénignes » semblent être dominantes par rapport aux mutations « sévères ». Le problème s'est accentué davantage depuis qu'on a découvert que des individus homozygotes pour les mutations les plus courantes et les plus sévères (DF508), et qui sont testés positivement au test du chlore dans la sueur (mesure standard), n'ont que peu ou pas de symptômes. La signification de ces résultats n'est pas tout à fait claire. Cependant, nous pouvons conclure que le taux de pénétrance de la mucoviscidose n'est pas de 100%, qu'il n'existe pas de séquence constituant le gène de la mucoviscidose et que les facteurs environnementaux (incluant peut-être d'autres gènes) jouent un rôle dans l'expression de cette maladie. Pareillement, notre compréhension de la maladie de Huntington s'est complexifiée. La découverte que la chorée de Huntington (HD) résulte d'un trop grand nombre de répétition de la séquence CAG sur une section du chromosome 4 pourrait nous porter à penser que HD correspond au modèle traditionnel

des maladies génétiques embrassé par Pauling et al. (1949).
Pourtant, nous avons assisté à des développements surprenants. Les individus possédant plus de quarante répétitions de CAG semblent tous développer cette horrible maladie fatale (s'ils survivent assez longtemps). La plupart des individus ont moins de trente répétitions de CAG mais ne montre jamais de symptôme de la maladie. Cependant, chez les individus possédant entre 30 et 40 répétitions, il n'est pas certain qu'ils développeront la maladie (on ne connaît pas même les probabilités). Ainsi, nous voyons qu'une maladie qu'on pensait pénétrante à 100%, sans zone grise, comporte à présent une zone grise. De plus, certains supposent que ceux qui possèdent moins de trente répétitions (la majorité des cas) pourraient développer la maladie s'ils vivaient suffisamment longtemps. La différence est que l'âge auquel la maladie se déclare dans l'un des cas va au-delà de la durée de vie normale d'un être humain. Mais si cela s'avère exact, nous sommes tous, en un sens, porteur de la maladie de Huntington – de sorte que la signification de cette maladie devient floue.

Ces travaux montrent que les maladies qu'on croyait d'abord simples lorsque leur base génétique était inconnue se révèlent beaucoup plus complexes. Durant plusieurs décennies, la maladie de Huntington et la mucoviscidose ont été des exemples canoniques de maladies génétiques. Or, l'histoire de ces maladies véhiculée par les ouvrages de référence est inexacte. Plus on en apprend au sujet de ces maladies et plus on découvre l'ampleur du rôle des facteurs épigénétiques dans la production des phénotypes, et ce, même dans le cas des maladies génétiques paradigmatiques.

Les usages du concept de maladie génétique

À la lumière des transformations du concept de maladie génétique et des échecs de l'analyse conceptuelle à parvenir à en donner une explicitation définitive et adéquate d'un point de vue descriptif, il est important de considérer comment le concept est employé et quelles sont les principes sous-jacents à celui-ci. Si l'on considère que des aspects génétiques et épigénétiques sont presque toujours pertinents que veut-on dire lorsqu'on identifie une maladie comme génétique ?

> L'usage du mot "génétique" reflète un choix qui a été fait et qui consiste à mettre l'accent sur les facteurs causaux de nature génétique tout en diminuant l'importance de la composante environnementale (Hull 1979, p. 59).

Les analyses concurrentes du concept de maladie génétique semblent indiquer que ce concept est relatif et qu'en ce sens, il est incompatible avec une approche ontologique de la maladie, ce qui argumente du même coup en faveur d'une approche normative. Par conséquent, nous ferions bien de tenir compte des valeurs inhérentes à nos classifications noso-logiques présentes et passées. Même si la valeur thérapeutique des interventions génétiques est souvent présentée par les scientifiques et les cliniciens comme une justification – et de fait, comme l'acceptation implicite de la définition par la manipulabilité – il serait plus perspicace d'observer la situation du point de vue opposé. De fait, en analysant les systèmes nosologiques ainsi que le langage de la biomédecine contem-poraine, on peut discerner les engagements des praticiens envers certaines façons de faire avancer la connaissance, de traiter et de prévenir les maladies. Essentiellement, étiqueter une maladie comme étant génétique revient à reconnaître implicitement que notre compréhension et le développement d'approches thérapeutiques touchant cette maladie seront mieux servis par la recherche au niveau génétique. En d'autres termes, un ensemble de valeurs concernant la meilleure façon d'allouer les ressources ainsi que la bonne façon de pratiquer la science et la médecine se tient au cœur des classifications conceptuelles en médecine. On ne saurait s'élever contre l'engagement réductionniste en médecine s'il s'agissait du meilleur moyen d'atteindre les buts fixés par la biomédecine. Or, nous avons peu ou pas de preuve que ce soit le cas. En fait, il existe très peu de travaux empiriques visant à examiner le succès de diverses approches de la pratique biomédicale, ou encore à en mesurer l'influence (par exemple sur la santé des populations). Cependant, en l'absence de telles preuves l'expansion du concept de maladie génétique est injustifiée.

> L'attention portée sur les gènes et l'hérédité au niveau de troubles comme les allergies, la sociopathie, le suicide, l'alcoolisme, la dépression, l'obésité, etc. est à la fois injustifiée du point de vue scientifique et discutable du point de vue éthique. De plus, l'accent mis exagérément sur les "facteurs génétiques" et les "tendances génétiques" des troubles chez l'humain a de sérieuses conséquences au niveau de l'allocation des ressources financières fédérales dédiées à la recherche, de même qu'au niveau de la mise en place de politiques de santé (Edlin 1984, 48).

L'accent mis sur les déterminants génétiques de la santé est important à plusieurs niveaux. Premièrement, comme on l'a indiqué plus haut, cela influence l'allocation de fonds de recherche.

> En insérant un facteur causal au cœur d'une maladie et ainsi privilégiant une hypothèse causale au détriment des autres, on

invite à la stagnation de la recherche et des traitements et à la distorsion des priorités de financement (Hull 1979, p. 64).

Deuxièmement, il s'ensuit que le système d'éducation doit être modifié. Comme Collins l'a déclaré (immédiatement après avoir fait distribuer un document expliquant comment notre compréhension de la base génétique des maladies allait transformer la médecine),

> Malheureusement, la formation médicale traîne loin derrière les avancées scientifiques. La plupart des écoles de médecine ne donnent pas toute leur importance aux cours de génétique, pourtant vitaux pour l'éducation des médecins, et plusieurs médecins dans la pratique aujourd'hui n'ont aucune formation en génétique. On devra remédier à cette situation si l'on veut que la science médicale soit en mesure de maintenir le rythme et d'utiliser les découvertes rapides extrêmement utiles qui sont susceptibles d'affecter un si grand nombre de vies (Collins 1999, 2000).

Troisièmement, la classification d'une maladie comme étant génétique peut avoir une influence au niveau des politiques de santé publiques que nous développons. Étant donné que les agences comme les *Centers for Disease Control*[1] peinent à développer une politique génétique de santé publique, les maladies considérées comme génétiques vont certainement être déterminées par le langage utilisé. Une maladie génétique semble requérir une politique génétique.

Quatrièmement, en identifiant les maladies avec leurs causes et en tenant les gènes pour les causes des maladies, on semble impliquer que le fait d'avoir un certain gène (par

1. Le CDC, basé à Atlanta, est une agence gouvernementale américaine de santé publique, divisée en plusieurs centres [N.d.T.].

exemple de la maladie de Huntington, de la mucoviscidose ou du cancer du sein) revient à avoir une maladie particulière. Ainsi, selon cette analyse, même les patients en bonne santé (pré-symptomatiques) deviennent des malades. Cette approche est fortement contestée par des groupes de patients mais la conception dominante de la maladie semble avoir pour corollaire l'expansion de la population de malades en même temps que l'expansion du concept de maladie génétique (Juengst 2000). Il est probable que nous soyons tous génétiquement malades.

Pour chacune des ces considérations, ce qui nous manque, c'est de reconnaître le rôle important des facteurs non-génétiques dans le développement des maladies. Nous avons besoin de plus de données empiriques afin d'identifier plus précisément les secteurs de recherche et les maladies pour lesquels il sera plus avantageux de les traiter comme étant génétiques ou non-génétiques. Sans cette information nous devrions reconnaître que toute maladie génétique – ce qui inclut peut-être la totalité des maladies – est aussi une maladie épigénétique.

Références

ALLEN G.E., 1986. « The Eugenics Record Office at Cold Spring Harbor, 1910-1940 : An Essay in Institutional History », *OSIRIS*, 2 (2), p. 225-264.

BAIRD P., 1990. « Genetics and Health Care : A Paradigm Shift », *Perspectives in Biology and Medicine*, 33, p. 203-213.

BOORSE C., 1981. « On the Distinction of Disease and Illness », dans A. Caplan, H. T. Engelhardt Jr., J. J. McCartney (éd.), *Concepts of Health and Disease : Interdisciplinary Perspectives*, Reading (MA), Addison-Wesley.

CAPLAN A., 1992. « If Gene Therapy Is the Cure, What is the Disease ? » dans G. J. Annas, S. Elias (éd.), *Gene Mapping : Using Law and Ethics as Guides*, New York, Oxford University Press, p. 128-141.

CAPLAN A., ENGELHARDT H. T. Jr., McCARTNEY J.J., (éd.), 1981.*Concepts of Health and Disease : Interdisciplinary Perspectives*, Reading (MA), Addison-Wesley.

CASKEY C. T., 1940. « DNA-Based Medicine in the Twenty-First Century », D. Kevles, L. Hood (éd.), *The Code of Codes*, Cambridge (MA), Harvard University Press, 1992, p. 112-135.

COLLINGWOOD R.G., 1940. *An Essay on Metaphysics*, Oxford, Clarendon Press.

COLLINS F.S., 1999. « Medical and Societal Consequences of the Human Genome Project », *New England Journal of Medicine*, 341, p. 28-37.

CONLEY C.L., 1980. « Sickle-Cell Anemia : the First Molecular Disease », dans M.M. Wintrobe (éd.), *Blood, Pure and Eloquent*, New York, McGraw-Hill, p. 319-371.

COVENTRY P., PICKSTONE J., 1999. « From What and Why Did Genetics Emerge as a Medical Specialism in the 1970s in the UK ? A Case-History of Research, Policy and Services in the Manchester Region of the NHS », *Social Science and Medicine*, 49, p. 1227-38.

EDLIN G., 1984. *Genetic Principles : Human and Social Consequences*, Boston, Jones and Bartlett.

ENGELHARDT H. T. Jr., 1975. « Les concepts de santé et de maladie », dans ce volume, p. 231-258.

GIFFORD F., 1990. « Genetic Traits », *Biology and Philosophy* 5 (3), p. 327-347.

HESSLOW G., 1983. « Explaining Differences and Weighting Causes », *Theoria*, 49, p. 87-111.

HESSLOW G., 1984. « What is a Genetic Disease ? On the Relative Importance of Causes » dans L. Nordenfelt, B. I. B. Lindahl (éd.), *Health, Disease and Causal Explanations in Medicine*, Dordrecht, Reidel.

HULL R., 1979. « Why Genetic Disease ? », dans A. M. Capron, M. Lappé, R. F. Murray Jr., T. M. Powledge, S. B. Twiss (éd.), *Genetic Counselling : Facts, Values and Norms*, New York, National Foundation March of Dimes Birth Defects Original Articles Series, p. 57-69.

JUENGST E., 2000. « Concepts of Disease after the Human Genome Project », dans S. Wear, J. Bono, G. Logue, et A. McEvoy (éd.), *Ethical Issue in Health-care on the Frontiers of the 21ᵗ Century*, Boston, Kluwer, p. 125-152.

KELLER E. F., 2000. *The Century of the Gene*, Cambridge (MA), Harvard University Press.

KEVLES D., 1998. *In the Name of Eugenics*, Cambridge (MA), Harvard University Press.

KHOURY M., 2003. « Genetics and Genomics in Practice : the Continuum from Genetic Disease to Genetic Information in Health and Disease », *Genetics in Medicine*, 5, p. 261-268.

MAGNUS D., 2001. « Review of Peter Beurton, R. Alk, H.-J. Rheinberger, "The Concept of the Gene in Development and Evolution" », *Journal of the History of Biology*, 34, p. 406-407.

NELKIN D., and LINDEE M. S., 1995. *The DNA Mystique*, New York, W.H. Freeman.

PAUL D., 1999. *Controlling Human Heredity : 1865 to the Present*, Amherst, N.Y., Humanity Books.

PAULING L., ITANO H., SINGER S.J., WELLS I.C., 1949. « Sickle Cell Anemia : a Molecular Disease », *Science*, 110, p. 543-548.

SMITH K., 1990. « Genetic Disease, Genetic Testing, and the Clinician », *MSJAMA*, 285, p. 327-347.

SOBER E., 1988. « Apportioning Causal Responsibility », *Journal of Philosophy*, 85 (6), p. 303-318.

STRASSER B. J., 1999. « Sickle-Cell Anemia : A Molecular Disease », *Science*, 268, p. 1488-1490.

WULFF H., 1984. « The Causal Basis of the Current Disease Classification », dans L. Nordenfelt, B. I. B. Lindahl (éd.), *Health, Disease and Causal Explanations in Medicine*, Dordrecht, Reidel, p. 169-177.

PRÉSENTATION DU TEXTE DE KAZEM SADEGH-ZADEH

LA THÉORIE DE LA MALADIE
COMME RESSEMBLANCE À UN PROTOTYPE

par Maël LEMOINE

Né en 1942, médecin et philosophe, Kazem Sadegh-Zadeh
est professeur à l'Université de Münster (Allemagne). Il est
l'auteur de très nombreux travaux sur l'usage de la logique
floue en médecine[1], et le fondateur des revues *Theoretical
Medicine and Bioethics* et *Artificial Intelligence in Medicine*.
L'article qui suit remet en cause l'usage des «concepts
classiques» dans l'analyse conceptuelle des termes «santé» et
«maladie», et propose une approche différente, fondée sur la
logique floue.

Selon Sadegh-Zadegh, toutes les positions sur une
définition de la maladie jusqu'à présent se résument à cinq[2] : au

---

1. Voir p. ex. K. Sadegh-Zadeh, «Fundamentals of clinical methodology :
2. Etiology », *Artificial Intelligence in Medicine*, 1998 (12), p. 227-270.
   2. K. Sadegh-Zadeh, «Fundamentals of clinical methodology :
3. Nosology », *Artificial Intelligence in Medicine*, 1999 (17), p. 87-108.

normativisme et au naturalisme (ou descriptivisme), s'ajoutent le normalisme naïf (définissant santé et maladie par la normalité et l'anomalie, sans les déterminer davantage), le fictionnalisme (les maladies sont des fictions), le métaphorisme (généralement limité au domaine de la psychiatrie, et représenté par les positions de T. Szasz) et le philistinisme (position de G. Hesslow, présentée dans ce volume). Toutes ces positions pèchent par imprécision et partagent deux préjugés, dont la remise en cause contribue à déterminer les positions de Sadegh-Zadeh.

En premier lieu, les positions traditionnelles entendent santé et maladie comme des « concepts classiques », c'est-à-dire, définissant des classes auxquelles *l'appartenance* est définie de manière absolue et ne comporte pas de degré. C'est ce que Sadegh-Zadeh appelle le « postulat du commun-à-tous » : la croyance qu'on peut définir une classe par un ensemble de conditions nécessaires et suffisantes, simplement présentes ou absentes. Appliqué au domaine de la définition des concepts de santé et de maladie, ce postulat entraîne le fait que maladie et santé s'excluent réciproquement. Cela ne doit pas être confondu avec les degrés d'intensité de la santé et de la maladie : on peut être plus ou moins malade ou en bonne santé. Ce qui pose problème, c'est que, par ailleurs, il semble aussi que l'on passe continûment du sain au pathologique dans certains cas. Partant de ces trois idées, on est conduit à considérer le seuil conventionnel entre les états normaux et les états pathologiques comme un problème théorique, généralement favorable aux positions normativistes. Si par exemple la cholestérolémie ou le quotient intellectuel basculent de normal à pathologique à un seuil donné, c'est en raison d'une convention. Ce caractère conventionnel s'étend inévitablement aux concepts mêmes de santé et de maladie, qui apparaissent comme arbitraires.

En second lieu, les positions traditionnelles s'appuient sur une notion implicite du pathologique du simple fait qu'elles restreignent à un sous-ensemble la classe des « situations humaines » sur lesquelles il est pertinent de se poser la question : s'agit-il d'un état sain ou pathologique ? Ici, « *human conditions* » est une expression qui doit être entendue en un sens extrêmement large, impliquant par exemple des faits humains comme l'évasion fiscale. D'où tenons-nous que se poser la question du caractère pathologique de l'évasion fiscale est fantaisiste, tandis que la question est sérieuse en ce qui concerne l'addiction aux jeux vidéo ? Un corollaire fréquent de ce premier préjugé est la confusion, souvent injustifiée, de la classe « Maladie » avec la somme des classes de situations humaines délimitées par les entités nosologiques données en médecine (diabète, syphilis, etc.). Cela conduit à une pétition de principe : puisque ces entités nosologiques sont définies comme des maladies individuelles parce qu'elles font partie de la classe « Maladie », on ne saurait s'enquérir des critères qui définissent l'appartenance à cette dernière classe en s'appuyant sur les critères qui définissent l'appartenance aux classes particulières de maladies.

Ces deux préjugés conduisent à des apories théoriques. Sadegh-Zadeh propose d'en sortir en les remettant en cause de manière radicale grâce à un recours à la « logique floue », ou plus proprement la « théorie floue » (*fuzzy theory*), fondée par Lofti A. Zadeh en 1965, qui comprend la théorie des ensembles flous, la théorie des variables linguistiques et la logique floue à proprement parler[1]. L'intuition fondamentale de cette théorie prend appui dans la logique des classes : au lieu en effet de considérer que l'appartenance à une classe est définie dans l'absolu (un individu appartient ou n'appartient pas à une classe donnée), il est possible de considérer que cette appartenance est relative. Un individu appartient à un degré donné (représenté par une valeur comprise entre 0 et 1), c'est-à-dire, plus ou moins, à une classe. Les concepts classiques apparaissent alors comme un cas particulier : l'appartenance aux classes qu'ils définissent est soit nulle, soit parfaite (égale à 1). Dans « The fuzzy revolution : goodbye to the aristotelian Weltanschauung », Sadegh-Zadeh avait souligné que la théorie floue s'applique dans de nombreux domaines en médecine, depuis les modalités de traitement du signal en imagerie médicale jusqu'aux algorithmes d'aide à la décision médicale. Il a joué un rôle important dans l'application de cette théorie à la médecine, dont il accompagne le développement depuis ses commencements. Il a également proposé une interprétation originale et précise de l'étiologie des maladies en termes flous, mais c'est sa définition de la maladie qui retient ici notre attention.

Le premier préjugé évoqué ci-dessus est explicitement remis en question par le postulat de départ de la théorie des ensembles flous. En effet, en définissant le diabète comme une classe à laquelle les individus appartiennent plus ou moins, la question de la détermination d'un seuil ne concerne plus le fait qu'on est « malade » ou « en bonne santé ». On peut être pris en charge à partir d'un certain degré de maladie (ou de santé) dans une dimension donnée, puisqu'un individu peut par exemple

---

1. L.A. Zadeh, *Fuzzy Sets, Fuzzy Logic and Fuzzy Systems. Selected Papers by Lofti A. Zadeh*, Singapore, World Scientific Publishing, 1996.

être à la fois diabétique (dans la mesure = 0,1) et non diabétique (dans la mesure = 0,9). La question du seuil devient donc seulement pragmatique, sans que pour autant la maladie soit elle-même définie comme une entité pragmatique (un « problème clinique » selon la proposition d'Engelhardt : c'est-à-dire une situation de traitement où le médecin ne se pose pas la question théorique de savoir si la demande du patient correspond à un état pathologique scientifiquement déterminé comme tel).

Comment certains états sont-ils par conséquent définis comme pathologiques ? La réponse à cette question remet en cause le deuxième préjugé évoqué ci-dessus, par le recours au concept de *prototype* proposé par la psychologue Eleanor Rosch dans les années 1970. Celle-ci avait en effet mis en évidence que les concepts dont les sujets de ses expériences se servaient pour discriminer des objets de la vie courante ne correspondaient pas à des ensembles de conditions nécessaires et suffisantes, mais plutôt à des prototypes auxquels les cas à juger ressemblaient plus ou moins. Ainsi, les gens ne définissent pas le terme « oiseau » par la possession de plumes, d'un bec, de la capacité de voler ou de gazouiller, mais plutôt jugent d'un cas particulier d'oiseau, par exemple, le corbeau, l'autruche ou le pingouin, par sa ressemblance relative à un cas paradigmatique d'oiseau (par exemple, il se trouve expérimentalement que le moineau joue ce rôle de paradigme chez les sujets étudiés par Rosch). En définissant ainsi un concept, un cas paradigmatique joue le rôle de *prototype* : selon que les cas particuliers ressemblent plus ou moins au prototype, ils appartiennent plus ou moins à la classe que le prototype définit.

C'est ainsi, selon Sadegh-Zadeh, que les situations humaines sont définies comme pathologiques : elles ressemblent suffisamment à des prototypes de maladie. Comme on l'a dit ci-dessus, la question de savoir ce que signifie « suffisamment » n'est pas décisive pour définir ce qu'est la maladie. La question décisive est plutôt de savoir pourquoi et comment certaines situations humaines en viennent à être considérées comme des maladies par excellence.

Sadegh-Zadeh exclut de définir les maladies paradigmatiques à la manière de Fleck, comme résultant d'un style de pensée scientifique, ou à la manière de Kuhn, comme des solutions qui servent de modèles à un problème donné. Magnus a proposé une réponse de ce type en comprenant « paradigmatique » au sens où certaines maladies représenteraient de manière exemplaire un cas bien expliqué par une théorie (ainsi, la phénylcétonurie ou l'anémie falciforme peuvent être considérées comme des prototypes de maladies génétiques : le cancer, le diabète, la schizophrénie leur ressemblent plus ou moins). Mais c'est une réponse qui n'est pas assez radicale, car elle laisse dans l'obscurité la question de savoir pourquoi ces états particulièrement bien expliqués par une théorie donnée sont des prototypes de *maladies*. Il n'y a pas de doute en effet que des situations humaines dont les mécanismes sont obscurs peuvent être tenues pour des maladies à un degré très élevé, voire pour des prototypes de maladie : la schizophrénie est probablement le (ou un) prototype de la classe des troubles mentaux, et le SIDA ou la maladie de Kreutzfeld-Jacob sont longtemps restés sans explication, bien qu'ils appartinssent même alors à un degré élevé à la classe des maladies.

Il n'y a, selon Sadegh-Zadeh, qu'une seule manière de résoudre de manière claire et radicale la question de savoir quelles maladies sont des prototypes pour les autres : c'est d'interroger les peuples de manière empirique sur les situations humaines qu'ils considèrent comme des maladies par excellence, à la manière dont Rosch détermine le moineau comme le prototype de l'oiseau. C'est ce que Sadegh-Zadeh appelle une définition « ostensive ». On répond à la question : « qu'est-ce qu'une maladie » seulement en montrant quelques maladies typiques dans une société donnée. De façon surprenante, Sadegh-Zadeh adopte ici un normativisme relativiste radical. Pourquoi « l'évasion fiscale » n'est-elle pas un comportement pathologique ? Parce qu'elle ressemble à un degré faible à l'un des prototypes de maladies que la société (et non les savants) retiennent comme tels. Nul autre que la société n'est fondé à faire ce choix. Les incertitudes sur le caractère pathologique de l'homosexualité ou de certains états dépressifs ne dépendent donc pas des arguments ou des critères de la maladie, mais directement d'un choix que l'on fait de tenir (ou non) ces états pour des prototypes, ou des états caractérisés par une ressemblance plus ou moins grande à ces prototypes. À la différence d'Engelhardt ou de Nordenfelt, Sadegh-Zadeh ne cherche aucun critère pour définir la maladie ainsi définie de manière normative, puisque le choix d'un prototype n'est justement pas une définition et ne suppose pas que l'on détermine des conditions nécessaires et suffisantes. Ce n'est pas non plus qu'il n'existe pas de caractéristiques, c'est simplement que ces caractéristiques ne sont pas les raisons du choix, mais seulement leur conséquence, et qu'ils appartiennent plus ou moins à des cas individuels donnés. De ce fait, et parce qu'elle rejette à l'évidence aussi les positions naturalistes, la « théorie de la maladie comme prototype de ressemblance » cherche à reposer la question de la définition de la maladie sur des bases fort différentes de celles de Magnus ou de Hesslow, en remettant en

cause l'approche «essentialiste» généralement associée
étroitement à la méthode de l'analyse conceptuelle.

Dans un commentaire à «Fuzzy Health, Illness and
Disease» (2000), Nordenfelt a pris la défense de cette
méthode[1] : on peut s'appuyer sur un usage incohérent de
termes tels que «santé» et «maladie» pour l'élucider et le
rationnaliser, sans pour autant commettre la «pétition de
principe» de Sadegh-Zadeh. Reste peut-être à rendre compte
du fait que plusieurs élucidations de cette nature sont possibles,
entre lesquelles on ne peut trancher qu'en fonction d'une idée
préconçue de ce que sont «maladie» et «santé» : par exemple,
des concepts appartenant à la théorie de l'action, ou bien des
concepts appartenant à la théorie des fonctions biologiques.
Ensuite, Nordenfelt considère que Sadegh-Zadeh commet lui-
même cette pétition de principe en s'appuyant sur l'usage dans
une société donnée pour définir l'ensemble des maladies prototypiques. Mais il n'est pas nécessaire qu'une société possède
un tel concept prédéfini pour déterminer que ces prototypes
forment un ensemble. Il suffit que les maladies prototypiques
aient une ressemblance de famille les unes avec les autres.
S'appuyer sur l'usage pour déterminer quels sont les prototypes de maladie ne requiert pas d'avoir une idée préconçue de
la nature de la maladie, et ne suppose pas non plus qu'il en
existe un concept derrière l'ensemble ainsi déterminé.

1. L. Nordenfelt, «On the Place of Fuzzy Health in Medical Theory»,
Journal of Medicine and Philosophy, 5 (25), 2000, p. 639-649.

LA THÉORIE DE LA MALADIE COMME RESSEMBLANCE À UN PROTOTYPE [*][1]

I. INTRODUCTION

Comme cela a été défendu dans un article antérieur, la philosophie de la maladie est dans une impasse et ne progresse plus (Sadegh-Zadeh 2000, p. 606). Cette situation fâcheuse peut être attribuée principalement au fait qu'on ne parvient pas à reconnaître qu'il y a deux types de concepts, les classiques et les non-classiques, et que le concept de maladie n'est pas un concept classique comme on le croit traditionnellement, mais un concept non classique et qu'il requiert par conséquent une autre approche que celle que l'on adopte habituellement. Dans ce qui suit, on insiste sur la différence entre ces deux types de concepts afin de suggérer une méthode adéquate pour traiter le concept de maladie.

[…] Nous […] distinguerons scrupuleusement une classe de ses membres, c'est-à-dire la *maladie* comme catégorie générale, d'un côté, et ses sous-catégories ou ses membres, les

[*] « The Prototype Resemblance Theory of Disease ». Paru dans *Journal of Medicine and Philosophy*, 33, 2008, p. 106-139, Oxford University Press, trad. fr. M. Lemoine dans une version abrégée, avec l'accord de l'auteur.

[1]. Cet article est dédié au Professeur Lofti A. Zadeh à l'occasion de son 87e anniversaire.

maladies individuelles, comme les oreillons, l'infarctus du myocarde, et la pneumonie, de l'autre. Ces exemples montrent que le concept de maladie ne dénote pas les maladies individuelles. Son référent est la catégorie générale, la maladie. Elle sera reconstituée sous la forme d'un concept non classique et explicitée par *la théorie de la maladie comme ressemblance à un prototype*. Notre théorie promet de conduire la philosophie de la maladie hors de son impasse et de stimuler une recherche innovante. Tout au long de la discussion, le terme « catégorie » est utilisé comme un synonyme pour les termes « classe » et « ensemble ». Dans la mesure où les deux derniers sont habituellement employés dans des contextes formels, par exemple « l'ensemble des nombres premiers » en mathématiques, nous nous référerons aux classes du monde réel comme à des catégories. Par exemple, il y a la catégorie des oiseaux, la catégorie des diabétiques, la catégorie des cathédrales gothiques et la catégorie des maladies [1].

[…]

IV. LE STYLE DE PENSÉE TRADITIONNEL [2]

Nous avons appelé la classe qui contient tous les maladies la catégorie des maladies ou la catégorie *maladie*. […] Elle contient à l'heure actuelle 50 000 membres environ. Tous les jours, on en ajoute de nouveaux (par exemple, l'alcoolisme,

---

1. Dans le contexte présent, nous utilisons le terme catégorie au sens du langage naturel, qu'il faut distinguer du concept formel de catégorie qui est l'objet de la *théorie des catégories* en mathématiques.

2. L'expression « style de pensée », qui a contribué à la notion de paradigme chez Thomas Kuhn est une invention bien connue de Ludwik Fleck, qui l'a introduit dans son épistémologie sociale en 1935 (voir Fleck 2008).

l'addiction aux jeux vidéo, la boulimie, la dyslexie, etc.) et quelques autres en sont retirées (par exemple, l'homosexualité, l'hystérie, la neurasthénie, la chlorose et la drapétomanie). Cette catégorie est donc dynamique. Comment cette *dynamique nosologique* peut-elle être expliquée et justifiée? Est-elle gouvernée par des principes? Sans réponses adéquates à ces questions, il ne sera pas possible de comprendre pourquoi la catégorie maladie inclut parmi ses membres des phénomènes tels que le diabète, l'alcoolisme, l'addiction aux jeux vidéo, l'infarctus du myocarde et le SIDA, et exclut d'autres phénomènes comme la drapétomanie, l'hystérie, la possession d'actions de sociétés, la fraude fiscale, la dictature, le militarisme, la belligérance, et ainsi de suite.

Un nosologiste – quelqu'un qui pratique la nosologie – est un législateur puissant, puisque les maladies viennent originairement de la nosologie, qui par la suite met en marche les mécanismes de médicalisation de l'industrie de la santé. Cela signifie que la catégorisation d'un nouveau phénomène X comme maladie, tel que le diabète, l'alcoolisme, ou l'addiction aux jeux vidéo, est un acte nosologique. En accomplissant un tel acte, un médecin ou un clinicien, en tant que nosologiste, institue dans la population des êtres humains une dichotomie par la division de celle-ci en deux catégories : la catégorie de ceux qui ont la nouvelle maladie, X, et la catégorie de ceux qui ne l'ont pas.

Du point de vue méthodologique, l'acte du nosologiste comprend deux étapes. D'abord, il introduit, généralement par des définitions pauvres ou inexistantes, de nouveaux prédicats nosologiques tels que « diabète », « alcoolisme » et « addiction aux jeux vidéo » dans le langage de la médecine. Par exemple, il suggère que « le diabète sucré est l'état caractérisé par l'hyperglycémie, la glycosurie et la polydipsie », ou plus

généralement, « X est l'état caractérisé par A, B, et C. »
Ensuite, il affirme que « X est une maladie ». Par exemple, il
dit : « le diabète est une maladie ». Nous pouvons désormais
poser la question fondamentale suivante : quand il affirme que
la nouvelle classe X, qu'il a délimitée, est une maladie,
comment le nosologiste justifie-t-il, ou pourrait-il justifier,
cette catégorisation ? Pourrait-il se faire que X ne soit pas une
maladie et qu'il se soit trompé ?

Nous avons une nouvelle classe X (par exemple, le diabète)
d'un côté, et la catégorie *maladie* déjà disponible auparavant,
et qui contient déjà 49 999 membres, de l'autre. Quelle justification se cache derrière le nouveau, 50 000e jugement de
catégorisation qui dit que « X est une maladie » ? Pourquoi
le nosologiste n'affirme-t-il pas plutôt que « X n'est pas une
maladie » ? A-t-il une raison de préférer l'affirmation à la
négation ? C'est exactement à ce point de contact que le
concept médical de maladie, s'il était disponible, pourrait
réglementer les décisions nosologiques. On serait dans ce cas
en position d'examiner s'il est vrai que le nouveau phénomène
X est, conformément à ce concept de maladie, un membre
de la catégorie *maladie*. Malheureusement, un tel concept
n'existe pas. Au lieu de cela, la mystique et le mysticisme
règnent. Il en résulte que tout traité de médecine suit, implicitement ou explicitement, un concept de maladie local. L'auteur a
jadis répertorié 14 concepts différents utilisés dans 14 traités de
médecine (voir Sadegh-Zadeh 1977, p. 11).

Une discipline peut difficilement être tenue pour
scientifique si l'on prétend qu'elle s'occupe d'une catégorie
donnée sans avoir un concept de cette catégorie à sa disposition
pour nous dire à quoi elle ressemble. Ainsi, la médecine s'avère
être une entreprise ésotérique dans le genre de l'astrologie,
parce qu'un concept de maladie lui fait défaut, bien qu'elle

déclare se consacrer précisément à l'étiologie, au diagnostic et à la thérapie de cette catégorie. À cause de cette déficience conceptuelle apparente dans les fondements de la médecine, la question « qu'est-ce que la maladie ? » constitue actuellement un sujet de débat. Une caractéristique étrange de ce débat est la tentative répétée de *définir* le terme « maladie » en cherchant un ensemble de « caractères essentiels communs à toutes les maladies », c'est-à-dire, communs à des phénomènes tels que, par exemple, le diabète, la tuberculose pulmonaire, le SIDA, l'hépatite, l'alcoolisme, l'addiction aux jeux vidéo, etc., *qui sont déjà contenus* dans la catégorie des maladies. Ainsi, on considère « toutes les maladies » pour en abstraire des caractéristiques qu'on estime « communes à toutes les maladies », du type :

> Une pathologie est un type d'état interne qui est soit l'altération d'une capacité fonctionnelle normale, soit une limitation de capacité fonctionnelle causée par des agents environnementaux. (Boorse 1997, p. 9).

De manière surprenante, on ne remarque pas que cette méthode qui consiste à abstraire des caractéristiques communes à toutes les maladies est une pétition de principe stipulant que ce que l'on appelle « les maladies » en viendront à exister comme maladies *après* qu'un concept de la maladie que l'on recherche aura été déjà défini, mais pas avant. Avant qu'on ait introduit un concept de l'arbre, il n'y a pas de choses telles que des « arbres ». Ainsi, un concept de maladie doit précéder, et non suivre, l'inclusion de certains phénomènes parmi les cas individuels de maladie et l'exclusion d'autres phénomènes comme les non-cas de maladie. Des cas et des non-cas de quoi ? Cela signifie que la question « qu'est-ce que la maladie ? » (qu'est-ce qu'un arbre ? qu'est-ce qu'une montagne ? qu'est-ce que l'amour ?) ne peut être décidée que de manière prescriptive et non pas de manière descriptive. En d'autres termes, cette question doit être traitée de manière axiomatique, pas de manière empirique (Sadegh-Zadeh 2000, p. 611). À l'évidence, cela serait une absurdité conceptuelle de croire que la ligne de démarcation entre un arbre et un buisson pourrait être déterminée par un examen empirique d'arbres et de buissons. Cela est également vrai de la limite entre les maladies et les non-maladies. Le concept de maladie en médecine est un analogue du concept de droit dans la théorie et la pratique de la juridiction. Personne ne sera en mesure de découvrir « ce qui est juste » en examinant les comportements humains du monde réel ou les lois existantes et les publications juridiques. Il en est ainsi parce que c'est un concept normatif et que, comme tel, il ne peut être établi que de manière prescriptive (Sadegh-Zadeh 1980, p. 408).

L'absence de concept de maladie en médecine d'une part, comme la pétition de principe mentionnée plus haut d'autre part, sont dues toutes les deux à l'impossibilité d'introduire un concept de maladie en utilisant les méthodes traditionnelles de la formation de concept. Cette impossibilité est masquée par le style de pensée erroné qui consiste à concevoir *toute* catégorie comme représentable par un concept qui indique « les caractéristiques essentielles communes à tous les cas ». Cette tradition profondément enracinée tire ses origines des Grecs de l'Antiquité, tout particulièrement Platon et Aristote. Dans le dialogue de Platon, *Ménon*, écrit aux environs de 380 av J.-C., Socrate demande à Ménon de lui dire « ce qu'est la vertu ». Après que Ménon s'est confronté à quelques difficultés en répondant à la question, Socrate lui apprend : « Eh bien, c'est pareil aussi pour les vertus ! Même s'il y en a beaucoup et de toutes sortes, elles possèdent du moins une seule forme caractéristique identique chez toutes sans exception qui fait d'elles des vertus. Une telle forme caractéristique est ce qu'il faut bien avoir en vue pour répondre à ceux qui demandent de montrer ce en quoi consiste la vertu. Comprends-tu ce que je dis ? « (voir*Ménon*, 71e-75a, en particulier 72[1]).

De nombreux éléments de preuve ont été produits contre ce style de pensée *classique* par la psychologue expérimentaliste Eleanor Rosch, qui exerçait à Berkeley, et d'autres, durant le dernier quart du XXe siècle (voir Rosch 1973, 1975, 1978 ; Smith et Medin 1981). Nous allons esquisser ces preuves ci-dessous pour montrer pourquoi le style de pensée classique est méthodologiquement intenable. À cause de ses limites et parce qu'il consent à s'appuyer sur une pétition de principe, il encourage chacun à propager son propre concept de maladie en fonction de ce qu'il considère personnellement comme « la nature commune » de toutes les maladies. Ainsi, il constitue la source d'un chaos sémantique qui a transformé la philosophie de la santé et de la maladie en un concours de palabre universitaire qui empêche tout progrès.

V. LES CONCEPTS CLASSIQUES

Nous distinguerons entre les concepts classiques et non-classiques pour montrer que le concept de maladie est non classique et qu'on devrait le traiter en conséquence. Nous pouvons affirmer provisoirement qu'un concept est classique à la manière de Platon et d'Aristote évoquée ci-dessus s'il dénote une catégorie dont les membres ont un certain nombre de propriétés identiques, disons, une nature commune. Dans le cas

1. Platon, *Ménon*, trad. fr. M. Canto-Sperber, GF-Flammarion, Paris, 1991 p. 129 [N.d.T.].

contraire, on dit que c'est un concept non classique. On sera plus précis plus loin.

[...]

Soit C une catégorie. Considérons à présent une proposition de la forme « *x* est un C » affirmant que l'objet *x* appartient à cette catégorie, par exemple, « la figure 1 est un carré » (voir fig. 1).

Fig. 1

Dans cet exemple, la figure 1 est notre objet *x*, et carré est la catégorie à laquelle il appartient. Nous recourrons à cet exemple simple tiré de la vie ordinaire pour éviter les exemples médicaux qui sont trop complexes et rendraient notre présentation inutilement plus difficile.

Supposons maintenant que quelqu'un indique la figure 1 et déclare que « la figure 1 est un carré. » Quand nous lui demanderons : « comment le savez-vous ? », il essaiera de justifier son affirmation en expliquant que la figure a un ensemble de caractéristiques (ou, de manière synonyme, de propriétés, attributs, caractères, critères, traits) qui définissent précisément la « nature » ou l'« essence » d'un carré. Par exemple, il dira : « c'est une figure fermée, elle a quatre côtés droits, ses côtés sont égaux en longueur, et elle a des angles égaux. » Si notre question n'avait pas trait à un carré, mais à quelque chose d'autre, par exemple, « pourquoi catégorisez-vous le diabète comme une maladie ? », nous obtiendrions une réponse analogue en ce qu'il répondrait, à la manière de Christopher Boorse (voir sa définition du terme maladie présentée plus haut), « parce que le diabète altère la capacité fonctionnelle normale, et que l'altération d'une capacité fonctionnelle normale est la caractéristique essentielle de la pathologie. »

Comme ces exemples le montrent, il est habituellement admis que pour une catégorie, il y a un certain nombre de caractéristiques « essentielles » qui le définissent. Admettre ce point implique que pour qu'une chose comme la figure 1 ou le diabète soit un membre d'une catégorie particulière C, *elle doit posséder un ensemble de caractéristiques définitionnelles* pour coïncider avec la nature ou l'essence de l'être-C. C'est la conception classique, essentialiste des catégories à laquelle on faisait référence dans la section précédente. Nous appelons cette ancienne conception, qui consiste à réduire une catégorie et un concept à un nombre fini de caractéristiques définitionnelles, la thèse de la *définissabilité par réduction* des concepts. En conséquence, une catégorie est dite *catégoriellement réductible* si son nom est définissable par réduction, *catégoriellement irréductible* dans le cas contraire.

Nous pouvons à présent définir ce que nous entendons par le terme « concept classique ». L'abréviation « ssi » est utilisée pour le connecteur « si et seulement si » dans tout ce qui suit.

> Définition 1. Un concept est dit être :
> 1. réductible ou *classique* ssi il dénote une catégorie réductible, par exemple, le concept de carré dans l'exemple ci-dessus et
> 2. irréductible ou *non-classique* ssi il dénote une catégorie irréductible, par exemple notre concept de maladie (voir ci-après).

La doctrine de la définissabilité par réduction a été trop plausible et trop influente au cours de l'histoire pour laisser la moindre place à d'autres perspectives. De même, le concept de maladie a partagé cette fois avec tous les autres concepts, et a été assujetti à cette doctrine, de sorte qu'il est considéré de manière erronée comme définissable par réduction et comme dénotant une catégorie réductible. Ainsi, il est supposé qu'une entité peut être un membre de cette catégorie, c'est-à-dire, être *une* maladie, si elle possède un ensemble de caractéristiques définitionnelles qui la font coïncider avec la nature de l'être-maladie. On dit par exemple, comme le fait Boorse, qu'elle doit posséder la caractéristique « altération de capacité fonctionnelle normale ou limitation de capacité fonctionnelle normale causée par des agents environnementaux », et ainsi de suite. Nous démontrerons ci-dessous pourquoi cette approche essentialiste est inadéquate et inacceptable. Dans ce but nous devons d'abord franchir quelques étapes préparatoires.

Une catégorie réductible, dénotée par un concept C, est une classe dont les membres partagent $n > 1$ caractéristiques *communes*, disons, F_1, …, F_n, telles que les caractéristiques sont individuellement nécessaires et conjointement suffisantes pour définir le concept C. […]

Apparemment, cette conception réductionniste des concepts est basée sur un postulat auquel nous ferons référence sous le nom de postulat du *commun-à-tous*. Cette conception est généralement adoptée en médecine, dans d'autres disciplines, et dans la vie quotidienne. Elle dit que pour tout concept qui désigne une catégorie correspondante, il y a un nombre limité de caractéristiques définitionnelles *communes à tous* ses cas individuels. Par exemple, pour que quelque chose soit un carré, il faut qu'il ait telle et telle caractéristique ; pour que quelque chose soit un oiseau, il faut qu'il ait telle et telle caractéristique ; de même, pour que quelque chose soit une maladie, il faut qu'il ait telle et telle caractéristique ; et ainsi de suite. […]

Depuis Platon et Aristote, on a cru que toutes les catégories sont du type réductible, tel qu'il a été caractérisé plus haut. En conséquence, dans la nosologie et dans la méta-nosologie, on essaie de définir le concept de maladie à la manière dont la notion d'un carré est définie (par exemple, comme s'il existait un certain nombre de caractéristiques F_1, ..., F_n communes-à-toutes les maladies de sorte que «quelque chose est une maladie ssi il a les caractéristiques F_1, ..., F_n»). C'est seulement sur la base de telles croyances, que des ambitions de dénombrement de caractéristiques émergent, sur le modèle de celle qui est évoquée dans la section IV ci-dessus : « une pathologie est un type d'état interne qui est soit l'altération d'une capacité fonctionnelle normale, soit une limitation de capacité fonctionnelle causée par des agents environnementaux. » (Boorse 1997, p. 7). Le résultat, c'est qu'aucun consensus ne sera jamais atteint sur le concept de maladie de cette manière puisque différents philosophes ont différents goûts et choisissent, dénombrent, différents ensembles de telles caractéristiques. Ce désaccord et ce débat incessants ne peuvent s'arrêter que s'ils reconnaissent que la catégorie des maladies est irréductible, comme nous le démontrerons dans la suite.

VI. LES CONCEPTS NON-CLASSIQUES [1]

À la différence de la conception traditionnelle esquissée dans la section précédente, presque toutes les catégories du monde réel sont irréductibles, et, conformément à notre terminologie introduite plus haut, tous les concepts qui dénotent de

---

1. L'idée de concepts non-classiques abordée dans cette section se fonde sur la théorie de la catégorisation qui a son origine dans les travaux d'Eleanor Rosch, anciennement psychologue à Berkeley (1973, 1975, 1978). Sur les

telles catégories sont des concepts non-classiques. Dans la plupart des situations, les cas de catégories tirées du monde réel ne possèdent pas un ensemble de caractéristiques communes comme les figures carrées. Les oiseaux, les fruits, les légumes, les meubles, et comme nous le verrons plus bas, les maladies en sont des illustrations. Par exemple, essayez de proposer un ensemble définitionnel de caractéristiques qui soient communes-à-tous les membres de la catégorie *oiseau*, qui embrasse des sous-catégories aussi variées que le rouge-gorge, le moineau, le rossignol, le corbeau, l'oiseau de paradis, l'oiseau de proie, l'albatros, l'autruche, l'émeu, le pingouin, etc. Vous n'y parviendrez pas parce que ces innombrables types d'oiseau ne partagent pas un ensemble de caractéristiques susceptible d'établir l'être-oiseau, sur le modèle, par exemple, de {a des plumes, a un bec, vole, gazouille, pond des œufs, …}, et qui reviendrait uniformément en chacun d'eux pour définir la nature de l'être-oiseau. Ils sont plutôt caractérisés par des ensembles qui *se recoupent seulement partiellement*, tels que {A, B, C}, {B, C, D}, {C, D, E}, {D, E, F}, {E, F, G}, et d'autres, de la manière suivante :

Rouge-gorge	A B C		
Corbeau		B C D	
Aigle		C D E	
Autruche			D E F
Pingouin			E F G
…	…		

Fig. 2

questions ici traitées, j'ai beaucoup appris de Reed, 1972 ; Rosch 1973, 1975, 1978 ; Smith et Medin 1981 ; Lakoff 1987 ; Andersen 2000. Toutes les constructions, conceptualisations, et toutes les erreurs sont toutefois de ma responsabilité.

Bien que des types d'oiseau voisins dans cette chaîne aient quelque chose de commun, deux types distants tels que rouge-gorge et pingouin n'ont, à l'évidence, rien de commun. Et, ce qui est le plus intéressant, c'est qu'il n'y a rien qui soit commun à tous. Tous n'en sont pas moins des oiseaux, du fait que, à cause de la *ressemblance* des membres adjacents selon deux caractéristiques, l'être-oiseau d'un seul des membres de la chaîne cause l'être-oiseau du reste. Nous sommes à présent en mesure de réaliser combien est erronée l'image du « monde extérieur » que nous avons héritée du style de pensée classique, qui consiste à chercher des caractéristiques communes-à-toutes les entités que nous subsumons, ou voulons subsumer, sous un label général tel que « oiseau », « fruit », « légume », meuble » ou « maladie ». Et partout où nous manquons d'identifier de telles caractéristiques communes, nous sommes enclins à supposer ou même à exiger que les entités les possèdent malgré tout parce que nous sommes manifestement incapables d'imaginer qu'il puisse en être autrement.

On rencontrera également cette frustration dans la recherche d'un ensemble de caractéristiques définitionnelles qui pourraient être communs-à-tous les cas de la catégorie *maladie*. La raison de cet échec est simplement qu'il n'y a pas de propriétés susceptibles d'établir l'être-maladie qui reviennent uniformément dans toutes les entités cliniques pour construire un concept indiscutable de maladie défini par réduction. Pour le dire d'un mot, il n'y a rien de tel que la nature de la maladie[1]. Par exemple, des situations humaines telles que

1. Notons que nous parlons de la maladie comme d'une catégorie générale. Nous ne parlons pas de « la nature » des entités cliniques individuelles. Une entité clinique individuelle peut bien sûr avoir des caractéristiques définition-nelles permettant la formation d'un prédicat nosologique à la manière classique. Par exemple, le prédicat « tuberculose pulmonaire » peut être introduit par une

l'infarctus du myocarde, la perte aiguë d'audition, l'alopécie areata et le prognathisme anormal sont considérées comme des maladies, elles n'ont rien en commun qui justifierait leur catégorisation uniforme comme maladies, par exemple, aucune anomalie à l'électrocardiogramme, pas d'augmentation ou de diminution enzymatique, pas d'infection ou d'inflammation, pas de gonflement ou de douleur, pas d'altération d'une capacité fonctionnelle, d'insomnie, ni rien d'autre encore [1].

Une catégorie telle que oiseau, fruit, légume, meuble, et maladie, est qualifiée d'irréductible si, comme plus haut (Fig. 2) il n'y a pas d'ensemble définitionnel de caractéristiques nécessaires et suffisantes qui soient communes à tous les cas de cette catégorie. Ainsi, une catégorie irréductible ne satisfait pas au postulat du commun-à-tous des catégories réductibles. Cette curieuse découverte ne signifie pas, ou n'implique pas, que les termes qui dénotent des catégories irréductibles, tels que oiseau, fruit, légume, meuble, et maladie, sont indéfinissables, rendant ainsi impossibles la construction et la pérennité des langages scientifiques. Au contraire, cela ne fait que réfuter l'universalité de la doctrine classique de la définissabilité par réduction, basée sur l'ancien postulat du commun-à-tous. Il nous faut par conséquent abandonner cette doctrine et chercher un autre principe de catégorisation qui fonctionne.

définition explicite de la forme suivante : « une personne a une tuberculose pulmonaire si et seulement si elle a une pneumonie causée par le bacille de Koch. » Le *definiens* de cette définition fixe les caractéristiques « pneumonie » et « causé par le bacille de Koch » comme des conditions nécessaires et suffisantes de la tuberculose pulmonaire. Cela revient à rappeler la distinction entre des *prédicats nosologiques* et le concept de maladie […].

1. Le terme « alopécie areata » signifie une perte de cheveux sur le scalp ou de poils n'importe où ailleurs sur le corps, de manière telle que les cheveux ou les poils tombent par petites plaques rondes de la taille d'une pièce de monnaie [N.d.T.].

La solution que nous recherchons repose dans la relation de *similarité* entre les cas d'une catégorie qui les soude ensemble pour constituer la catégorie. À présent, nous allons esquisser cette idée pour examiner si nous pouvons l'utiliser dans notre méta-nosologie. Pour plus de détails, voir Sadegh-Zadeh (2011).

VII. STRUCTURES DE RESSEMBLANCE

[…]

Une catégorie réductible comme la catégorie des nombres pairs ou des figures carrées est une collection d'objets clairement délimitée, qui tous, à cause de leur uniformité (commune à tous), partagent dans la même mesure un certain nombre de caractéristiques communes-à-tous. Par exemple, il n'y a pas de nombre pair qui soit plus ou moins pair qu'un autre nombre pair. Le nombre 6 est aussi pair que le nombre 8124. Tous les nombres pairs sont pairs de la même façon. Par opposition, dans une catégorie irréductible, il n'y a pas de caractéristiques communes à tous parce que, à la fois en ce qui concerne leur nombre qu'en ce qui concerne leur intensité, les caractéristiques sont distribuées de manière inégale entre les membres de la catégorie, de sorte que certains membres semblent *plus typiques que* d'autres. Dans la catégorie des oiseaux, par exemple, un rouge-gorge semble un oiseau plus typé « oiseau » ou plus typique qu'un pingouin. Ceci a été démontré de manière convaincante par Eleanor Rosch qui, dans des études expérimentales, a demandé à des sujets de noter sur une échelle de 1 à 7 le caractère plus ou moins typique des différentes espèces d'oiseaux. Les rouges-gorges étaient considérés comme les meilleurs exemples, suivi des colombes, des moineaux et des canaris. Les hiboux, les perroquets et les toucans occupaient une position médiane. Les canards et les paons étaient considérés comme de moins bons exemples. Les pingouins et les autruches étaient classés tout en bas de l'échelle. Des expériences similaires ont été conduites pour la catégorie des meubles, des fruits, et des vêtements (Rosch 1975).

À la lumière des preuves rapportées par Eleanor Rosch et d'autres, une *théorie non-classique des concepts* émerge, selon laquelle un concept détermine une catégorie non pas en identifiant des caractéristiques nécessaires et suffisantes de ses membres, mais en exhibant la structure relationnelle de la catégorie qui est caractérisée par ses meilleurs exemples, appelés prototypes, qui sont tels que les autres membres de la catégorie leur ressemble dans différentes mesures. Dans la catégorie des oiseaux, par exemple, un rouge-gorge *a des plumes*, *un bec*, *pond des œufs*, *gazouille*, *vole*, et ainsi de suite. Les pingouins, cependant, ne possèdent pas toutes ces caractéristiques. Ils ne peuvent pas gazouiller et voler. Ils ressemblent aux rouges-gorges seulement dans la mesure où ils *ont des plumes*, *un bec*, et *pondent des œufs*. Certes, cette similarité partielle aux rouges-gorges en fait des exemples moins typiques d'oiseaux que ne le sont les rouges-gorges, mais ils n'en sont pas moins considérés comme des oiseaux. Ainsi, des caractéristiques définitionnelles des rouges-gorges telles que *avoir des plumes, avoir un bec, pondre des œufs, gazouiller, voler*, et d'autres, ne sont pas des conditions nécessaires pour qu'une entité puisse compter comme un membre de la catégorie.

Il y a d'autres exemples comparables comme celui de la catégorie des fruits, dans laquelle, par exemple, une orange est un fruit plus typique qu'une noix de coco; la catégorie des légumes, dans laquelle les épinards sont des légumes plus typiques que les melons; et les meubles, dans laquelle les chaises et les canapés sont des cas plus typiques qu'un tableau ou une radio.

Cette variabilité du caractère typique entre les cas d'une catégorie irréductible prête à la catégorie une structure interne dotée d'une tendance centrale telle que certains membres sont plus centraux dans la catégorie que d'autres qui se tiennent à sa périphérie, donnant naissance à des gradients d'appartenance à la catégorie. Les membres les plus centraux – appelons-les foyers ou noyaux – peuvent être vus comme les prototypes de la catégorie.

Le fait qu'un membre soit *un cas plus typique qu'*un autre membre est à l'évidence une *caractéristique relationnelle*, plus précisément, une relation comparative de la forme « *x* est un C *davantage que* y », où C est la catégorie, par exemple, un moineau est plus typiquement oiseau qu'un pingouin. » Cela induit un certain genre de gradation de l'appartenance à la catégorie. Cette gradation est reconstruite au mieux sous la forme de degrés de concordance caractéristique, c'est-à-dire, une similarité entre les membres moins prototypiques de la catégorie et ses prototypes. Une telle catégorie, nous l'appelons par conséquent une *catégorie de ressemblance prototypique*, pour la distinguer des ressemblances de famille défectueuses de Wittgenstein[1]. Nous introduirons ce concept par la suite pour interpréter la catégorie des maladies comme un cas de ce genre. Sur les détails de cette théorie, voir Sadegh-Zadeh (2011).

---

1. Dans les *Recherches philosophiques*, Wittgenstein compare les langages naturels à une famille dont tous les membres se ressemblent deux à deux, mais où aucun trait n'est partagé par tous [N.d.T.].

VIII. La théorie de la maladie
comme ressemblance à un prototype

Est-il possible d'exploiter dans la nosologie la conception évoquée ici pour un meilleur examen de la catégorie des maladies ? Comment pouvons-nous établir une différence dans le caractère typique des maladies telle que, par exemple, l'infarctus du myocarde puisse avoir plus d'être-maladie que l'alopécie areata, tandis qu'un autre phénomène tel que l'homosexualité puisse s'avérer une non-maladie ? D'où les maladies viennent-elles ? Sont-elles des phénomènes naturels axiologiquement neutres, ou bien sont-elles des artéfacts porteurs de valeurs et construits par l'homme ? Nous développerons un cadre conceptuel susceptible de résoudre précisément des problèmes de ce type. La construction du concept d'une *catégorie de ressemblance prototypique* est une étape préparatoire sur cette voie. Elle servira à démontrer que les maladies sont mieux comprises comme des éléments d'une catégorie de ce genre. Plus précisément, nous reconstruirons la classe des maladies comme une catégorie irréductible qui est constituée par des prototypes auxquels les membres restants de la catégorie, les maladies, sont similaires dans des mesures différentes.

Notons que les notions de ressemblance et de similarité seront tenues pour synonymes, même si elles joueront des rôles contextuels différents dans les développements qui suivent. Le terme *ressemblance* n'est préféré que dans l'étiquette « catégorie de ressemblance ». Dans tous les autres contextes le terme *similarité* et ses dérivés sont utilisés.

Ce dont nous avons besoin, c'est une notion de la similarité qui nous permette de mesurer ou d'évaluer la similarité entre un membre d'une catégorie et son prototype. Nous construirons cette notion au moyen du concept d'*ensemble flou*. Ce concept auxiliaire constitue un outil méthodologique fondamental de notre étude. Par conséquent, nous allons commencer par le décrire à grands traits puisqu'il est probable que certains lecteurs […] n'en soient pas familiers [1].

---

1. Les trois termes suivants sont en fait synonymes : ensemble, classe, catégorie. Ils sont cependant utilisés dans différents contextes. Le terme « ensemble » a des critères formellement précis, et on l'utilise seulement dans des contextes formels, mathématique et logique. Le terme « classe » est plus informel et moins précis. Le terme « catégorie » est le plus général et le moins formel. On l'utilise de préférence pour les classes d'objets du monde réel, comme les oiseaux, les légumes, les chaussures, les animaux, etc. Par exemple, on dit « l'*ensemble* des nombres pairs », « les citoyens américains de la *classe* moyenne », « la *catégorie* des oiseaux ». Dans nos considérations, nous aurons besoin de celui de ces termes qui est le plus précis, à savoir, « ensemble » (voir aussi la note 1). Un ensemble est une collection d'objets quelconques auxquels on se réfère comme à ses éléments ou à ses membres. Nous distinguons entre les ensembles classiques et les ensembles flous. Un ensemble *classique* a des limites précises, par exemple l'ensemble des nombres pairs ou « l'ensemble des frères et sœurs ». À cause de ce trait caractéristique, un objet est de manière incontestable, membre ou non de l'ensemble. Il n'y a pas de troisième option. C'est dire qu'il n'y a pas d'objet qui se situe à un endroit intermédiaire entre l'appartenance incontestable et la non-appartenance incontestable. Si certains objets, par exemple les objets a, b, et c, forment un ensemble, nous écrivons {a, b, c} pour représenter cet ensemble et lisons « l'ensemble des objets a, b, c. » Une autre manière de représenter un ensemble est la suivante : un ensemble dont les membres sont caractérisés par un attribut particulier A s'écrit « $\{x \mid x \text{ est } A\}$ » et se lit : « l'ensemble de tous les x tels que x est A. » Par exemple, *l'ensemble des diabétiques* est $\{x \mid x \text{ est diabétique}\}$. Pour des raisons pratiques, les ensembles sont représentés par des lettres capitales. Leurs membres sont représentés par des lettres minuscules. Un ensemble A est dit être un sous-ensemble d'un ensemble B si tous ses membres sont aussi membres de B. Par exemple, l'ensemble des diabétiques est un sous-ensemble de l'ensemble de tous les êtres humains qui ont une maladie.

Ensembles flous

Pour des raisons différentes, le langage médical est l'un des langages scientifiques les plus vagues.

La plupart de ses termes défient la précision parce que les objets, les classes et les relations qu'ils dénotent n'ont pas de limites nettes et sont ainsi vagues, de manière inhérente et irrémédiable. La théorie des ensembles flous est un excellent outil pour traiter précisément ce genre de vague. Dans ce qui suit, nous emploierons certaines de ses notions élémentaires pour construire notre théorie de la maladie comme ressemblance à un prototype [1].

Considérons un exemple, celui d'un ensemble de personnes tel que {Alvin, Bert, Carla, Dirk}. Il est nettement délimité parce que n'importe lequel des quatre objets, Alvin, Bert, Carla et Dirk appartiennent complètement à cet ensemble, tandis que n'importe quel autre objet ne lui appartient pas du tout, par exemple, Eliza ou 9. Toutefois, il existe aussi des ensembles aux limites moins nettes tels que, par exemple, « l'ensemble des *jeunes* » ou « l'ensemble des *grands* nombres ». À quel point un individu doit-il être jeune pour appartenir au premier ensemble, et à quel point faut-il être vieux pour ne pas appartenir à cet ensemble ? À quel point un nombre

---

1. Le terme « ensemble flou » est le concept de base de la *Théorie Floue*, connue généralement sous le nom de « logique floue. » Cette théorie est une science multidisciplinaire du vague et de l'incertain qui se développe rapidement, et qui est la mieux adaptée pour traiter d'entités vagues comme les maladies. Elle a été introduite par l'informaticien Lofti A. Zadeh à l'Université de Berkeley en 1965 (voir Zadeh 1965 ; Yager et al. 1987 ; Klir et Yuan 1996). Elle devient de plus en plus la méthodologie dominante dans toutes les disciplines scientifiques et la technologie, médecine comprise. Voir par exemple Mordeson, Malik et Cheng 2000 ; Szczepaniak, Liboa et Kacprzyk 2000 ; Steinmann 2001 ; Barro et Marin 2002.

doit-il être grand pour appartenir au deuxième ensemble, et à quel point faut-il qu'il soit petit pour ne pas appartenir au deuxième ensemble ? Il n'y a pas de réponses claires à ces questions. Pour certains objets, il est absolument certain qu'ils appartiennent à 100% à un tel ensemble, ou bien qu'ils n'appartiennent pas à 100% à un tel ensemble. Pour d'autres, cependant, ce n'est pas aussi clair. Ce sont des membres de l'ensemble seulement dans une certaine mesure, et ainsi, ce sont aussi des non-membres du même ensemble dans une certaine mesure. Un ensemble de ce genre qui, à ses marges, n'est pas nettement délimité et laisse place à une zone grise de quasi-appartenance, nous le qualifions de non-net ou, selon l'inventeur de cette théorie, de *flou* (Zadeh 1965).

Un ensemble flou est une collection d'objets avec des degrés d'appartenance. À la différence d'un ensemble classique, il n'a pas de limites nettes entre ses membres et ses non-membres. Par exemple, supposons qu'Alvin et Bert sont deux frères. Alvin est *jeune* dans une mesure déterminée, alors que Bert est jeune dans une moindre mesure que son frère. Ainsi, ces deux individus sont membres, à des degrés différents, du même ensemble des gens jeunes. Les degrés d'appartenance de l'ensemble décroissent doucement dans la direction de la non-appartenance. L'ensemble des gens jeunes est ainsi flou. Il n'y a pas de ligne de partage entre cet ensemble et l'ensemble des gens non-jeunes. Comme l'ensemble des gens jeunes, presque toutes les catégories du monde réel sont des ensembles flous qui n'ont pas de frontières nettes. Par exemple, chacun des termes suivants dénote un ensemble flou : belle femme, arbre, buisson, gros, orange, beaucoup plus grand que cinq, en bonne santé, malade [*ill*], atteint de pathologie [*diseased*], tousse, a un ictère.

[…] Par exemple, supposons que dans […] la famille {a, b, c, d}, les membres de la famille ont, respectivement, 18, 30, 37 et 65 ans. Quand ils sont considérés comme jeunes aux degrés respectifs de 1, 0,7, 0,3 et 0, nous pouvons alors identifier dans la famille l'ensemble flou des membres jeunes avec les degrés d'appartenance suivants :

$\mu_{jeune}(a) = 1$ càd	Alvin est jeune dans la mesure 1
$\mu_{jeune}(b) = 0,7$	Bert est jeune dans la mesure 0,7
$\mu_{jeune}(c) = 0,3$	Carla est jeune dans la mesure 0,3
$\mu_{jeune}(d) = 0$	Dirk est jeune dans la mesure 0

[…] Ces exemples montrent que tout ensemble classique est aussi un ensemble flou, plus précisément, un ensemble flou limité, dont les degrés d'appartenance sont tirés de l'ensemble à deux valeurs {0,1} seulement. Le concept d'ensemble flou dont les valeurs sont tirées de l'intervalle [0,1] est donc le plus général et inclut le cas classique. Pour plus de détails sur la théorie des ensembles flous, voir Dubois et Prade (1980); Klir et Yuan (1995); Ruspini, Bonissone, et Pedrycz (1998).

Les situations humaines

Le concept d'ensemble flou brièvement introduit ci-dessus sera utilisé comme un outil pour reconstruire à la fois la notion de maladie et la notion de similarité dont nous avons besoin pour comparer les maladies individuelles entre elles. Dans la présente section nous préparerons la base conceptuelle de cette première tâche.

Notre but est de clarifier le terme « maladie » et de développer un concept précis. Nous devons par conséquent oublier le paradigme de maladie auquel nous sommes encore aujourd'hui attachés et supposer que nous sommes dans l'ignorance complète à ce sujet. En guise de premier axiome, nous décidons que le domaine d'application possible du terme « maladie » ne devrait pas consister en objets tels que les rayons d'une bibliothèque, les voitures, les planètes, ou les fourmis, mais il devrait s'agir de *situations humaines* complexes telles que la crise cardiaque, l'attaque, le cancer du sein, l'amour, la croyance, le bonheur, l'évasion fiscale, et de nombreuses autres choses possibles et impossibles, du moment qu'elles sont des situations humaines. Ainsi, le terme général que nous utiliserons avant d'avoir un concept de maladie est l'expression « situation humaine ». Nous construirons ce concept par la suite pour délimiter la catégorie des situations humaines. Plus tard, le terme maladie sera interprété de manière ostensive à partir de l'univers général de notre discours pour en constituer une sous-catégorie.

Une situation humaine telle que la crise cardiaque, l'amour ou le bonheur est *un ensemble* d'états $n > 1$ dans lesquels un être humain peut se trouver à un instant donné. L'ensemble suivant de jugements sur Alvin constitue un exemple simple : {Alvin est jeune, Alvin a les cheveux blonds, Alvin est catholique, Alvin est heureux, Alvin a mal à la tête, Alvin a de la fièvre, Alvin tousse, … etc…}. Pour simplifier la manipulation de telles données qui peut vite devenir impraticable, nous représentons une situation humaine non comme un ensemble de jugements, mais comme un *ensemble de caractéristiques* que ces jugements attribuent à un individu. Notre dernier exemple se présente désormais comme l'ensemble de caractéristiques suivant :

> {jeune, blond, catholique, heureux, mal de tête, fièvre, toux, …etc.}

que le patient Alvin possède. Cet exemple montre que les situations humaines ne sont pas, et ne devraient pas être, confinées à des états biologiques ou biomédicaux de l'organisme. On peut les concevoir comme des entités qui font également référence aux univers subjectif, religieux, moral, transcendant et social d'une *personne*, tels que, par exemple, l'intelligence, l'amour, la douleur, la détresse, les sentiments de solitude, les croyances, les désirs, les troubles comportementaux, etc. En assignant des noms aux situations humaines, il devient possible de les identifier en utilisant leurs noms, comme, par exemple :

crise cardiaque = {douleur thoracique, concentration élevée en créatine phosphokinase, tachycardie, … etc. … },

rougeole = {éruption cutanée, tâches de Koplik, toux, fièvre, … etc. … },

ulcère gastrique = {douleur épigastrique, anorexie, vomissements, … etc. … },

alopécie areata = {perte capillaire sur le scalp, … etc. … },

être amoureux = {heureux, nuits sans sommeil, désir de l'être aimé, … etc. … }.

Par exemple, le terme « crise cardiaque » ci-dessus dénote une situation humaine qui consiste en ces caractéristiques : douleur thoracique, concentration sanguine élevée de l'enzyme créatine phosphokinase, tachycardie, etc. Au cours de notre recherche d'un concept de la maladie, il serait utile d'être en mesure de comparer de telles situations humaines les unes avec les autres et d'examiner les similarités et les dissemblances entre elles. Cela requiert un puissant concept de similarité. […] Dans ce but, nous concevrons les situations humaines comme des manifestations partielles d'un espace de caractéristiques global F, précédemment disponible, c'est-à-dire, standardisé et conventionnel, tel que, par exemple :

F = {douleur thoracique, concentration élevée en CPK, tachycardie, vomissements, anorexie, douleur épigastrique, éruption cutanée, taches de Koplik, toux, fièvre, taux de globules blancs élevé, lésions organiques, détresse, gêne, incapacité, dépendance, mort prématurée, dyspepsie, coma, bradycardie, déshydrogénase lactique, délire, peur ... etc. etc. ....}.

Par souci de simplicité, symbolisons cet espace de caractéristiques global, F, de la manière suivante :

F = $\{F_1, F_2, F_3, ..., F_n\}$,

où chaque F_i est une caractéristique telle que douleur thoracique, CPK élevée, tachycardie, et ainsi de suite. Nous pouvons à présent nous représenter une situation humaine H telle que la crise cardiaque, la rougeole, l'ulcère gastrique, et ainsi de suite, comme un ensemble flou défini sur l'espace des caractéristiques F de la manière suivante. Une caractéristique F_i issue de l'ensemble des caractéristiques F qui sont présentes en H s'écrit $(F_i, 1)$, alors qu'une caractéristique F_j qui n'est pas présente en H s'écrit $(F_j, 0)$, par exemple :

crise cardiaque = $\{(F_1, 1), (F_2, 1), (F_3, 1), ..., (F_i, 0), (F_j, 0), (F_k, 0), ...$ etc. ...$\}$,
rougeole = $\{(F_1, 0), (F_2, 0), (F_3, 0), ..., (F_i, 1), (F_j, 1), (F_k, 1), ...$ etc. ...$\}$

plus précisément :

crise cardiaque = {(douleur thoracique, 1), (CPK élevée, 1), ..., (éruption cutanée, 0), (taches de Koplik, 0), ..., etc. ...},
rougeole = {(douleur thoracique, 0), (CPK élevée, 0), ..., (éruption cutanée, 1), (taches de Koplik, 1), ..., etc. ...}.

Dans ces ensembles flous, une valeur telle que 1 et 0 est le degré d'appartenance de la caractéristique correspondante F_i et indique sa présence ou son absence dans la situation humaine correspondante. Cependant, dans une situation humaine de la vie réelle, une caractéristique peut n'être pas présente ou absente de manière absolue, mais présente dans une certaine mesure, différente de 1 et 0. Par exemple, quelqu'un peut avoir :

{douleur thoracique légère, CPK très élevée, tachycardie sévère, …},

alors que quelqu'un d'autre a :

{douleur thoracique sévère, CPK légèrement élevée, tachycardie modérée, …},

et que quelqu'un d'autre encore a :

{douleur thoracique très sévère, CPK légèrement élevée, tachycardie légère, …}

Nous pouvons par conséquent généraliser le flou (mentionné plus haut) d'une situation humaine H ainsi :

$$H = \{(F_1, \mu_H(F_1)), (F_2, \mu_H(F_2)), …, (F_n, \mu_H(F_n))\} \qquad (3)$$

où un F_i est une caractéristique telle que douleur thoracique, CPK élevée, etc., et $\mu_H(F_i)$ est un nombre réel compris dans l'intervalle unitaire [0, 1] indiquant le degré de son appartenance à la situation humaine H. La crise cardiaque d'un patient particulier peut être décrite, par exemple, par l'ensemble flou {(douleur thoracique, 0,6), (CPK élevée, 0,9), (tachycardie, 1), (vomissement, 0), … etc…}.

Une situation humaine du type (3) est une situation humaine rendue floue ou, pour abréger, une *situation humaine floue*. Cela veut dire que la caractéristique F_1 est présente dans la mesure $\mu_H(F_1)$, la caractéristique F_2 est présente dans la mesure $\mu_H(F_2)$ et … et la caractéristique F_n est présente dans la mesure $\mu_H(F_n)$. Remarquons que ces nombres ne représentent pas les résultats d'une mesure comme par exemple l'intensité mesurée, ou la concentration, la fréquence, la hauteur, la température, ou d'autres quantités. Ce sont des degrés d'appartenance à un ensemble flou, représentant la mesure dans laquelle une caractéristique telle que la douleur thoracique est un membre de l'ensemble. Une question importante concerne l'origine des valeurs attribuées aux caractéristiques.

[...]

La catégorie des maladies

On a déjà dit plus haut que le système nosologique actuel de la médecine comprendrait environ 50 000 maladies individuelles. Par exemple, il comprend l'infarctus du myocarde, l'ulcère gastrique, le cancer du sein, l'alopécie areata, l'alcoolisme, la schizophrénie, etc. Un problème fondamental de la méta-nosologie, qui est resté ignoré en médecine, est la question de savoir *pourquoi* ces situations humaines sont catégorisées comme des maladies, et d'autres exclues, comme par exemple la menstruation, la grossesse, l'évasion fiscale, le tabagisme, la torture, le terrorisme, et ainsi de suite. (Nous ne voulons pas dire ici que ces derniers exemples doivent être catégorisés comme des maladies. Nous demandons seulement pourquoi ils *ne* sont *pas* catégorisés comme des maladies.)

Ce que l'on appelle une maladie en médecine peut être représenté sous la forme d'une situation humaine floue de la forme $H = \{(F_1,\ \mu_H(F_1)),\ (F_2,\ \mu_H(F_2)),\ ...,\ (F_n,\ \mu_H(F_n))\}$. Chaque F_i ici est une caractéristique de l'espace de caractéristiques $F = \{F_1, F_2, F_3, ..., F_n\}$ mentionné dans les « Situations Humaines » ci-dessus. Cela peut être un symptôme, une plainte, un problème, un signe ou un résultat; $\mu_H(F_i)$ est son degré d'appartenance à H. Voici des exemples formels :

infarctus du myocarde = $\{(F_1, 1), (F_2, 0,7), (F_3, 0,9), \ldots, (F_i, 0),$ $(F_j, 0), (F_k, 0), \ldots \text{etc.} \ldots \}$
ulcère gastrique = $\{(F_1, 0), (F_2, 0), (F_3, 0), \ldots, (F_i, 0,8), (F_j,$ $0,7), (F_k, 1), \ldots \text{etc.} \ldots \}$
alopécie areata = $\{(F_1, 0), (F_2, 0), (F_3, 0), \ldots, (F_i, 0), (F_j, 0), (F_k,$ $0,2), \ldots \text{etc.} \ldots \}.$

Par exemple, l'infarctus du myocarde pourrait être quelque chose comme l'ensemble flou suivant :

{(douleur thoracique, 1), (CPK élevée, 0,7), (tachycardie, 0,9), (vomissements, 0,2), … etc. …}.[1]

Ces exemples montrent que ce que l'on appelle maladies, reconstruites comme des situations humaines floues, sont trop différents les uns des autres pour partager des caractéristiques communes-à-tous qui pourraient fournir des *conditions nécessaires et suffisantes* de leur être-maladie. Pour cette raison, la classe nosologique qui comprend de telles situations humaines en tant que maladies ne peut pas être basée sur, et représentée par, un concept de maladie classique, définissable par réduction. En dépit de la longue histoire de la médecine, il n'a pas été possible, pour le moment, de suggérer un tel concept, et les savants en débattent encore, en vain. À cause de cette absence de caractéristiques communes-à-tous de l'être-maladie, la question se pose de savoir comment la catégorie irréductible de maladies est néanmoins constituée de sorte à intégrer des maladies individuelles complètement différentes en tant que membres.

---

1. Pour des exemples détaillés de représentation floue de maladies individuelles, voir Mordeson, Malik et Cheng 2000 ; Szczepaniak, Lisboa et Kacprzyk 2000 ; Steinmann 2001 ; Barro et Marin 2002 et le journal *Artificial Intelligence in Medicine*.

D'un côté, il ne fait pas de doute qu'un certain nombre de ces soi-disant maladies sont des mythes et des illusions conceptuelles, par exemple, la drapétomanie et l'hystérie. De l'autre côté, il y a des situations humaines telles que la crise cardiaque, le cancer du sein, l'épilepsie, et beaucoup d'autres, qui sont connues depuis l'origine de la médecine et que l'on rencontre dans toutes les sociétés humaines contemporaines. Ce que l'on veut généralement signifier par « maladies », ce sont de *tels phénomènes du monde réel et d'autres similaires*, même si la croyance en leur existence dépend de la perspective adoptée, par exemple des systèmes conceptuels et épistémiques dans lesquels on s'inscrit. Bien que toutes ces situations humaines soient différentes les unes des autres et que des caractéristiques communes-à-tous leur fassent défaut, elles sont placées à l'intérieur de l'immense catégorie des situations humaines, et dans la même sous-catégorie, étiquetée « maladies ». Notre question initiale était celle de savoir comment cette catégorisation pouvait être comprise et justifiée. La réponse à cette question, selon nous, est la *théorie de la maladie comme ressemblance à un prototype* que l'on va présenter maintenant.

Nous affirmons qu'il y a un petit nombre de situations humaines telles que la crise cardiaque, le cancer du sein, l'attaque, l'épilepsie, la pneumonie, la rougeole, la variole, la schizophrénie, et d'autres semblables, qui existent depuis longtemps, probablement depuis les origines de l'humanité. […] Chacune de ces quelques situations humaines est *baptisée* « maladie » par la société, et on en use comme d'une maladie prototypique. Cet acte de nommer est une définition ostensive du terme « maladie ». Toute situation humaine qui comporte une similarité suffisante à un tel prototype de maladie est aussi considérée comme une maladie. Ainsi, la catégorie

des maladies dans une société est basée sur deux facteurs :
1) l'existence d'au moins une situation humaine, *nommée*
maladie et vue comme une maladie prototypique, et 2) une
similarité suffisante d'autres situations humaines à une
maladie prototypique. Cette idée peut être intégrée dans le
concept de maladie qui suit.

> Définition 4. Soit $\{D_1, ..., D_n\}$ un petit ensemble de $n > 1$
> situations humaines floues telles que {crise cardiaque, cancer
> du sein, attaque, épilepsie, pneumonie, rougeole, variole, ...,
> schizophrénie} et où chacune est nommée maladie dans une
> société humaine donnée. Alors, dans cette société :
> 1. Tout élément de l'ensemble $\{D_1, ..., D_n\}$ est une maladie, à
> laquelle on se réfère comme à un prototype ou une maladie
> centrale.
> 2. Une situation humaine X est une maladie s'il y a une
> maladie D_i dans $\{D_1, ..., D_n\}$ et un $\varepsilon > 0$ choisi par la société tel
> que $simil(X, D_i) = \varepsilon^3$.

Notons que ce concept de maladie est non classique parce
qu'il ne réduit pas l'être-maladie à un ensemble de caractéristiques communes-à-tous. Il requiert seulement qu'il y ait au
moins une situation humaine prototypique appelée maladie par
la société et qu'une situation humaine soit similaire à cette
maladie prototypique dans une certaine mesure pour pouvoir,
elle aussi, compter pour une maladie. [...]

---

3. La « similarité floue » est définie par l'auteur comme une relation
entre ensembles flous et s'exprime par une valeur comprise entre 0 et 1, calculée
de la manière suivante : $simil(A, B) = [\min(a_1, b_1) + ... + \min(a_n, b_n)] / [\max(a_1, b_1) + ... + \max(a_n, b_n)]$, où A et B sont des ensembles de caractéristiques, dont les
degrés d'appartenance sont respectivement $a_1, ... a_n$ et $b_1, ... b_n$ et où $\max(a, b)$
et $\min(a, b)$ sont définis respectivement par le plus grand et le plus petit des deux
nombres a et b [N.d.T.].

D'où les maladies prototypiques viennent-elles ?

De nos considérations ci-dessus, il suit que la grande majorité des 50 000 maladies individuelles de la médecine occidentale actuelle sont des maladies dérivées en ce que leur être-maladie est fondé sur leur similarité avec certaines maladies prototypiques. Ainsi, la question fondamentale de la médecine (c'est-à-dire : qu'est-ce que la maladie ?) est réduite à « qu'est-ce qu'une maladie prototypique ? » ou à « d'où viennent les maladies prototypiques ? » Nous avons déjà traité cette question dans un article qui annonçait le présent article et nous en donnerons ici seulement un bref résumé (Sadegh-Zadeh 2000, p. 632 *sq.*).

Conformément à notre approche, la catégorie des maladies est relative aux sociétés humaines parce que ses éléments prototypiques, comme ce qui les génère, sont institués par les sociétés humaines. Des situations humaines telles que l'épilepsie, l'attaque, le cancer du sein et l'angine de poitrine en sont des exemples. Ils sont connus depuis longtemps, ont déjà été bien décrits dans le Corpus Hippocratique, et ont déterminé la croissance de cette catégorie depuis. Une situation humaine de ce type a été baptisée « maladie » par des êtres humains par le passé pour signifier que la vie de la personne qui en est affligée est menacée, qu'elle souffre et qu'elle a besoin d'aide, d'un traitement, de soins, de conseils, et de toute autre assistance (utile) susceptible de soulager sa douleur et de prévenir la mort, l'incapacité et une gêne continue. Pour le dire d'un mot, l'état d'une personne affligée est *appelé* « maladie » par la société pour dénoter quelque chose qu'elle trouve indésirable et dont elle juge désirable l'amélioration par le soin médical. Du point de vue sémantique, cet acte de baptiser est une définition ostensive du terme « maladie » par les membres d'une société donnée en ce qu'ils pointent une situation humaine et déclarent « cela, nous l'appelons maladie », tout comme l'acte de baptiser « ce bateau, nous l'appelons USS Dwight D. Eisenhower ». Du point de vue de la perspective des théories de l'action, le terme peut être interprété comme une construction *sociale déontique* au sens suivant.

Du point de vue des animaux eux-mêmes, il n'y a pas de maladies dans le monde animal. Pour certaines raisons, quelles qu'elles soient, un animal déficient [*impaired*] ne bénéficie pas de la compassion, du traitement, et du soin des autres animaux, et devient la proie de prédateurs, ou bien souffre et, au final, meurt. L'opposé se produit seulement dans les sociétés humaines à cause du fait que, dans les sociétés humaines, la déficience [*impairment*] et la souffrance d'un individu provoquent des actions de prise en charge par les autres. Ils *provoquent l'action*.

L'adjectif « déontique » dérive du terme grec « *deon* » : « ce qui lie », c'est-à-dire, le *devoir*. Les normes déontiques dans une communauté sont des règles morales ou légales qui régissent ce qui est permis, requis ou interdit dans cette communauté, par exemple, « tu ne tueras point » et « tu prêteras assistance à ceux qui en ont besoin ». Une construction déontique dans une telle société est un état de fait produit par les membres de la société s'il y a dans cette société des normes déontiques d'après lesquelles les actions qu'ils accomplissent ou omettent de produire dans cet état de fait sont requises ou interdites. Par exemple, savoir lire est une construction déontique en Allemagne parce qu'aller à l'école est requis par la loi allemande. Ce sont ces normes légales qui font que les gens apprennent à lire et savent lire.

Une *maladie prototypique* dans une société est une construction déontique de cette société parce qu'elle émerge, en tant que *quelque-chose-à-traiter* et ainsi, à baptiser « maladie », et non en tant qu'une entité ou un phénomène à partir des normes déontiques de cette société. Comme situation humaine particulière, telle que, par exemple, la crise cardiaque, l'épilepsie, l'attaque ou le cancer du sein, elle provoque des actions des membres de la société pour venir au secours de ceux qui en sont affligés, pour les aider, pour améliorer leur situation. Une telle situation humaine est désignée comme une maladie simplement pour qu'on ait un nom pour ce type d'états de fait qui provoquent l'action. Sa caractéristique première est d'être provocatrice d'action. Elle est provocatrice d'action non parce que c'est une maladie au sens dans lequel on interprète ce terme, mais parce que les membres de la communauté où elle survient partagent des valeurs et des prises de position fondamentales telles que le caractère sacré de la vie, l'amour, la bienveillance, la compassion, la sympathie, et la charité, d'après lesquelles le secours, le soulagement, l'aide, le remède et le soin sont déontiquement requis dans de *telles circonstances*. Par leurs actions et leurs prises de position en faveur du soin, du traitement et de la prévention, ils réalisent l'acte collectif de traiter quelque chose comme une maladie qui, sans cet acte, ne serait pas une maladie, et serait comparable aux déficiences [*impairments*] dans le monde animal. On peut se demander si des monades humaines qui ne vivraient pas en polyades, c'est-à-dire en communautés humaines, pourraient se considérer comme souffrant de maladies. Cela signifie, par analogie avec l'impossibilité wittgensteinienne d'un langage privé, qu'il n'y a pas de maladies privées. Les maladies, en tant que maladies, sont des constructions déontiques d'une société, essentiellement des artéfacts sociaux. Pour plus de détails sur cette théorie, voir Sadegh-Zadeh (2011).

IX. CONCLUSION

Le concept de maladie est sujet à d'incessantes discussions en philosophie de la médecine. Pourtant les opinions sur ce que les maladies peuvent être, sont encore très divergentes. Selon le diagnostic qu'on a posé ailleurs, la discussion a conduit à une impasse et elle est devenue stérile (Sadegh-Zadeh 2000). Nous avons attribué cet échec à la conception commune erronée de la maladie comme une catégorie définie par des caractéristiques nécessaires et suffisantes.

Dans cet article, pour clarifier ce problème de conception, nous avons proposé la distinction entre catégories réductibles et catégories irréductibles. Les premières sont dénotées par des concepts classiques et les secondes par des concepts non-classiques. Alors qu'une catégorie réductible est définissable par réduction à un ensemble de caractéristiques nécessaires et suffisantes, les catégories irréductibles ne le sont pas. Nous avons montré que les maladies forment une catégorie irréductible, ce qui a pour conséquence qu'un concept non classique de la maladie est requis, et nous avons suggéré un tel concept. Le résultat est *la théorie de la maladie comme ressemblance à un prototype*. Selon cette théorie, les situations humaines qui constituent la catégorie des maladies en médecine n'ont pas de caractéristiques nécessaires et suffisantes de l'être-maladie. Cette catégorie est structurée autour d'un certain nombre de prototypes qui sont comme des foyers à partir desquels s'organise l'inclusion d'autres situations humaines, qui leur ressemblent plus ou moins, dans la catégorie appelée maladie. C'est ainsi une catégorie de ressemblance multifocale, qui comprend, autour de différents foyers, des sous-catégories telles que les maladies infectieuses, les maladies cardiaques, les maladies génétiques, et ainsi de suite. La logique floue a servi d'instrument dans la construction de notre théorie. Elle offre un panel de dispositifs pour développer une méthodologie nouvelle en philosophie de la maladie. Nous nous sommes toutefois abstenus d'utiliser ces dispositifs. Pour plus de détails, voir Sadegh-Zadeh (1999, 2000, 2011).

Références

ANDERSEN H., 2000. « Kuhn's account of family resemblance : A solution to the problem of wideopen texture », *Erkenntnis*, 52, p. 313-337.

BARRO S., MARIN R. (éd.), 2002. *Fuzzy logic in medicine*, Heidelberg, Physika-Verlag.

BOORSE C., 1997. « A rebuttal on health », dans J. M. Humber, R. F. Almeder (éd.), *What is Disease ?* Totowa (NJ), Humana Press, p. 1-134.

DUBOIS D., PRADE H., 1980. *Fuzzy sets and systems*, San Diego (CA), Academic Press.

FLECK L., 2008. *Genèse et développement d'un fait scientifique*, trad. fr. N. Jas, Paris, Flammarion.

KLIR G. J., YUAN B., 1995. *Fuzzy sets and fuzzy logic : Theory and applications*, Upper Saddle River (NJ), Prentice Hall.

KLIR G. J., YUAN B., (éd.), 1996. *Fuzzy sets, fuzzy logic, and fuzzy systems. Selected papers by Lotfi A. Zadeh*, Singapore, World Scientific.

LAKOFF G., 1987. *Women, fire, and dangerous things*, Chicago, The University of Chicago Press.

MORDESON J. N., MALIK D. S., CHENG S. C. (éd.), 2000. *Fuzzy mathematics in medicine*, Heidelberg, Physika-Verlag.

REED S. K., 1972. « Pattern recognition and categorization », *Cognitive Psychology*, 3, p. 382-407.

REICHENBACH H., 1944. *Philosophical foundations of quantum mechanics*, Berkeley, University of California Press.

ROSCH E. H., 1973. « Natural categories », *Cognitive Psychology*, 4, p. 328-350.

ROSCH E. H., 1975. « Cognitive representations of semantic categories », *Journal of Experimental Psychology : General*, 104, p. 192-233.

ROSCH E. H., 1978. « Principles of categorization », dans E. H. Rosch, et B. B. Lloyd (éd.), *Cognition and categorization*, Hillsdale (NJ), Lawrence Erlbaum Associates, p. 27-48.

RUSPINI E. H., BONISSONE P. P., PEDRYCZ W., 1998. *Handbook of fuzzy computation*, Bristol, Institute of Physics Publishing.

SADEGH-ZADEH K., 1977. « Concepts of disease and nosological systems » (in German), *Metamed*, 1, p. 4-41.

SADEGH-ZADEH K., 1980. « Wissenschaftstheoretische Probleme der Medizin », dans J. Speck (éd.), *Handbuch wissenschafts-theoretischer Begriffe*, Göttingen, Vandenhoeck & Ruprecht, p. 406-411.

SADEGH-ZADEH K., 1999. « Fundamentals of clinical methodology : 3. Nosology », *Artificial Intelligence in Medicine*, 17, p. 87-108.

SADEGH-ZADEH K., 2000. « Fuzzy health, illness, and disease », *The Journal of Medicine and Philosophy*, 25, p. 605-638.

SADEGH-ZADEH K., 2011. *Handbook of analytic philosophy of medicine*, Dordrecht, Springer.

SMITH E. E., MEDIN D. L., 1981. *Categories and concepts*, Cambridge (MA), Harvard University Press.

SZCZEPANIAK P. S., LISBOA P. J. G., KACPRZYK J. (éd.), 2000. *Fuzzy systems in medicine*, Heidelberg, Physika Verlag.

YAGER R. R., OVCHINNIKOV S., TONG R. M., NGUYEN H. T., (éd.), 1987. *Fuzzy sets and applications. Selected papers by L. A. Zadeh*, New York, John Wiley and Sons.

ZADEH L. A., 1965. « Fuzzy sets », *Information and Control*, 8, p. 338-353.

BIBLIOGRAPHIE COMPLÉMENTAIRE

Recueils de textes et collectifs

CAPLAN A. L., ENGELHARDT H. T., MCCARTNEY J. J. (éd.), *Concepts of Health and Disease : Interdisciplinary Perspectives*, Reading (Mass.), Addison-Wesley, 1981.

CAPLAN A. L., MCCARTNEY J. J., SISTI D. A. (éd.), *Health, Disease, and Illness : Concepts in Medicine*, Washington DC, Georgetown University Press, 2004.

ENGELHARDT H. T., SPICKER S. F. (éd.), *Evaluation an Explanation in the Biomedical Sciences*, Dordrecht, Reidel, 1975.

GIFFORD F. (éd.), *Handbook of Philosophy of Science. Vol. 16 : Philosophy of Medicine*, Oxford, Elsevier, 2011.

KINCAID H., MCKITRICK J. (éd.), *Establishing Medical Reality, Essays in the Metaphysics and Epistemology of Biomedical Science*, Dordrecht, Kluwer, 2007.

LINDEMANN N. J., LINDEMANN N. H. (éd.), *Meaning and Medicine. A reader in the Philosophy of Health Care*, New York & London, Routledge, 1999.

NORDENFELT L., LINDHAL B. I. B. (éd.), *Health, Disease and Causal Explanationsin Medicine*, Dordrecht, Reidel, 1984.

TABOADA P., CUDDEBACK K. F., DONOHUE-WHITE P. (éd.), *Person, Society and Value, Toward a Personalist concept of Health*, Dordrecht, Kluwer Academic Publishers, 2002.

Sélection d'ouvrages et d'articles

AGICH G. J., « Disease and Value : A Rejection of the Value-Neutrality Thesis », *Theoretical Medicine*, 4, 1983, p. 27-41.

AGICH G. J., « Toward a Pragmatic Theory of Disease », dans Humber J. M., Almeder R. F. (éd.), *What Is Disease ?*, Totowa, Humana Press, 1997, p. 221-246.

AMUNDSON R., « Against Normal Function », *Studies in History and Philosophy of Biological and Biomedical Sciences*, 31, 2000, p. 33-53.

ANANTH M., *In Defense of an Evolutionary Concept of Health. Nature, Norms, and Human Biology*, Aldershot, Ashgate, 2008.

BECHTEL W., « Defense of a Naturalistic Concept of Health », dans J. Humber, R. Almeder (éd.), *Biomedical Ethics Review*, Humana, Clifton, NJ, 1985, p. 131-196.

BOLTON D., « Problems in the Definition of "Mental Disorder" », *The Philosophical Quarterly*, 51 (203), 2001, p. 182-199.

BOLTON D., *What is mental disorder? An Essay in Philosophy, Science, and Values*, Oxford University Press, 2007.

BOORSE C., « On the Distinction Between Disease and Illness », *Philosophy and Public Affairs*, 5 (1), 1975, p. 49-68.

BOORSE C., « What a Theory of Mental Health Should Be », *Journal Theory Social Behaviour*, 6, 1976, p. 61-84.

BOORSE C., « Wright on Functions », *Philosophical Review*, 85, 1976, p. 70-86.

BOORSE C., Le concept théorique de santé, dans ce volume, p. 61-119.

BOORSE C., « Concepts of Health », dans D. Van De Veer, T. Regan (éd.), *Health Care Ethics : An Introduction*, Philadelphia, Temple UP, 1987, p. 359-393.

BOORSE C., « A Rebuttal on Health », dans J. M. Humber, R.F. Almeder (éd.), *What is Disease ?*, Totowa, Humana Press, 1997, p. 1-134.

BOORSE C., « A Rebuttal on functions », dans A. Ariew, R. Cummins, M. Perlman (éd.), *Functions. New Essays in the Philosophy of*

Psychology and Biology, New York, Oxford University Press, 2002, p. 63-112.

BOORSE C., « Disability and Medical Theory », dans C. Ralston & J. Ho (éd.), *Philosophical Reflexions on Disability*, New York, Springer, 2010, p. 55-88.

BROWN W. M., « On Defining Disease », *Journal of Medicine and Philosophy*, 4, 1985, p. 311-328.

CANGUILHEM G., *La connaissance de la vie*, Paris, Vrin, 1965.

CANGUILHEM G., *Le Normal et le pathologique*, Paris, P.U.F., 1966.

CANGUILHEM G., *Ecrits sur la médecine*, Paris, Seuil, 2002.

CLOUSER K. D., CULVER C. M., GERT B., « Malady : A New Treatment of Disease », *The Hastings Center Report*, 11 (3), 1981, p. 29-37.

COHEN H., « The Evolution of the Concept of Disease », *Proceedings of the Royal Society of Medicine*, 48 (3), 1955, p. 155–160.

COOPER R., « Disease », *Studies in the History and Philosophy of Biology and Biomedical Science*. 33, 2002, p. 263–282.

COOPER R., *Classifying Madness. A philosophical examination of the Diagnostic and Statistical Manual of Mental Disorders*, New York, Springer, 2005.

CULVER C. M., GERT B., *Philosophy in Medicine : Conceptual and Ethical Issues in Medicine and Psychiatry*, New York, Oxford University Press, 1982.

D'AMICO R., « Is Disease a Natural Kind ? », *The Journal of Medicine and Philosophy*, 20, 1995, p. 551-569.

ENGEL G. L., « A Unified Concept of Health and Disease », *Perspectives in Biology and Medicine*, 3, 1960, p. 459-485.

ENGELHARDT H. T. Jr., « The Disease of Masturbation : Values and the Concept of Disease », *Bulletin of the History of Medicine*, 48 (2), 1974, p. 234-248.

ENGELHARDT H. T. Jr., « Les concepts de santé et de maladie, dans ce volume », p. 231-258.

ENGELHARDT H. T. Jr., « Ideology and Etiology », *Journal of Medicine and philosophy*, 1, 1976, p. 256-268.

ENGELHARDT H. T. Jr., « Clinical Problems and the Concept of Disease », dans L. Nordenfelt, B. I. B. Lindahl (éd.), *Health, Disease and Causal Explanations in Medicine*, Dordrecht, Reidel, 1984, p. 27-41.

ENGELHARDT H.T. Jr., *The Foundations of Bioethics*, New York, Oxford University Press, 1996.

ERESHEFSKY M., « Defining "Health" and "Disease" », *Studies in the History and Philosophy of Biology and Biomedical Sciences*, 40, 2009, p. 221-227.

FAGOT-LARGEAULT A., *Les causes de la mort. Histoire naturelle et facteurs de risque*, Paris, P.U.F., 1989.

FAGOT-LARGEAULT A., *Médecine et philosophie*, Paris, P.U.F., 2010.

FOREST D. et LORNE M. C. (dir.), numéro spécial « Philosophies de la médecine », *Revue Philosophique de la France et de l'Etranger*, CXCIX, 2009, p. 3-77.

FULFORD K. W. M., *Moral Theory and Medical Practice*, Cambridge, Cambridge University Press, 1989.

GAMMELGAARD A., « Evolutionary biology and the concept of disease », *Medicine, Health Care and Philosophy*, 3, 2000, p. 109-116.

GOOSENS W. K., « Values, Health, and Medicine », *Philosophy of Science*, 47, 1980, p. 100-115.

HESSLOW G., « Avons-nous besoin du concept de maladie ? », dans ce volume, p. 337-360.

HOFMANN B., « Complexity of the Concept of Disease as Shown through Rival Theoretical Frameworks », *Theoretical Medicine and Bioethics*, 22, 2001, p. 211-236.

HOFMANN B., « On the Triad Disease, Illness and Sickness », *The Journal of Medicine and Philosophy*, 27, 2002, p. 651-673.

KASS L. R., « Regarding the End of Medicine and the Pursuit of Health », *Public Interest*, 40, 1975, p. 11-42.

KENDELL R. E., « The concept of disease and its implications for psychiatry », *The British Journal of Psychiatry*, 127, 1975, p. 305-315.

KHUSHF G., « An Agenda for Future Debate on Concepts of Health and Disease », *Medicine, Health Care and Philosophy*, 10, 2007, p. 19-27.

KING L., « What is Disease ? », *Philosophy of Science*, 21 (3), 1954, p. 193-203.

LENNOX J., « Health as an Objective Value », *Journal of Medicine and Philosophy*, 20 (5), 1995, p. 499-511.

MARGOLIS J., « The Concept of Disease », *The Journal of Medicine and Philosophy*, 1, 1976, p. 239-255.

MORDACCI R., « Health as an Analogical Concept », *Journal of Medicine and Philosophy*, 20, 1995, p. 475-497.

MURPHY D., WOOLFOLK R. L., « Conceptual analysis versus scientific understanding : An assessment of Wakefield's Folk Psychiatry », *Philosophy, Psychiatry and Psychology*, 7 (4), 2000, p. 271-293.

MURPHY D., *Psychiatry in the Scientific Image*, Cambridge (Mass.), Massachusetts Institute of Technology Press, 2006.

MURPHY E. A., « A Scientific Viewpoint on Normalcy », *Perspectives in Biology and Medicine*, 9, 1966, p. 333-348.

NORDENFELT L., *On the Nature of Health : An Action-Theoretic Approach*, Dordrecht, Kluwer, 1995.

NORDENFELT L., *Talking about Health, a philosophical dialogue*, Amsterdam, Rodopi, 1997.

NORDENFELT L., *Action, ability and health*, Dordrecht, Kluwer, 2000.

NORDENFELT L., « The Logic of Health Concepts », dans G. Khushf (éd.), *Handbook of Bioethics : Taking Stock of the Field from a Philosophical Perspective*, Springer Netherlands, 2004, p. 205-222.

PELLEGRINO E. D., THOMASMA D. C., *A Philosophical Basis of Medical Practice : Toward a Philosophy and Ethic of the Healing Professions*, New York, Oxford University Press, 1981.

PÖRN I., « An Equilibrium Model of Health », dans L. Nordenfelt, B. I. B. Lindhal (éd.), *Health, Disease and Causal Explanations in Medicine*, Dordrecht, Reidel, 1984, p. 3-9.

PÖRN I., « Health and Adaptedness », *Theoretical Medicine*, 14, 1993, p. 295-203.

REZNEK L., *The Nature of Disease*, London, Routledge & Kegan Paul, 1987.

REZNEK L., « Dis-ease about Kinds : Reply to D'Amico », *The Journal of Medicine and Philosophy*, 20 (5), 1995, p. 571-584.

SADEGH-ZADEH K., « Fuzzy Health, illness, and disease », *The Journal of Medicine and philosophy*, 25 (5), 2000, p. 605-638.

SADEGH-ZADEH K., « The Fuzzy Revolution : Goodbye to the Aristotelian Weltanschauung », *Artificial Intelligence in Medicine*, 21, 2001, p. 1-25.

SADEGH-ZADEH K., « La théorie de la maladie comme resemblance à un prototype », dans ce volume, p. 365-404.

SADEGH-ZADEH K., *Handbook of Analytic Philosophy of Medicine*, Dordrecht, Springer, 2011.

SCADDING J.G., « Diagnosis, the clinician and the computer », *Lancet*, 21, 2 (7521), 1967, p. 877-882.

SCADDING J.G., « Health and Disease : What Can Medicine Do for Philosophy ? », *Journal of Medical Ethics*, 14, 1988, p. 118-124.

SCHRAMME T., « A Qualified Defence of a Naturalist Theory of Health », *Medicine, Health Care and Philosophy*, 10, 2007, 11-17.

SCHWARTZ P., « Decision and Discovery in Defining "Disease" », dans H. Kincaid, J. McKitrick (éd.), *Establishing Medical Reality, Essays in the Metaphysics and Epistemology of Biomedical Science*, Dordrecht, Kluwer, 2007, p. 47-63.

SCHWARTZ P., « Defining Dysfunction : Natural Selection, design, and Drawing a Line », *Philosophy of Science*, 74, 2007, p. 364-385.

SEDGWICK P., « Illness – Mental and Otherwise », *Hasting Center Studies*, 1, 1973, p. 19-40.

SMITH K., « A Disease by any Other Name : Musings on the Concept of Genetic Disease », *Medicine, Health, Care and Philosophy*, 4, 2001, p. 19-30.

STEARNS S.C., KOELLA J. (éd.) *Evolution in Health and Disease*, Oxford University Press, Collection « Biology », 2008.

STEMPSEY W., *Disease and Diagnosis : Value-Dependent Realism*, Dordrecht, Kluwer, 2000.

SZASZ T.S, « The Myth of Mental Illness », *The American Psychologist*, 15, 1960, p. 113-118.

TEMKIN O., « The Scientific Approach to Disease : Specific Entity and Individual Sickness », dans A. C. Crombie (éd.), *Scientific Change : Historical Studies in the Intellectual, Social and Technical Conditions for Scientific Discovery and Technical Invention from Antiquity to the Present*, New York, Basic Books, 1963, p. 629-647.

THAGARD P., *How Scientists Explain Disease*, Princeton University Press, Princeton, 1999.

VANDERSTEEN W., THUNG, P. J., *Faces of Medicine : A Philosophical Study*, Kluwer, Dordrecht, The Netherlands, 1988.

WACHBROIT R., « Normality as a Biological Concept », *Philosophy of Science*, 61, 1994, p. 579-591.

WAKEFIELD J. C., « Le concept de trouble mental. A la frontière entre faits biologiques et valeurs sociales », dans ce volume, p. 127-176.

WHITBECK C., « Four Basic Concepts of Medical Science », *PSA : Proceedings of the Biennial Meeting of the Philosophy of Science Association*, 1, 1978, p. 210-222.

WHITBECK C., « A Theory of Health », dans A. L. Caplan, H. T. Engelhardt, J. J. McCartney (éd.), *Concepts of Health and Disease : Interdisciplinary Perspectives*, Reading (Mass.), Addison-Wesley, 1981, p. 611-626.

INDEX NOMINUM

TABLE DES MATIÈRES

LA DÉFINITION DE LA SANTÉ
ET DE LA MALADIE EN QUESTION

DANS LA MÊME COLLECTION

ACHEVÉ D'IMPRIMER
EN NOVEMBRE 2012
PAR L'IMPRIMERIE
DE LA MANUTENTION
A MAYENNE
FRANCE
N° 2021585F

Dépôt légal : 4ᵉ trimestre 2012